Walther Rohdich

Peter der Große

Eine Katzen-Biografie

Dem wahren Leben nacherzählt

Peter der Große

Eine Katzen-Biografie

Dem wahren Leben nacherzählt

von

Walther Rohdich

Rediroma-Verlag

Bibliografische Information der Deutschen Nationalbibliothek:
Die Deutsche Nationalbibliothek verzeichnet diese Publikation in der Deutschen Nationalbibliografie; detaillierte bibliografische Daten sind im Internet über http://dnb.ddb.de abrufbar.

Die meisten Abbildungen stammen aus dem 50-jährigen Archiv des Autors, die anderen von unerreichbaren Autoren, denen hiermit gedankt sei!

ISBN 978-3-96103-327-0

Lektorat: Ilka Wallmeyer-Rohdich

www.rediroma-verlag.de
12,95 Euro (D)

Inhaltsverzeichnis

Willkommen in meiner Biografie

Einleitung und Einführung in die Zeit

Kann man überhaupt eine Lebensgeschichte, die so genannte Biografie, eines Tieres nacherzählen und schreiben? Wie bei einem Menschen? Man kann! Vor allem dann, wenn es sich um ein Wesen handelt, das menschenähnliches Verhalten, richtige Charakterzüge, aufwies und in einer großen Hausgemeinschaft ein vollwertiges Mitglied darstellte.

In unserer heutigen Gesellschaft nimmt noch immer die Haustierhaltung einen großen Raum ein. Aber die Verhältnisse haben sich gewandelt: Früher, wir schreiben hier etwa von 1950 bis 1970, gab es mehr landwirtschaftliche Betriebe, kleine und mittlere mehr als große, sie sind als Vollerwerbsbetriebe so gut wie alle dahingegangen, ihnen werden in absehbaren Zeiten die mittelgroßen bis großen folgen, bis nur noch „ganz große" übriggeblieben sind. Sie sind dann durchaus in der Lage, eine ewig hungrige Menschheit mit den notwändigen Lebensmitteln zu versorgen.

Mit der Anzahl der Betriebe schrumpften die Mitarbeiter derselben. Wo früher ganze Familien und mehrere Generationen die Betriebe bewirtschafteten, sind das heute meist nur Besitzerehepaare und, Frühjahr, Sommer und Herbst zeigen es deutlich, sie müssen bis tief in die Nächte fuhrwerken, um über die Runden zu kommen.

Leidtragende dieser Entwicklung, sehen wir hier von den Menschen ab, sind viele Klein- und Haustiere – freilich nicht direkt Leidtragende, weil es sie überhaupt nicht mehr gibt! Gemeint sind hier Katzen und Hunde. Sie sind, verglichen mit Hühnern und Kleinvieh, nur indirekt von Nutzen, weil ihr Dasein eben nur indirekt Nutzen abwirft: Die einen fangen Mäuse und Ratten, die anderen wachen und bellen. Wenn sie Glück hatten und haben, fielen sie auch unter die Rubrik „Schmusetiere". Zwar nicht so wie heutztage in Stadthaushalten, wo Tierschmuserei manchmal groteske Züge annimmt, aber er immerhin: Kinder und Jugendliche hatten „damals“ viel Zeit, sich ihrer anzunehmen...

Liebe Leserschaft, folge uns nun in einen Land- und Tierhaushalt, der es in Bezug „Tiere wie du und ich“ in sich hatte und der natürlich nicht mehr existiert!

Die Nacht der Nächte

„Krachen und Heulen und berstender Lärm.“ So beschreibt später in Kurzform ein Ohren- und Augenzeuge diese Nacht im März. Wo der Fön, hier fast unbekannt, mit Tempo 80 um Häuser und Bäume tobte, sie umzustürzen versuchte und doch noch Nebengeräusche verlauten ließ. Großvater wusste Bescheid, mehr als siebzig Jahre Erfahrung mit den Mächten der Natur haben ihn weise und hellhörig gegen Gefahren gemacht, und obwohl er stets behauptete, nicht abergläubisch zu sein, wusste er, wie gesagt, genau und vollkommen Bescheid.

„Der Alte vom Katzenmoor geht wieder um“, verkündete er.

Alte Zuhörer hörten nicht hin, mittelalte schnauften verächtlich, jungen standen plötzlich die Haare zu Berge und kindliche, die noch an den Nikolaus und seinen getreuen Knecht glaubten, suchten Schutz bei Schwestern, Tanten, Müttern und Großmüttern.

Der Alte vom Katzenmoor! Eine Sagengestalt? Ein Verdammter? Ein Flüchtling, hinter dem die Kripo her war? Dreimal Nein! Im Dorfarchiv ist seine bedauernswerte Lebensgeschichte aufbewahrt. Nach ihr war er ein Geizbauer erster Garnitur, der seine Mitmenschen, die ihm abhängig waren, so piesackte, dass, hier eine Originalhandschrift, „selbst der Teufel seine Glubschaugen verdrehte und sich auf den Schoß seiner Großmutter flüchtete“.

„Lieber dort verbrennen“, soll der Teufel gesagt haben, „als vom Alten vom Katzenmoor angestarrt zu werden.“

„Es muss also“, verkünden seitdem viele Großmütter ihren Enkeln und Enkelinnen beim Gutenachtkuss, „noch etwas Schrecklicheres als den Teufel geben:“
Dieser Logik können heute nicht mehr alle Jugendlichen folgen.

Also es war ein Wetter, als wenn der Alte vom Katzenmoor umging. In Wirklichkeit ging ein Gewitter um. Und weil Spätwintergewitter und Frühfrühlingsgewitter einerseits als gefährlich gelten und andererseits das Haus reedgedeckt war, machte sich doch eine gewisse Bangigkeit breit. Erst wenn der Abstand zwischen Blitz und Donner sich auf Sekunden vermehrte, atmete man wieder auf. Dann verkrümelte sich auch der Alte wieder hinüber ins Katzenmoor, das in Hochdeutsch Kattenvenne hieß. Plötzlich, alle Gefahr schien vorübergegangen zu sein, ertönte ein spitzer Schrei:
„Katharina!“
Ausgestoßen von Katharina, dem Nesthäkchen der Großfamilie. Diese Katharina, jetzt 5, war nach der jetzt fehlenden Katharina genannt und auch getauft worden. Beide, in der Familie höchst beliebt, unterschieden sich, unter anderem, durch zwei bedeutsame Merkmale: Die eine war zwei-, die andere vierbeinig!

„Kind und Katze“ – unsere Erde kennt nur wenige Paarungen und Freundschaften, die inniger sein können. Katharina also war trotz des Unwetters nach draußen gelaufen und hatte geschrien. Als keine Antwort ertönte, kam auch Katharinas Bruder Paul, 8, nach draußen und gemeinsam ließen sie noch eine Fanfare erschallen:
„Ka-----tha-----ri-----na!!!”
Es war schier unmöglich, dass die Gerufene diese vier Silben nicht hörte. Und was das Unmöglichste war: Noch nie, wenn sie gerufen wurde, morgens, mittags, nachmittags, des Abends und zur Nacht hatte sie nicht geantwortet

und war immer prompt zur Stelle! Paul und seine Schwester liefen rasch über den Hof zum Schuppen, wo sie vorm Regen geschützt waren und die ausrangierten alten Kutschwagen standen. Sie, diese Kutschen, waren seit ihrer Außerdienststellung das Eldorado aller Katzen, in denen sich herrlich spielen, schlafen, Mäuse fangen und paaren ließ.

Vom Schuppen her hatten die Kinder Ausblick auf die alte Scheune, die auch nicht mehr den ursprünglichen Zwecken diente, aber tagsüber allen fliegenden Gästen gute Fern- und Nahsicht und nachtsüber auf dem First bequeme Sitz- und Beobachtungsplätze für Eulen und Katzen bot. Und siehe da! Den Kindern traten die Augen aus den Höhlen, die Haare stellten sich auf und knisterten wie unter Strom und die kleinen Münder sperrten sich auf wie bei den jungen Rauchschwalben, wenn sie gefüttert wurden!

„Ein Bild für die Götter", sagte Paul später.

Dieses Bild meinte er damit: Der Vollmond schien durch die einzige Lücke in den Wolken, die ihn höchstens für dreißig Sekunden den Kinderblicken freigaben. Und vor ihm hockten auf dem Dachfirst so fotogen, wie der berühmteste Hollywoodfotograf es nicht hätte stellen oder arrangieren können, Katze Katharina in geduckter Stellung und ein riesenhafter pechschwarzer Kater, „groß wie ein Panther", ritt auf ihr. Das bei solchen Szenen übliche Geschrei und Gezeter fand nicht statt, als spürten die beiden Liebenden instinktiv, dass sie dem Gewittertoben doch nichts entgegenzusetzen hatten.

Ein Bild für die Götter? Gewiss! Amor, Eros und Konsorten hatten hier ihre Hände im Spiel! Atmen wir einen Moment auf und bedenken wir: Kinder, die auf einem Hof wie diesem hier, - wir werden ihn noch näher vorstellen -, geboren werden, wachen Auges aufwachsen und ihre Ohren vor den Gesprächen Erwachsener nicht verschließen, solchen Kindern braucht man keinen Sexualunterricht zu erteilen!

Das soll hier heißen: Katharina und Paul wussten augenblicklich, dass sie nach der ihnen sogar bekannten Katzentragezeit von etwa 65 Tagen einen Wurf niedlicher Katzenbabys zu erwarten hatten.

„Kinderherz – was begehrst du mehr?“

Ohne Rücksichtnahme auf die beobachtenden Kinder verlief diese Katzenpaarung nach den Regeln einer Jahrtausende alten Evolution. Von einem freudevollen Vorgang konnte keine Rede sein.

„So ein Kater“, sagte Paul, „ist ein richtiger Vergewaltiger.“

Nun, wo das Gewitter abzog und nur noch in der Ferne der Donner grollte, wurde Katze Katharina wohl der ganzen Zeremonie überdrüssig, sie bockte auf, kreischte so laut, dass alle Ratten und Mäuse des Hofes gewiss Ohrenschmerzen bekamen, dann fuhr ich Kopf zähnefletschend zur Seite und plötzlioch buckelte sie so überraschend, dass der aufgerittene Kater ins Wanken geriet, sich wohl automatisch vor Schreck löste und von Katharina eine saftige Maulschelle bekam. Damit war diese Copula beendet. Die beiden Geschwister sahen erst jetzt, welch ein kapitales Monstrum dieser Kater war, und sie sahen jetzt auch, dass die Evolution alle Katzen nun einmal zu Einzelgängern herangezüchtet hatte: Katze Katharina war hier Herrin des Hauses und des Reviers, ganz klar, wer hier eindrang, gleich mit welchen Absichten und ob unter- oder überlegen – er bekam die Hucke voll! Ehe der Kater diese eherne Regel begriffen hatte, fuhr Katharina ihm ins Gesicht und kämmte ihm die Frisur: tatsächlich, Haare flogen im Mondlicht in die Weite der Nacht. Ein finsterschwarzer Galan schrie geplagt auf und türmte über das Dach davon – „und ward nimmer gesehen“. Katze Katharina äugte derweil auf Tochter Katharina herab, schüttelte sich den Regen aus dem Pelz und sprang, ohne die Lockrufe der Kinder zu beachten, in Nacht und Dunkelheit zurück. Die Kinder gingen ins Haus zurück und berichteten ihr Abenteuer. Zeit und Gelegenheit für uns, eine erlebenswerte Katzenmutter näher unter die Lupe zu nehmen.

Katharina die Große

Unseren Hauskatzen, die selbstverständlich von Wildkatzen abstammen, hat Linné 1758 den wissenschaftlichen Namen *Felis silvestris catus* gegeben. Davon weiß unsere Kätzin Katharina, meistens kurz Kathi gerufen, natürlich nichts. Wie alle Tiere weiß auch sie nichts von der Welt draußen, die ja groß genug ist, milliarden ihresgleichen einen erträglichen Lebensraum zu gewähren. Wenn sie denken und sprechen könnte, würde sie wohl sagen:
„Lieber im Kleinen der Chef als im Großen der Knecht."
Und so lebt und handelt sie. Als 15-jährige Bewohnerin des Hofes mag sie sich tatsächlich als Chef fühlen, zumal sie außergewöhnliche sechs Kilogramm auf die Waage bringt, - sie wird regelmäßig im Frühjahr gewogen -, und viele Tiere des Hofes darin an sie nicht herankommen. Und diejenigen, die massig schwerer als sie sind, wie Pferde, Bullen, Kühe, Kälber, Sauen und andere, kümmern sie wenig.

Ihre bisherige Lebensleistung ist lesenswert: Seit etwa zwölf Jahren bringt sie jedes Jahr fünf bis zehn Kinder auf die Welt! Keines dieser Kinder wurde bisher irgendwie abgemurkst, ertränkt, gesackt oder eingeschläfert, wie diese Mordart so treffend heißt, und jedes ist dem Evolutionsbefehl „Seid fruchtbar und mehret euch" fleißig nachgekommen. Denn Katharinas Kinder, deren Väter durchwegs unbekannt blieben und nie Alimente zahlten, waren in Stadt und Land gefragt wie Semmeln und Bratkartoffeln mit Spiegelei.

Nicht statistisch erfasst wurden Katharinas Leistungen auf dem weiten Gebiet des Mäuse- und Rattenfangs. Vergessen wir nicht, dass der Mensch der Frühzeit, der Antike und aller folgenden Jahrhunderte mit Katzenhaltung und ihrer Duldung als Wegbegleiter nicht Schmuserei und anderen Zeitvertreib im Sinn hatte. Sondern ihnen, den Katzen, die Aufgabe zuwies, die genannten Nagetiere zu verfolgen und kurz zu halten.

Unbedingt zu erwähnen sind jedoch Katharinas riesige Leistungen als Gesellschafterin. Jeder adelige Gutshof in Ost, Süd, West oder Nord, der auf sich hielt, jedes Herrenschloss oder Damendomizil von Format, jeder Großbauer oder Junker des Ostelbegebiets, der gesellschaftlich mithalten wollte, beschäftigte eine Gesellschafterin. Freilich: Sie kam bevorzugt vom Ausland her, vornehmlich aus Britannien, war in der Regel zweibeinig und aß selten Ratten und Mäuse. Doch ihr Wille, die Kinder des Haushalts zu beschmusen, war noch seltener ausgebildet. Und man stelle sich einmal vor: Die Kinder beschmusten gar diese Gesellschafterin!

Alle diese Probleme kamen mit Katharina überhaupt nicht auf. Ihr Schmusebedarf war dann übernatürlich ausgeprägt, wenn sie aus ihrem mittäglichen Verdauungsschlaf erwachte und beobachten konnte, dass eines der Kinder Hausaufgaben machen musste. Standen diese zwischen 15 und 18 Uhr an, wäre es schnöde Tierquälerei gewesen, Katharina abzuweisen. So entwickelten Paul und Franz, - Katharina, jetzt 5, ging noch nicht zur Schule -, die folgende Technik: Weil beide Rechtshänder waren, machten sie mit Rechts ihre Schreib- oder Rechenaufgaben und kraulten mit Links Katharinas seidenweiches, hellschwarz glänzendes Fell. Auf Begleitmusik aus Radio oder Plattenspieler konnten sie verzichten, denn Katharina musizierte aus einer Herzenslust dabei, dass jeder menschliche Musikant aus Taktgefühl heraus nicht weiter musiziert haben würde.

Im Winter, wenn aus falschem Geiz nicht genügend geheizt wurde, brauchten die Kinder nur zu sagen, „Katharina, ich habe kalte Füße", schon begab sie sich unter den Schreibtisch und beheizte dieselben Kraft eigener Naturenergie. Allen Katzen damaliger Zeit war das Fertigfutter heutiger Zeit vollkommen unbekannt. Hätten sie es gegessen? Wohl ja! Sie bekamen morgens nach dem Melken der Kühe regelmäßig frische verdünnte Vollmilch, Näpfe mit Brunnenwasser standen Tag und Nacht, sommers wie winters, zur Verfügung. Gab es etwas zu Schlickern und Naschen? Jawohl, gab es. Aber nur in Ausnahmefällen, nämlich nur sonn- und feiertags beim Kaffee- und Kuchenkränzchen: Schlagsahne, Creme vom Bienenstich und winzige Zugaben vom Frankfurter Kranz.

Jetzt muss noch Katharinas Stellung in der Hofhierarchie dargelegt werden. Eine Lebensgemeinschaft, die aus vielen so unterschiedlichen Individuen wie hier besteht, kann nicht ohne Führung auskommen. Demokratie hin – Republik her: „Einer muss es zu sagen haben!" Wobei, das sei zugestanden, es durchaus offizielle und heimliche Chefs gleichzeitig geben kann! Katharina hat sich ihre Stellung als Chef im Hintergrund ziemlich hart erkämpft. Jeder Katzenkenner weiß, dass diese Verwandten von Puma, Löwe & Co. aus dem Stand vom Schmuser zum Raser explodieren können.

Ein Katzenbiotop XX-L

Es war die Zeit nach dem letzten Krieg, als das Wirtschaftswunder schon ein Auslaufmodell war und sich vor allem im ländlichen Teil der Republik Vorgänge vollzogen, die wenigen Bürgern missfielen und vielen Bürgern willkommene Beute boten: das Sterben der kleinen und mittelgroßen landwirtschaftlichen Betriebe; denn die Nebenerwerbshöfe waren längst dahin! Und mit ihnen die dort beheimatete Tierwelt. „Unser“ Hof, auf dem das bisher Geschilderte passierte, war auch schon dem Untergang geweiht, als dieses dem Denkmalamt ruchbar und einem Interessenten im Hintergrund bekannt wurde. Das nennt man „Rettung in letzter Not“. Dieser, eines samstags durch Lottoglück beglückt, konnte sein Glück nicht fassen, denn dieses, flatter- und lauenhaft wie eh und je, hatte diesmal selbst einen Volltreffer gelandet: Indem es eine Familie beglückte, die nicht nur aus Menschen-, sondern auch aus Tierfreunden bestand!

Wir können die Zeit überspringen, in der aus einem maroden Betrieb eine moderne Arche entstand, die freilich nicht alle Tiere unserer Erde beherbergte, sondern nur „die Lieblinge“ der engeren Familie und einige Mitglieder entfernterer Verwandtschaft. Man hatte früher meist englische Fernsehfilme gesehen, in denen sich in einfachen Hütten, halbmaroden Katen, halbverfallenen Kotten und einigermaßen intakten, an die alten Angeln und Sachsen erinnernde Lebensgemeinschaften zwischen A wie Alpakas und Z wie Ziegen eingerichtet hatten und offensichtlich behaupteten.

„Das schaffen wir schon“, wurde ein geflügeltes Wort.

Das Lottogeld war natürlich nicht voll ausgegeben worden, sondern half dem Hausherrn, einen der heute lukrativsten Berufe zu ergreifen: Er wurde Makler! Spezialität: Ländliche Objekte.

Ein Heim für Tierinvaliden zu werden lehnte man kategorisch ab: Das würde nie ein Ende nehmen und nur die öffentliche Hand entlasten. So mussten private und kommunale Vertreter solcher Interessen allesamt abziehen.

Ein Katzenbiotop muss eigentlich gar nicht beschrieben werden. Wer Katzen kennt, weiß was sie lieben: Erst konsequente Zuneigung, dann alles andere. Wir werden es kennenlernen. Weite landwirtschaftliche Gebiete wie Felder, Äcker, Wiesen und Weiden gehören nicht dazu, denn dort lauern oftmals zweibeinige Jäger, so genannte Grünröcke oder Nimrods und deren vierläufige Gehilfen, die meist erbarmungslose Katzenhasser sind.

Das hergerichtete Hofgelände war für jeden Katzencharakter ideal gestaltet: Haupthaus mit alten Ställen, Hauptscheune mit noch älteren Tierbehausungen, eine Nebescheune, wo früher Getreide gelagert wurde und Mäuse noch heute von diesem Paradies träumen, eine Garage für Kutschen, Remise genannt, eine neue Garage, wo man in geöffnet gebliebenen Autos schlafen konnte, ein Hühnerstall, eine Hundehütte, noch ein Außenklo mit Herzchen in der Tür und einen Werkzeugraum, der noch den Moderduft von 1914 konservierte.

Doch was nützen alle Äußerlichkeiten, wenn die Lebendigkeiten nicht stimmen! Stellen wir diese nun in der anerkannten Rangfolge einmal vor: Großvater Klemens und Großmutter Clementine, Hausherr Karl und Hausherrin Carla, Sohn Franz 15, Sohn Paul 8, Tochter Kathrin (Katharina) 5, Tante Cilly, Haushälterin Frieda und Hausknecht Augustus.

Mit ihnen war Kätzin Katharina (*Felis silvestris catus* Linné 1758) immer gut ausgekommen, sie alle mit ihr auch, und wenn man von den vielen gegensätzlichen Launen absah und in die Zukunft blickte, bestand Aussicht auf Fortsetzung der allgemeinen Zufriedenheit.

„Auch wir Menschen“, schwadronierte Franz, „ändern unsere Launen sehr, wenn das andere Geschlecht uns nachstellt.“

„Dann vergessen sogar“, fügte Paul hinzu, „kluge und große Köpfe wie Goethe, Beethoven, Kant und Einstein ihre guten Manieren.“

Katharina kam als so genanntes Danaergeschenk ins Haus. Da war sie ungefähr ein Jahr alt. Ihre ehemalige Eigentümerin hatte sie testamentarisch hierhin vererbt, und nach kurzer Eignungsprüfung wurde das Testament anerkannt. Ein Einleben fand eigentlich gar nicht statt, Katharina war, wie Franz es formulierte, „auf einen Schlag ein Familienmitglied erster Garnitur“. Kein Wunder: Jeder Katzenkenner weiß um die Herzensbrecherqualitäten junger Katzen Bescheid, Qualitäten, vor denen selbst Misantropen, Mickersammys, Scheintote, Querulanten und Mießmacher zu freudvollen Erdenbürgern mutieren. Sogar Tante Cilly, klerikal angekränkelt und gewissen Heilsbringern zugetan, vergaß diese Herrschaften dann, wenn Katharina sie bemaunzte und um Liebe bat.

Nun also hatte Katharina ihre Jungfernschaft in einer tollen Nacht verloren und man musste die so genannte natürliche Entwicklung von etwas über sechzig Tagen abwarten.

„Übrigens“, kommentierte der schlaue Franz die Lage, „gibt es in der Bundesrepublik über 8 Millionen Katzen.“

„Da kommt es auf ein paar mehr oder weniger auch nicht mehr an“, kommentierte ihrerseits die fünfjährige Kathrin.

Ja, hier auf Haus Lohburg lebte wirklich eine schrecklich nette Familie von Schlaubergern!

Es müssen noch ein paar Sätze über eine besonders positive und edle Chrakteréigenschaft Katharinas angebracht werden: ihre Ess- und Tischsitten! Die konnte mancher Land- und Stadtbewohner als ein Beispiel eigener Sitten nehmen. Wie sie gekochte Salzkartoffeln aß? Hausherrin Carla oder Haushälterin Frieda waren sozusagen moralisch verpflichtet, zwischen 12 und 12 Uhr 15 auf den niederen

Beistelltisch der Küche eine runde, dicke und heiße gare Kartoffel abzulegen, die noch dampfte und verlockend roch – da erschien Katharina wie ein schwarzer Schatten und stieß sie mit der rechten Pfote auf den Fußboden. Noch war sie zu heiß zum Verputzen. Wie sie sonst auf der Jagd eine Maus oder Ratte anvisierte, so fixierte sie jetzt die Kartoffel solange unbeweglich und weder schnurrend noch maunzend, bis sie genießbar wurde. Genießen! Darum ging es Katharina. Mit der mittleren Kralle der rechten Pfote zerteilte sie das goldgelbe, noch immer duftende Stück in zwei bis vier Teile, die sie einzeln in vollendeter Katzenessmanier ohne Schmatzen und Schlürfen und ohne auch nur einen winzigen Krümel zu hinterlassen in zwei bis drei Minuten aufaß. Dann ein kurzes aber dankbares Vorbergleiten am Haushälterin- oder Hausfrauenbein – Katharina suchte ein ruhiges Plätzchen für den Nach-Mittag-Schlaf.

Wenn Katzen nach für die Opfer qualvoller Mäuseendjagd diese endlich verputzen, bieten sie keinen appetitlichen Anblick. Denn sie müssen mit ihren kleinen Zähnen tüchtig kauen, um durchs haarige Fell zu kommen, während der restliche, blutige Mäusekörper ihnen halb aus dem Mäulchen hängt – Ja, ist die Natur!

Sein erster Auftritt

Jeder Große oder Gernegroß dieser Erde pflegt seinen ersten Auftritt zu inszenieren – das war bei den alten Ägyptern, Persern, Griechen, Römern und anderen Frühvölkern schon so. Der Mensch musste freilich stets mit Kleidern nachhelfen, denn seine Nackheit wirkt durchweg albern „und ist zu Quieken“, wie Paul meinte oder wusste.

„Ich wünsche mir für den Winter ein Katzenfell“, erklärte er, „fest angewachsen, dann würde das verdammte morgendliche Ankleiden für die Schule entfallen!“

„Und wo willst du deine Schulbücher unterbringen?“, fragte Katrin.

Ein großer Auftritt, - wir erwähnen es nur gewohnheitsgemäß -, soll er wirksam sein und bleiben, erfordert natürlich großes Publikum, denn ohne Beifall wird er nicht wirklich groß. Warum, wird mancher jetzt fragen, dieser ganze schriftliche Aufwand? Nun, die Antwort lautet: Jetzt, Mitte Juni, saßen alle bedeutenden Bewohner Lohburgs vorm Haus, auf dem Platz unter den Jahrhunderteichen, um Bienenstich, Butterkuchen, Streußelkuchen, Kaffee, Mokka, Cocacola und Vollmilch zu essen und zu trinken; und um zu schwatzen und sehr traurig darüber nachzudenken, wo Katharina abgeblieben sei. Seit zwei Monaten nun war sie unauffindbar. Sterbemöglichkeiten gab es genug hier: Die erwähnten Jäger, ihre und anderer Leute Autos auf den Bauernwegen, mordlüsterne starke Köter, zweibeinige Katzenjäger und Krankheiten wie Wurmbefall, Tumor, Darmverschlingung und Vergiftung.
„Wenn sie damals“, sagte Franz und verschlang einen Bienenstich in einer Minute, „von diesem schrecklichen Kater tatsächlich erfolgreich beschlagen worden wäre, müsste sie doch längst Junge bekommen haben.“
„Katzen sind immer rätselhaft“, sagte Großvater Klemens und verschlang einen Butterkuchen in drei Minuten, „sie tun und lassen was sie wollen und lieben Überraschungen.“
„Ich fress nen Besen“, sagte Paul und verschlang einen Streuselkuchen in zwei Minuten, „wenn Katharina uns ein Dutzend Kinder anbringt.
Der Besen blieb ungefressen.
„Und ich sage euch“, orakelte Großmutter Clementine und verschlang ein Marmeladenbrot in vier Minuten, „ich sage euch, dass Katharina irgendwo in der Nähe sitzt und uns zuhört – ich hab’s in den Knochen.“

Tat sie tatsächlich – welch ein Omaorakel!

„Miau“, sagte Katharina die Große und verschlang nichts. Vorläufig nicht, denn ihre Gewohnheit war es durchaus, bei Picknicks im Freien nach Sahne zu schnorren, und wenn auch alle Familienmitglieder der Meinung waren, „Kuhsahne ist nichts für Katzen“, so fand sich jedoch ein Spender, der seinen eigenen Prinzipien untreu wurde.
„Miau“, klang es noch einmal zärtlich und lockend, „miau-miau.“
„Miiiiiauau“, antwortete jemand aus dem Hintergrund, wo die Remise stand, „mi-mi-au-au.“
Aller Augen, Ohren und Nasen richteten sich dorthin, Happen blieben in Mündern stecken, notwendige Schlucke wurden aufgeschoben, Beine streckten sich, um den Blickwinkel zu erweitern. Ja dort, genau neben dem Büschel Pissblumen (Löwenzahn) stand eine „schwarze Teekanne“, deren angebauter Schwanz sich zuckend bewegte – ja, dort hockte Katharinas spärlicher Nachwuchs. Tante Cilly, die bisher mehr gekaut als gesprochen hatte, bekam augenblicklich die Eingebung ihres bereits ältlichen Lebens und rief:
„Peter!“
Peter gehorchte, kam herangaloppiert und sprang Tante Cilly auf den Schoß. Großvater verkniff sich die Bemerkung, „da hat sie ja endlich mal jemanden sitzen“, begann aber als alter Katzenzüchter sehr interessiert den Neuankömmling zu betrachten. Dieser seinerseits, während sich seine Mutter bei Katrin ihre Streicheleinheiten holte, warnicht unbeschäftigt, denn vom scheinbar sicherenn Platz aus beobachete er in der Reihenfolge der Sitzordnung seine neuen Lebensgefährten.
„Wie kann er wissen?“, fragte Kathrin, „dass er hier zu Hause ist?“

„Nun“, antwortete ihr Vater, „schließlich hat seine Mutter ihn hergebracht und außerdem besitzt er einen Instinkt, dessen Wirkung uns allen unbekannt ist.“
Peters glühende Augen! Sie fielen allen hier mehr auf als irgendein anderer Körperteil, - schienen tief in das Innenleben der Beobachteten zu tauchen, „und wenn er Computerschreiben könnte“, meinte Frieda, „dann würde er jetzt zu Tippen anfangen.“
Peters „wandernde“ Augen! Sie folgten ruckartig jedem Sprecher, der gerade etwas von sich gab und sprangen sofort zum nächsten Sprecher oder Antworter weiter.
„Und wenn er reden könnte“, meinte Frieda wieder, „würde er sich wohl sehr klug in jede Unterhaltung einbringen.“
Peters starre Augen! Sie blieben ohne jede erkennbare Regung, die sonst ja jeder Katzenkenner deuten zu können glaubt, auf einem Sprecher haften, der laut, lange und geschwätzig daherredete und anderen ins Wort fiel, eine Schwäche des Augustus. Er fühlte sich mächtig unwohl, als Peters starrer Blick länger als eine Minute auf ihm verweilte.
„Und wenn er antworten könnte“, erklärte Frieda leichthin so weg, „würde er dir, Augustus, dein vorlautes Maul mit einem Pfotenschlag schließen.“
Peters schielende Augen! Die beiden Pupillen vereinigten sich nach innen, als er aus einem Meter Entfernung einem Hausspatzen zusah, welcher Kuchenkrümel vom Tisch stiebitzte.
„Sie sind“, wusste Hausherrin Carla, „wie bei Menschenkundern auch, noch nicht koordiniert.“
Carla wurde von Peter jetzt besonders dankbar mit Blicken bedacht.“
„Er versteht alles“, behauptete Frieda forsch, „was wir sagen.“

Peters funkelnde Augen! Hausherr Karl hatte bisher nur zugehört und beharrlich an seiner ausgehenden Pfeife gesaugt. Jetzt folgten Peters Augen seinen Händen, welche das Feuer in der Pfeife wieder zu entfachen versuchten.
„Das ist“, erklärte Frieda noch einmal, ehe sie den Tisch abzuräumen begann, „aller Tiere Urangst vor Feuer.“
„Wie kommt es, Frieda“, fragte Paul pfiffig, „dass du so schlau bist und alles weißt?“
„Ihr Vater ist“, antwortete Großmutter Clementine, die bisher nichts gesagt und pro Minute einen Knopf angenäht hatte, „Bibliothekar in der Stadt und er liest jedes neue Buch, ehe es ins Regal kommt.“
Auf diese schöne Antwort sagte Peter „Miau“, sprang behutsam von Tanta Cillys Schoß und stakste zu seiner Mutter, um zu säugen.
„Da haben wir’s“, sagte Karl, „Peter ist deswegen solch ein Klotz von Kerl, weil er alle Katzenmilch, die sich sonst vier bis sechs Kinder teilen müssten, allein aussüffelt.“

„Klotz von Kerl?“ Damit hatte der Hausherr festgelegt, dass Peter männlich sein müüste – es stimmte zufällig. Aber Klotz? Auch das stimmte! Denn nach internen Berechnungen, die Karl durch sein Hirn laufen ließ, konnte Peter nicht älter als zwei Monate sein, aber sein Habitus, seine komplette Gesamterscheinung ließ ihn halbjährig aussehen. Die Familie bedauerte es sehr, dass sie Peters Werdegang, wie bei Haus- und Stubenkatzen üblich, nicht von Anbeginn an mitbekommen und damit die ersten Tage Peters bis in die Zeit des Augenöffnens verpasst habe. Danach erst, jeder Katzenkenner weiß es, sind Katzenkinder unwiderstehlich niedlich und in dieser Zeit werden sie auf ihre Mitmenschen geprägt.

„Das haben wir durch Katharinas Heimlichtuerei verpasst."

Aber dieser Umstand wird nichts daran ändern, dass sich dieser junge Katzenhalbstarke die Herzen aller Bewohner Haus Lohburgs erobern wird. Und das geschieht auf seine Art. Eine subtile Art! Und wer ist auf Haus Lohburg wohl, aus Katzensicht und immer der Katzennase nach, die wichtigste Persönlichkeit? Das zu erraten setzte sich die Familie noch einmal zu einem Katzenkongress zusammen. Natürlich brauchte Peter ein paar Eingewöhnungstage, bis er herausbekommen hat, wie diese Frage zu beantworten ist. Sie hat mit Familienhirarchie nichts zu tun, wohl aber mit Düften und Gerüchen. So glaubt man hier schon am zweiten Tag erkennen zu können, dass Peter auf seinen Erkundungen mehr der Nase als den Augen nach unterwegs ist, vielleicht auch folgt er noch dem Vorbild Mama, also Katharinas, die seit jeher einen Hang zum „Küchenpersonal", - ein veralteter Ausdruck dies -, aufgebaut hat: Haushälterin Frieda ist gemeint! Zwar ist auch Hausherrin Carla oft in der Küche anzutreffen, mehr leitend und kommandierend als kochend und bratend. Aber Frieda hat etwas an sich, das männliche Charaktere wie Peter und auch einen Verehrer im Dorf anlockt.

„Wer früher", doziert Großvater Klemens, „stundenlang in diesen altmodischen Küchen mit den großen Stangenherden stand und Bratkartoffeln machte, auch Reibekuchen, Salz- und Pellkartoffeln kochte und vorbereitete, und das einen Monat lang in derselben Kleidung und sich weniger wusch als heutzutage, der", er macht eine Kunstpause der Erinnerung und stößt eine Qualmwolke aus der Pfeife, „der oder die, das sage ich euch, trug den Küchengeruch meilenweit vor oder hinter sich her, je nachdem, wie der Wind stand."

Solche Bandwurmsätze bekommt Großvater nur zustande, wenn er in Erinnerungen kramt.

„Ich erinnere mich“, fährt er fort, „meines seligen Freundes Wilhelm auf der Heide, Schlachtermeister des Dorfes. Seinen Fleischergeruch, den jeder seinesgleichen um sich verbreitet, machte die Dorfköter aber erst total verrückt, wenn er einen Koch- oder Brattag eingelegt hatte, also nicht nur rohes, sondern auch gebratenes und geselchtes Fleisch verkaufte – an meist regelmäßig eingehaltenen Tagen.“
Großvater hustet Qualm aus und beendet seinen Vortag:
„Ihr hättet die Köterversammlung vor seinem Geschäft sehen müssen, dann wüsstet ihr, was Hundenasen leisten können. – Natürlich folgten auch gestandene Kater und freche Kätzinnen diesen Wohlgerüchen und gaben manchen Hunden gehörige Ohrfeigen – ach ja, dahin sind diese Zeiten in Zeiten der Supermärkte.“

Auch Großmutter Clementine hat Katzenerinnerungen auf Lager und möchte zu Wort kommen:
„Da war meine Lieblingskatze Muschi, Gott hat sie seit dreißig Jahren selig, die sich Punkt 12 Uhr, keine Sekunde eher oder später, in der Küche einfand und ihre Salzkartoffel einforderte. Ich legte sie vorsichtig, weil sie kochendheiß war, an den Rand des Küchentisches, von wo Muschi sie, mit der mittleren Kralle ihrer rechten Pfote aufspießte und sich vor die Füße legte, wo sie abkühlen musste. Dann aß sie diese gelbe weiche lauwarme Kartoffel manierlicher als es je ein Mitarbeiter unseres kleinen Hofes getan hat.“

Tante Cilly mochte auch bei diesen Katzendiskussionen nicht zurückstehen, wusste doch jeder, dass sie einmal, jungverheiratet, sich drei Würfe angeeignet hatte, so dass ihr Ehemann sie vor die Wahl stellte, „ich oder diese Viecher!“
„Ich konnte ihn verstehen“, versichert sie heute, „denn Minka, eine der Katzenmütter, glaubte uns einen Gefallen

zu tun, wenn sie erbeutete Mäuse in Schubladen, Schuhe, Pantoffeln, Tornister, Schulranzen, Klos und Einkaufstaschen deponierte.“

Hausknecht Augustus meldet sich zu Wort:
„Früher war es auf dem Land üblich, grausame Bevölkerungspolitik in Sachen Katzen zu betreiben. Überzählige Katzenkinder eines Wurfes wurden gesackt wie ganz früher Mütter unehelicher Kinder und in einen Teich, Fluss, See oder Kanal geworfen. – Das ist heute zum Glück für unsere vierbeinigen Mäusejäger vorbei,“, fügt er hinzu.
Nun sagt der Hausherr, bisher zurückhalend, die entscheidenden Sätze:
„Peter braucht eine Bezugsperson, die möglichst stets und immer für ihn dasein kann. Wer von uns sollte das sein?“
„Jemand, der so an seine Arbeit hier gebunden ist, dass er halt immer für unseren Peter da ist“, schlägt die Hausherrin vor, die selber natürlich oft außer Haus ist.
„Nun“, sagt der gute Augustus bescheiden und reckt sich aus dem Sessel, „dann werde ich das wohl sein, oder?“
Kein Oder! Peter, erhöht auf einem Stuhl hockend, hat der ganzen Diskussion aufmerksam aber stumm zugehört und seinen vollen Blick bei „oder“ auf Augustus gerichtet. Jetzt zwinkert Augustus mit einem Auge, was Peter vollkommen versteht und mit einem Hopser vom Stuhl und mit einem zweiten auf Augustus’ Schoß gesprungen ist. So sind die Fronten geklärt.
„Ich werde mittags Peters Mahlzeiten anrichten“, sagt Frieda, „und du, Augustus wirst sie ihm reichen. Das ein paarmal gemacht, und er wird es verstanden haben.“

Peters zweiter Tag

An diesem Tag sind zufällig alle Bewohner Haus Lohburgs zu Hause, so dass Peter seine erste vollständige Vorstellungs- Erkundungs- und Anerkennungsrunde absolvieren.kann. Und siehe da und staune: Beim Chef geht's los! Der Makler makelt vor seinem Schreibtisch und Peter sitzt hinterm Schreibtisch und kontrolliert diese Tätigkeiten. Beim ersten Telefonklingeln seines Lebens zuckt er leicht zusammen und dass dieser Mensch da zu sprechen beginnt und ihn gar nicht damit meint, scheint Peter erst einmal zu irritieren. Beim Hin- und Hergehen vom Schreibtisch zum Aktenregal und zurück gleitet Karls Hand sachte über Peters apartes Köpfchen, und diese Feinheiten tierisch-menschlichen Daseins sind es, die ewige Freundschaften knüpfen.

Peters zweiter Besuch während des Vormittags gilt Hausfrau Carla, die im Atelier ihrem Beruf als Kunstmalerin nachgeht. Peter kommt wie selbstverständlich herei, saugt tief den eigenartigen Duft der Acryl- und Ölfarben ein springt elegant genau auf jenen Hocker, den eigentlich nur Personen einzunehmen haben, die auf Carlas Portrait-Kundenliste stehen.

„Nun denn", sagt sie ihm, „dann bleib sitzen und rühr dich nicht."

Peter gehorchte. Für die Künstlerin war das Kratzen des Bleiststifts, - ja, solch Altmodisches gibt's hier noch! -, ein längst zu überhörendes Geräusch, aber für Peter war es neu und unbekannt: rascheln und nuscheln so Mäuse?, mag er denken. In Nullkommanix von zehn Minuten hat Carla ein Portrait Peters aufs Papier geworfen, das später, viele Jahre später, als Vorlage für sein „Ewiges Denkmal" Verwendung finden sollte. Peter betrachtet es genau und sagt so zärtlich, wie er kann, sein Dankesmiau.

Großvater Klemens und Großmutter Clementine sitzen auf ihrem Balkon im Obergeschoss des Hauses, so dass Peter hier einen bequemen Doppelbesuch machen kann. Großvater spielt mit und gegen sich Schach, Großmutter ist nützlicher tätig und strickt warme Wollsocken für den Winter. Da tanzt und rollt, wie bei solchen Tätigkeiten üblich, das Garnknäuel auf dem Fußboden hin und her, so dass Peter nicht widerstehen kann und ihm eine Pfotenschubs mit Rechts verpasst. Die Garnrolle rollt vom Balkon und landet unten im Tulpenbeet. Großmutter hat zwar laut und konsequent „Nein", gerufen, aber es ist zu spät.

Damit sind wie zum ersten Mal bei diesem „Nein" angekommen. Es ist ein feines Wort der deutshen Sprache, wie jedermann weiß, und kann unendlich variiert werden. Hier, in unserem Haushalt, kann es allein schon zehnmal unterschiedlich ausgerufen, befohlen, geschrien und komanndiert werden. Multiplizieren wir die möglichen Varianten in laut, leise, geflüstert, gebrummt, geknurrt und so weiter hoch, dann sind wir bald beim Hundertfachen angelangt. Vielen Haustieren, vor allen berufsmäßig ausgebildeten, meist Hunden, wird es so eingeimpft, dass sie jede Variante verstehen. Aber wer bildet Katzen dementsprechend aus? Höchstens einige Zirkusleute, die mit ihnen Geld verdienen müssen.

Großmutter also hat zum ersten Mal gegen Peter kommandiert! Unglücklich, zugegeben. Aber er zuckt nachträglich zusammen und schaut sie derartig an, dass sie, früher durchaus nicht zimperlich im Anschnauzen und Backpfeifenverteilen, Peter hochnimmt und an ihr altes, von einem schwarzen Alltagskleid verdecktes Herz drückt. Derweil Peter interessiert zuschaut, wie Großmutters Enkelin Katharina in den Garten eilt und das Wollknäuel unterm Balkongitter hindurch an seinen angestammten Platz schiebt.

„Wir dürfen unseren Peter niemals", rät die Enkelin, nachdem sie sich zu Großmutter und Peter gesellt hat, „körperlich strafen und grundlos anschimpfen – nur Liebe führt zum Erfolg."

„Woher weißt du Naseweis so etwas?", fragt Großmutter.

„Von Franz, Omi, er hat es mir aus einem Katzenbuch vorgelesen."

„Ja“, stimmt die Omi zu, „euch Kinder kann man beschimpfen bis zum Gehtnichtmehr, aber Tiere sind empfindlicher als Kinder.“

Mit dieser fulminanten Weisheit geht Peter ab zum nächsten Besuch: Frieda die Haushälterin. Welche in der Küche oft allein hantiert, „zu oft allein“, wie sie meint, und darum freut sich sich auf Peters Besuch. Und es muss festfestellt werden, dass dieser in keinem besseren Augenblick hätte stattfinden können: Denn Frieda schüttet justemalen das Kochwasser ab, in dem sie die Pellkartoffeln garte, die sie zum „Kartoffelsalat mit Frankfurter Würstchen“, das Mittagessen heute, benötigt. Bekanntlich zaubert man mit Pellkartoffeln eine sehr typische Geruchsatmosphäre zwischen Appetit und Schmacht zustande, die schon hungrige Mitmenschen zur lukullischen Raserei treiben kann – und wie erst eine Katzennase, welche ihre Informationen schnurstracks dem Katzenhirn weitergibt!

Hat Peter seine heutigen Besuche durchwegs schweigend absolviert, kennt er nun keine Grenzen des Anstandes mehr: Er schreit, ja kreischt Frieda an, als sei diese gehörlos, versucht den Küchentisch anzuspringen, wird mit Friedas energischem „Nein“ daran gehindert und versucht sie nun mit Umdiebeinestreichen zu verführen. Das gelingt, Frieda begreift und legt ihm eine nun lauwarme Pellkartoffel vor die Vorderpfoten. Zu spät bedenkt sie, dass sie, diese Kartoffel, doch gepellt sein sollte. Peter beleckt das Geschenk, gibt ihm mit der Rechtspfote einen leichten Schubs, so dass sie unter den Küchentisch rollt. Lassen wir die brave Haushälterin selbst berichten:

„Peter nahm die Kartoffel, sich wohl untern Tisch sehr beschützt fühlend, zwischen die Vorderpfoten und leckte sie erst einmal gründlich ab. Wir Menschen wissen nicht, wie Kartoffelpelle schmeckt, wenn nicht im Salzwasser gekocht wurde. Zum ersten Mal hörte ich nun Peters

Schnurrapparat in voller Lautstärke und Resonanz unterm Tisch, nur unterbrochen von den Häppchen, die er jetzt genüsslich von der Kartoffel abbiss. Seine Mutter Katharina kam heran, wurde aber konsequent mit kurzem Zähneblecken, wie Löwen es machen, abgewiesen. Peter aß die Pellkartoffel ratzeputz inklusive Pelle auf, kein Fitzelchen an Krümeln blieb zurück."

Dieses Pellkartoffelessen ist das erste in einer langen Reihe von mindestens 5.000 in seiner Lebenszeit von über zwanzig Jahren. (Hätte es auf Haus Lohburg jeden Tag Pellkartoffeln gegeben, hätte sich diese Zahl auf über 7.500 erhöht!)

„Peter hätte", fährt Frieda fort, „heute gewiss noch eine oder zwei Kartoffeln mehr verlangt und auch bekommen, aber nein – er bedankte sich bei mir durch überlautes Schnurren, persönlichen Kontakt mit meinen Beinen und stiefelte vondannen."

Tante Cilly liebt es, vor dem Mittagessen im Hausgarten nebenan nach dem Rechten zu sehen. Zehn Jahre war sie allein dabei und lernte viel über Küchenkräuter, Gemüse, Möhren, Radieschen und Schäd- und Nützlnigen eines gepflegten Garten. Plötzlich bekommt sie einen Zuschauer. Dieser ist pech- und glanzschwarz mit Augen wie aus Bernstein, die Tante Cilly fixieren wie die Augen ihrer früheren Verehrer – ihr wird mächtig warm ums Herz!

„Peter", sagt sie zärtlich.

Peter antwortet „miau".

„Peterle", sagt sie zärtlicher.

Peter antwortet Miau-mio."

„Peterlein", sagt sie noch zärtlicher.

Peter antwortet „Miau-mio-miau".

Dieser Liebesdialog wäre wohl bis ins Unendliche fortgesetzt worden, wenn Katharina (Peters Mutter) nicht aufge-

taucht wäre. Sie will „die Erste unter Gleichen“ bleiben und ihren Sohn ein wenig in die Lehre nehmen.
„Hier“, sagt sie unhörbar für Menschenohren, „ich habe dir etwas zum Üben mitgebracht, das Katzenleben besteht nicht nur aus Vergnügen.“
Das Mitbringsel ist eine Maus, nicht tot zwar, aber in der Wirbelsäule angeknackst und darum leicht gelähmt. Leider eine Waldmaus (*Apodemus sylvaticus*), die menschliches Gesetz unter Naturschutz gestellt hat. (Katzen pflegen auf Gesetze zu pfeifen). Obwohl dieser kleine, sympathische und überaus springfähige Nager zur Zeit auch noch den Status „behindert“ genießt, wird er nun nach Katzenspielart gnadenlos hergenommen. Das bedeutet für ihn, gleichzeitig als Fuß-oder Handball, als Kamerad derber Späße, für Kratz- und Beißversuche und in der Hoffnung belassen zu werden, alles sei halb so schlimm und man werde ihn rechtzeitig vor dem Ableben freilassen.

Das geschieht auch. Denn Tante Cilly hat ein Herz für Notleidende und nimmt den beiden Lustmörderinnen mit raschem Griff das Opfer weg und lässt es in einen Reisighaufen unterschlüpfen. Unklar bleibt, ob es genesen wird. Andere Gartenlebewesen, die Tanta Cilly ausgräbt, mag Peter nur beschnüffeln, denn sie sind ihm nicht geheuer: Regenwürmer, Drahtwürmer, Engerlinge und gar ein Nest rosajunger Mäuse, kaum eine Tag alt, eigentlich ein Festessen für freilebende Katzen, aber Peter ist noch nicht so weit, sie vertilgen zu wollen. Zumal Tante Cilly das komplette Nest wieder mit Erde zudeckt und hofft, die Mäusemama möge zurückkommen und ihre Jungen wiederfinden.

Was Peter ein wenig befremdet ist das Verhalten der Singvögel des Gartens. Noch weiß er nicht, dass Katzen nicht jedermanns oder jedes Tiers Freund sein können und er wird noch ein paar Erziehungsstunden und –erlebnisse brauchen, bis er es herausgefunden hat. Nun hassen (so

heißt der Ornithologen-Fachausdruck!) Amsel, Drossel, Fink und Star auf ihn, beschimpfen ihn piepsend, keckernd und quinquilierend (singend), dass seine Ohren klingeln und er sogar vor Tieffliegerangriffen in Deckung gehen muss. Später wird Peter sich rächen und manchen frechen Spatz und eine unvorsichtige Schwalbe aus der Luft greifen. Jetzt findet er Deckung unter Tante Cillys Röcken, wo es auch ohne solche Belästigungen ganz gut auszuhalten ist, zumal ihre Besitzerin ihm tröstend zuredet:
„Du musst diesen Burschen nicht böse sein, Peter“, sagt sie, „sie kennen dich ja noch gar nicht.“

Schnell legt sich die Aufregung. Peter bekommt nun Gelegenheit, ein Erdbeben zu beobachten, ein regionales nur, natürlich, und streng genommen ein sehr lokales: Ein Maulwurf (*Talpa europaea*) ist dabei, sein unterirdisches Reich auszubauen und überflüssige Gartenerde nach oben zu befördern. Das sieht für einen Neuling wie Peter interessant aus, wie der schwarze Humus sich emporkrümelt und ein paar Regenwürmer, des Maulwurfs Leibspeise, zu flüchten versuchen.

Tante Cilly, so tierlieb sie sein mag: In punkto Gartenordnung versteht sie keinen Spaß! So fährt ihr Spaten, von ihren durchaus nicht kläglichen Armmuskeln mächtig angetrieben, flugs in die Erde, wird angehoben und befördert so den schwarzen, gut bepelzten Wühler in hohem Bogen ans Tageslicht. Ehe er, wie es seine Eigenart ist, sich wieder wühlend und scharrend in unterirdische Reich begeben kann, hat Tante Cilly ihn am Wickel und wirft ihn in einen Eimer.

Sie weiß tatsächlich gut Bescheid, diese Tante: Maulwürfe, ihrer Freiheit und Nahrung beraubt, können in Stundenschnelle verhungern oder vor Aufregung sterben!
„Komm“, fordert Tante Cilly Peter auf, „wir bringen ihn in den Wald.“

So geschieht es, nur ein kurzer Weg nach nebenan, wo ein paar Kiefern und Fichten stehen. Peter kann sich vor aufregung kaum einkriegen, als er sieht, wie sich dieser Maulwurf in Nullkommanix, hier geschätzte zweieinhalb Minuten, in die Erde eingegraben hat und sich „dort“, wie Tanta Cilly mutmaßt, „bald wohlfühlen wird“. Wieder zurück im Garten lernt Peter dort weitere Bewohner kennen: Grasfrösche, die lustig vor ihm forthüpften, Erdkröten in ihren dunklen und feuchten Tagesverstecken, Weinbergschnecken, die unter Naturschutz stehen und nichr getötet werden dürfen, Salat- und Nacktschnecken, welche eingesammelt und den Hühnern zum Fraß vorgeworfen wurden. Erst Wochen später erfuhr Peter aus eigener Erfahrung, dass ein Garten ein Eldorado für Feld- und Wühlmäuse sein kann – wenn, ja wenn es keinen Peter gäbe, der ihnen an den Wickel geht! Noch jetzt, in dieser Zeit, in der Peter hier Einzug hält, gibt es im Garten und im nahen angrenzenden Gehölz Reptilien in ziemlich großer Anzahl: Waldeidechsen (*Lacerta vivipara*), Ringelnattern (*Natrix natrix*) und ein paar Kreuzottern (*Vipera berus*), welche, als Peter in mittleren Jahren stand, leider völlig ausgestorben waren.

Doch zurück zur Gegenwart! Tante Cilly und Peter, sie sind immer dann ein Paar, wenn diese famose und katzenfrohe Tante im Garten tätig ist, um für Frieda und Hausherrin Carla Gemüse, Obst und Gewürze einzuernten.

Peters nächste und für heute letzte Besuchstour führt ihn geraden Wegs ins Kinderzimmer. Zwar haben hier im Haus Franz, Paul und Katharina je ihr eigenes Zimmer zur Verfügung, aber wenn sie gemeinsam mit der Eisenbahn, den altmodischen Matador-Baukästen und dem Heer an Zinnsoldaten spielen wollen, vereinigen sie sich hier. Krach untereinander? Ja, früher, bis Vater Karl eines seiner Machtworte sprach und mit „Schließung der Anlage“ drohte.

Peter schlüpft durch die offenstehende Tür ein und bleibt, natürlich verwundert, augenblicklich stehen. Sein tierischer Urtrieb trieb ihn zwar mächtig an, ein großen Sprung zu machen und das „elektrische Tier“, welches an ihm vorbeiratterte, im Sprung zu erhaschen. Dabei setzt er vorsichtshalber eine Pfote auf die Schiene vor ihm – autsch, er kassiert seinen ersten und letzten elektrischen Schlag! Getreu dem alten Evolutionsprinzip

„Erziehung ist nichts – Erfahrung alles“

haben die Geschwister geschwiegen und Peter nicht gewarnt. Nun nimmt Katharina, Namensvetterin von Peters Mutter, diesen in die Arme und beschmust ihn nach Strich und Faden. Aus dieser gesicherten Haltung heraus beobachtet Peter fast eine halbe Stunde lang das Hin- und Herfahren der Spielzeugeisenbahn, spitzt beim Tuten die Ohren, macht sich dann von Katharina frei und stiefelt wie ein gestiefelter Kater durch und über die tischgroße Schienenanlage – ohne je mit dem elektrischen Kontakt in Berührung zu kommen!

Wie ein gnädiger und volksnaher Herrscher besucht Peter nun erst Franz, dann Paul und neigt vor jedem seinen schönen schwarzen Kopf zu Boden, um ihn streicheln zu lassen – so werden offenbar in Katzenkreisen ewige Freundschaften geschlossen. Danach folgt eine Spielstunde, wie sie auf Haus Lohburg noch nie stattgefunden hat. Ein kleiner grauer Stoffball verwandelt sich für Peter in eine Maus, die nie entkommt, ein Dutzend saftige Ohrfeigen erhält, geknauscht und geknutscht, gekratzt und angebissen wird und doch nie stirbt. Nach fünf Minuten äußerster körperlicher Anstrengung muss Peter sich ausruhen und erklettert zu diesem Zweck das angrenzende Doppelstockbett der Kinder. Hier ruht er solange, bis er Augustus’ Lockrufe zum Abendessen vernimmt:

„Mieze komm, Mieze komm her, lecker-lecker!“
Ja-ja, Augustus hat es doch übernommen, sein Futtermeister zu sein. Das Zufüttern freilaufender Katzen, außer mit Trinkbarem wie Wasser oder Milch, ist problematisch, das weiß Augustus und wissen auch alle anderen Katzenfreunde hier, aber weil Peters Mutter sich ihm nun verweigert hat, glaubt man, dass leicht verdünnte Vollmilch, einmal am Tag gereicht, nicht schaden kann.

„Wo soll und darf unser Peter schlafen und übernachten?“
Das ist am zweiten Tag Peters nicht geklärt.
„Im Wohnbereich auf gar keinen Fall.“
Sagt die Hausherrin als erste Kommandantin und verweist darauf, dass auch guterzogene Katzen dem Drang nicht widerstehen könnten, ihre Krallen an Polstermöbeln, Teppichen und hölzernen wertvollen antiken Tisch- und Stuhlbeinen zu schärfen. Außerdem:
„Wenn er mal Pippi und dergleichen machen muss...“
Nun, Peter ist und wird keine Stadtwohnungskatze ohne Ausgang, welche einen festen Platz zur Notdurft angeboten bekommen muss, eine Kiste zu Beispiel, die mit Sägemehl oder Katzensand ausgelegt ist. Peter ist Freigänger und tatsächlich, schon jetzt, am zweiten Tag, hat er sich seine Abortstelle hinterm Holzschuppen ausgesucht.

Und seine Schlafstelle? Diese richtet Augustus ihm nun ein: Es ist ein handgeflochtener Weidenkorb mit einem Meter Durchmesser, fein mit einer echten Kamelhaar-Katzendecke ausgepolstert und auf einen Hocker deponiert und festgemacht, damit er nicht abstürzen kann. Augustus weiß allerdings aus langjähriger Katzenerfahrung, dass Peter sich irgendwann eine eigene Schlafstelle suchen oder erobern wird. Auch wohl zwei oder drei: für nachts, tags und extra. Dazu noch all jene, die er sich im Lauf der nächsten Wochen und Monate erobern wird. Denn Katzen sind, - jeder Züchter und Intensivhalter weiß das -, die geborenen Eroberer.

Augustus führt Peter nun „an der Hand" zum Körbchen, hebt ihn hinein, streichelt ihn, holt ihn heraus auf den Boden, streichelt ihn nicht, hebt ihn wieder hinein – das wiederholt sich noch ein paarmal, bis Peter immer noch nicht begriffen hat. Da tritt Katharina auf die Szene, springt ins Körbchen und rollt sich, mehr als den halben Platz einnehmend, wie ein Murmeltier zusammen. Peter springt ebenfalls ins Körbchen und beansprucht seinen Platz, indem er seine Mutter an den Rand drängt. Augustus' Erziehungsmethoden sind also diesmal erfolglos geblieben.

Wenn auch alle Familien- oder Hofmitglieder einschließlich Katharina und Peter den Schlaf der Gerechten, Arbeitsamen und Ermüdeten genießen: Es gibt immer Ausnahmen von Altmeister Goethes Spruch „...nord- und südliches Gelände ruht im Frieden seiner Hände...", das heißt also dass, - wie jedermann weiß -, nicht alle ruhen oder genießen, sondern erst mit Einbruch der Nacht aktiv werden. Wie beziehen uns hier nicht auf „echte" Nachtwesen wie Eulen, Nachtfalter, Fledermäuse oder Nachtschwärmer, sondern auf jene Hofmitbewohner, die zu Recht das Licht des Tages scheuen und das des Mondes anschwärmen. Zu ihnen gehört hier Rattenkönig Birlibi, den wir zum ersten Mal erwähnen, aber später noch näher kennenlernen werden.

Nachtleben

Seit zwei Menschengenerationen gab es auf Haus Lohburg einen Rattenkönig Birlibi. Klar, dass es immer wieder Nachkommen des ersten Königs waren, denn auch die zäheste und sehr gesund lebende Ratte kann so alt nicht werden, dass sie die Söhne des zweibeinigen Gründers von Lohage überlebt. Großvater Klemens hat einmal über den rechten Daumen gepeilt, dass Ratten ein Durchschnittsalter von 365 Tagen durchaus erreichen können, aber nicht, wenn ihnen Rattenesser wie Katzen, Hunde, Marder, Hermeline und Dachse im Nacken sitzen.

Wir machen einen kurzen historischen Ausflug ins Leben der Hausratte *(Rattus rattus)*, ein Nagervolk, dem König Birlibi angehört. Lassen wir Alt-Tiermeister Alfred Edmund Brehm im Originalton zu Wort kommen, der 1865 in seinem Werk „Illustrirtes Thierleben" geschrieben hat:
„In den Schriften der Alten hat man bis jetzt noch keine Stelle aufgefunden, welche auf die Hausratte bezogen werden könnte. Albertus Magnus ist der erste Thierkundige, welcher sie als deutsches Thier aufführt; demnach war sie also im zwölften Jahrhundert bereits bei uns heimisch... Der Bischof von Autun erklärte unsere Hausratte feierlichst in den Kirchenbann...doch die Ratten vermehrten sich nach wie vor und bewiesen auf das schlagendste, daß die Bannblitze nur dem gläubigen Menschengeschlecht schädlich werden können...."
Ferner teilte Herr Brehm mit, dass die protestantischen Geistlichen den Buß- und Bettag eingeführt hätten, damit ihre Gläubigen Extragebete in der Kirche zu Ungunsten der Rattenlandplage zelebrieren konnten. Wie dem auch alles gewesen sein mag: Der Rattenkönig von Haus Lohburg hatte eine imposante und beeindruckende Ahnenreihe aufzuweisen. (Was der Begriff „Rattenkönig" in der Realität wirklich bedeutet, werden wir später erklären, wenn es dem Lohburger Rattenkönig Birlibi an den Wickel geht.)

Nun war der Mond auf- und der König samt Gefolge ausgegangen. Lautlos tappste er, aus dem Versteck Kutschenremise gekommen, über den freien Hof in Richtung Katzenloch der großen grünen Tür zur ehemaligen Diele voran. Sein Gesinde und Gefolge, Ratten verschiedenen Ranges und sozialer Stellung, Männlein, Weiblein und Kindlein locker durcheinander, folgte schnüffelnd und windend. Gestank lag in der Luft! Katzengestank! Neuer, bisher unbekannter. Während Birlibi vor dem Katzenloch sicherte, holten sich Waldkauz „Kauzi“, Waldohreule „Spitzohr“ und Schleiereule „Schleichi“ je ein Mitglied der Rattenexkursion in lautlosem An- und Zugriff aus der Luft und trugen sie zu ihren gewohnten Fressplätzen davon. Wie alle Könige vor und nach ihm bemerkte Birlibi nichts vom Ableben seines Volkes.

Der Luftzug, der von der nächtlichen Diele durchs Katzenloch nach draußen und in Birlibis Nase drang, gefiel ihm ganz und gar nicht. Gleichzeitig roch er aber auch, dass irgendwo drinnen ein Napf voller Leckerreien stehen müsste; das stimmte, denn Augustus hatte sich nicht lumpen lassen, ihn den beiden Schläfern als Mitternachtsmenue zu spendieren. Auf sachten Tippelpfötchen schlich sich Birlibi an diesen Napf heran, drei seiner Nebefrauen und Kurtisanen folgten ihm, und schon gab es Streit am Fressnapf, in dem sich Reste von Gulasch und Kartoffelpüree befanden. Wenn’s besonders gut schmeckt, - das weiß jeder Kneipenwirt -, wird auch behaglich geschmatzt; so auch hier! Es weckte Peter, der noch einen leichteren Schlaf besaß als seine Mutter, und so kam es, dass er und Birlibi sich zum ersten Mal in die Augen schauten. Der Rattenkönig hatte Glück, dass sein Gegenüber noch nicht erfahren genug war, seine Tatze in ihn zu pflanzen, aber Birlibi pfiff nun leise zum Abschied und ehe Katharina ebenfalls erwachte und einen Kampf eröffnen konnte, waren alle Ratten nach draußen geflüchtet. Keiner der Beteiligten wusste, dass die nächste Begegnung dramatischer verlaufen würde...

Drei Ratten waren von den drei genannten Eulen geholt und inzwischen, wie Eulen es tun, unzerkaut in ihnen verschwunden. Aber was bedeutete auf Lohburg eine Nacht, in der nur drei Ratten ihr Leben lassen müssen! Sie wäre äußerst friedvoll zu nennen. Jungratte Nummer vier schnappte sich die heimische Steinmardermutter, welche oben unterm Gebälk der Scheune ihre Jungen sattmachen musste. Derweil der Vater ihrer Kinder ein Rattennest ausraubte, das die Mutter eben zum Pinkeln verlassen hatte. Noch immer oder wieder schliefen Peter und Katharina fest und bekamen nicht mit, wie Nachbarkater Murki, der wegen Podagra, (eine Art von Rheuma oder Gliederreißen), nicht mehr jagen konnte und deshalb jede Nach auf Schnorrertour unterwegs war. Er leerte den Napf und trollte sich.

Zu Peters zukünftigem Lebensraum gehört auch das Reich der Mäuse. Es ist ein lockeres Gebilde, das sich von der äußersten Ecke des Gartens über alle Nebengebäude, Ecken und Winkel, Verstecke und Unterkünfte bis ins Haupthaus hinzieht und auch dort alle Etagen vom Keller bis zum Giebel einschließt. Es ist nicht so, dass die Hausmäuse (Mus musculus) bis zur Machtergreifung Peters ein ungestörtes Nager- und Knabbererleben geführt hätten, - nein, alle früheren Katzen Lohburgs von A wie „Axel“ über K wie „Knurri“ und Z wie „Zita“ haben diesem Mäusevolk stark zugesetzt und dieses zu dezimieren versucht. Auch über des Menschen Uralt-Hausgenossen Hausmaus hat sich Herr Brehm ausgelassen und er mochte sie ganz offensichtlich:

„Die Hausmaus ist ein anmuthiges, überaus behendes und bewegliches Thier. Mit größter Schnelligkeit rennt sie auf dem Boden dahin, klettert vortrefflich, springt ziemlich weit und hüpft oft längere Zeit nacheinander in kurzen

Sätzen fort. An zahmen kann man recht deutlich erkennen, wie geschickt sie alle Bewegungen unternimmt... Ihre hauptsächliche Schädlichkeit beruht in dem abscheulichen Zernagen werthvoller Gegenstände. In Büchersammlungen...hausen die Mäuse auf die verderblichste Weise und können...unschätzbare Schäden anrichten.“

Kluge zweibeinige Pessimisten, welche schon jetzt unsere alte Erde untergehen sehen, schätzen, dass bei diesem Szenarium, dessen Umfang und Eigenarten wir noch nicht kennen, Ratten und Mäuse die einzigen Überlebenden sein werden. Haus Lohburg wimmelt sozusagen von Mäusen, dass unsere tierliebende Familie alle Hoffnungen auf Peter setzt, das Mäusevolk zurechtzustutzen. In dieser Nacht, die wir gerade zu beschreiben versuchen und in der Katharina und Peter dienstfrei haben, herrscht hier das große Verschwesterungs-, beziehungsweise Verbrüderungsfest, in dem sich jede mit jedem und jeder mit jeder verpaart. Herr Brehm schrieb hierüber:
„Die Hausmaus vermehrt sich außerordentlich stark. Sie wirft 22 bis 24 Tage nach der Paarung vier bis sechs, nicht selten aber auch acht Junge und in Jahresfrist sicherlich fünf bis sechs mal, so daß die unmittelbare Nachkommenschaft eines Jahres mindestens 30 Köpfe beträgt.“
Und im Alter von sechs Wochen ist diese neue Generation bereits geschlechtsreif geworden und ein Zyklus beginnt von neuem.

Womit kein Hausbewohner gerechnet hat, tritt diese Nacht schon ein: Peter fängt seine erste Maus. Er ist ja nachts gezeugt worden, folglich wird er ein Nachtschwärmer werden. Ohne sich um den Tiefschlaf seiner Mutter zu kümmern, steigt er aus dem Schlafkorb, reckt und streckt seine Glieder und lauscht auf das seltsame zarte Fiepen und Zwitschern draußen vor der Dielentür. Der Mond ist im Versinken, spendet aber für Katzenaugen noch genügend Licht, um die Vorgänge auf dem Platz erkennen zu können. Peter hockt jetzt draußen vor dem Katzenloch und mit dem Betrachten der lustigen Mäuseschar wächst sein Jagdinstinkt, der bisher noch nicht viel zustandegebracht hat. Ein Mäusebock kommt in der Verfolgung seiner Auserwählten so nahe an Peter heran, dass dieser ganz instinktiv nur seine rechte Vorderpfote auszustrecken braucht, um ihm seine Krallen, die auch ganz instinktiv ausgefahren werden, in den Nacken zu setzen. Drei Krallen sind in den Hinterkopf der Maus gefahren und haben sie getötet.

Die anderen Mäuse haben nichts bemerkt. Jungmäuse, die ihren ersten Ausflug machen, sind in höchstem Maß gefährdet, weil sie die böse Welt noch nicht kennen und auh noch nicht schnell genug im Reagieren sind; darum ist ihre Lebenserwartung, nur auf ihr Alter gerechnet, minimal kurz. So ergeht es noch einem halben Dutzend Jungmäusen in dieser Nacht, nur aus dem einen Grund, weil Peter nicht schlafen kann und lieber vor der Dielentür hockt als in Mutters Nähe im Körbchen zu liegen.

Eine für Katzen seltene Eigenart stellt sich in dieser ersten Mäusenacht heraus: Peter isst, frisst, mampft oder vernascht keine Mäuse! Ein Jahr später haben Wissenschaftler aus der nahen Großstadt hierüber diskutiert, geforscht, debattiert und geschrieben: ohne konkretes Ergebnis! Einem Zoologen unter ihnen „war noch nie eine Katze untergekommen“, die keine Mäuse aß. Als es hell wurde, hockte Peter noch immer vor der Dielentür und genoss die ersten Strahlen der im Osten aufsteigenden Sonne. Katharina kam aus der Diele heran, schob ihren mächtigen Bumskopf durch Loch und schnürte so an ihrem Sohn vorbei, dass sie ihren Körper unter seiner Kinnlade durchschob – jeder Katzenkenner, ob er nun Hauskatzen-, Löwen-, Leoparden- oder Tigerkenner ist, kennt dieses Verhalten, das oft auch eine Geste der Unterwerfung sein soll: Katharina erkannte Peter als ihren Chef an! Seine neuen

Chefallüren bewies Peter sogleich daran, dass er „Muschi“, Nachbars kastrierte Katzenmutter, die ringum liegenden von ihm erlegten Mäuse aufessen ließ. Dann kam auch Muschi heran und zelebrierte dasselbe Verhalten wie Katharina – Peters Anzahl an Untertanen wuchs nach einer Nacht voller Abenteuer auf Haus Lohburg...

Eine kurze Historie von *Felis silvestris catus*

So nannte Linné 1758 unsere Hauskatze. Ihre ersten Vorfahren sollen laut Forschungen vor neun Millionen Jahren angefangen haben, die Erde zu besiedeln. Aber erst mit der beginnenden Sesshaftigkeit des Menschen beginnen Freundschaft und Abhängigkeit von beiden, vermutlich in dder gleichen Art, wie aus Wölfen Hunde wurden: Im Umfeld sesshafter Menschen ließ sich besser und auch wohl sicherer leben als in freier Wildbahn, wo man seine Nahrung erjagen musste, während in der Nähe von Häusern, Hütten, Höhlen und Zelten sich Abfälle sammelten, die man durchstöbern konnte. Das traf im besonderen auf Hunde zu, während Katzen davon profitierten, dass menschliche Behausungen auch von Ratten und Mäusen aufgesucht wurden. So entstand die so genannte Selbstdomestikation, also eine Domestizierung auf freiwilliger Basis zum Menschen hin. Auch werden damalige Menschen junge Katzen an sich genommem und in ihre Wohngemeinschaft eingegliedert haben.

Ab dem 3. Jahrtausend vor unsere Zeitrechnung gibt es Bilder aus dem vorderen Orient, die das friedliche Zusammensein von Mensch und Katze beweisen, eine Freundschaft, die bald in religiöse Verehrung übergehen sollte. Doch kein Kult ohne praktischen Sinn: Die Kurzhaltung schädlicher Nagetiere, die nachweislich ganze

Ernten bedrohen konnten, war ein Gebot der Zeit bis in unsere Tage hinein. Interessant ist, was der griechische Völkerkundler Herodot (ungenau 490/480 bis um 424 vor der Zeitenwende) über Katzen zu berichten weiß:
„Wenn die weibliche Katze Junge hat, meidet sie den Kater, der verlangt also vergebens nach dem Weibchen. Daher ist er auf den Ausweg verfallen, die Jungen ihren Müttern mit Gewalt und List zu rauben und zu töten, ohne dass er sie frisst. Die ihrer Jungen beraubte Katze möchte dann von neuem Junge haben und läuft wieder zum Kater. Dies Tier liebt es nämlich, Junge zu haben...“

Die nüchternen Europäer, allen voran die alten Griechen und Römer, verehrten ebenfalls Katzen, doch scheint bei ihnen das Praktische überwogen zu haben, nämlich ihre Haltung als Mäusejäger. Irgendwie sind Katzen aus Ägypten nach Europa geschmuggelt oder verkauft worden, denn ihre Zeichnungen finden sich auf Vasen aus der Zeit um 450 vor der Zeitrechnung. Der Weg weiter nach Norden zu den Germanen war lang, aber Knochenfunde beweisen die Gegenwart von Katzen bereits im heutigen Norddeutschland um 100 nach der Zeitenwende. Es ist uns heute gut verständlich, wie wohl sich Hauskatzen in den germanischen Langhäusern gefühlt haben müssen, wo sie direkten „Familienanschluss“ hatten, Mäuse in Mengen fangen konnten und als Jungtiere nette Spielkameraden von Kindern und Jugendlichen wurden. Das gilt bis heute: Ein klassischer Bauernhof, mag er auf der Roten Liste stehen oder nicht, ist ein idealer Lebensraum für Katzen geblieben.

Dennoch war die Bedeutung der Hauskatzen im frühen Mittelalter gering. Doch erst jetzt begann mit dem Anwachsen großer Städte und mit der sich sehr auswachsenden internationalen Seefahrt das „Zeitalter der Ratten und Mäuse“. Zur Bekämpfung dieser Nager, deren riesige

Schädlichkeit jetzt erst richtig erkannt wurde, brauchte man Katzen und nochmals Katzen. Ab dem 10. Jahrhundert waren Katzen über ganz Europa und asien weit verbreitet und unterschiedlich geehrt, verfemt und anerkannt. Dem großen Entdecker Christof Kolumbus und seinen Nachfolgern folgten sie dann auf den amerikanischen Kontinent. Und noch eine Metamorphose machten sie mit: Die Verwandlung vom reinen Nutz- zum Haus- und Schmusetier.

Dabei hat sie ihren Freiheitsdrang und Sinn nach Selbständigkeit nicht eingebüßt, wie es dem Hund in seiner ebenso langen und wechselhaften Entwicklung ergangen ist – er ist zwingend an uns Menschen gebunden, sie könnte auch in unserer heutigen so genannten freien Wildbahn überleben. Inzwischen sind über dreißig Katzenrassen bekanntgeworden.

Natürlich hat sich auch der Sagen- und Märchenschatz fast aller Völker der Katzen angenommen. Hier ein paar Stichproben:

„Während der großen Sintflut herrschte im Morgenland eine große Ratten- und Mäuseplage. Die Tiere überfielen die Vorratlager, so dass eine Hungersnot drohte. Arche-Kapitän Noah suchte Rat beim großen Vetter der Hauskatzen, dem Löwen und seiner Frau, der Löwin. Während er ihr über den Kopf strich, musste sie niesen, und aus ihrer Nase sollen zwei Minilöwen ohne Mähne gesprungen sein – das erste Katzenpaar der Schöpfung...“

Noch fantastischer geht es in einer ungarischen Sage zu: *„Nach ihr soll Eva aus dem Schwanz einer Katze entsprungen sein. Denn als Gott Adams Rippe herausnahm, um aus ihr Eva zu gestalten, soll eine Katze sich diese geschnappt haben. Als sie davonrannte, erwischte Gott noch ihren Schwanz und formte daraus die Eva.“*

Der Begriff „Kätzchen" für die Weidenblüten soll folgendermaßen entstanden sein: *„Aus Gram darüber, dass ein mitleidloser Mensch ihre Jungen im Wasser ertränkt hatte, klagte die Kätzin so ergreifend am Ufer, dass die Weidenbäume am Ufer weit ins Wasser reichten, so dass die Jungen sie ergreifen und sich an Land ziehen konnten."*

Ein letztes Beispiel, das dafür steht, dass der Mensch schon immer mit Katzen etwas anfangen konnte, soll die „Teufelsbrücke" vermitteln:

„Einige Bewohner wollten für den Bau einer Brücke des Teufels Hilfe in Anspruch nehmen. Dieser forderte als Preis die Seele des ersten Lebenwesens, das die Brücke überqueren würde. Da überlisteten ihn die christlichen Priester, indem sie eine schwarze Katze zwangen, dieses zuerst zu tun..."

Wer wissen möchte, wie „volkstümlich" ein Tier ist, muss nur ein wenig bei Sprichwörtern hinhören. Wir haben es getan:

Katz' aus dem Haus, rührt sich die Maus
Das sind gefährliche Katzen, die vorn lecken und hinten kratzen
Erst schmeicheln, dann kratzen schickt sich für Katzen
Keine Katze ist so glatt, sie hat scharfe Krallen
Pferdehufen und Katzenklauen ist nicht zu trauen
Willst du lange leben gesund, iss wie die Katze, trink wie der Hund
Bei Nacht sind alle Katzen grau

In unserer Sprache gibt es viele Begriffe mit „Kater" und „Katze", hier nur eine Auswahl davon: Kater (Kopfschmerz), Katerbummel, Katerfrühstück. Kateridee, Katerstimmung, katzbalgen, katzbuckeln, Katzenauge, Katzendreck, Katzengold, Katzenjammer, Katzenkopf (Stein),

Katzenmusik, Katzensprung, Katzentisch, Katzenwäsche und Katzenzunge (Schokolade.

Intensiv hat sich der Mensch mit der Sexualität der Katzen befasst, sie kam ihm stets ein wenig menschlich vor. Erteilen wir hier Frances und Richard Lockridge das Wort, die in ihrem Buch „Katzen und Menschen“ schreiben:
„Man kennt eine Katze überhaupt nicht, solange man nicht die acht bis zehn Tage miterlebt hat, in denen sie einen Kater sucht. Sie enthüllt sich dann, und für den Prüden ist das geradezu peinlich. Dass alte Jungfern sich so häufig mit Katzen umgeben, wie es der Fall ist, beweist, dass siew großherziger sind, als man von ihnen allgemein annimmt. Wer jemals mit einer nicht steril gemachten Katze gelebt hat, kann unmöglich unaufgeklärt bleiben. Wer unverschnittene Katzen hält, ob auf dem Lande oder in der Stadt, muss sich auf ein Leben gefasst machen, in dem ihr Geschlechtstrieb eine beträchtliche, bisweilen sogar die größte Rolle spielt. Auch die sanfteste Katze weiß, dass es Kater auf der Welt gibt, und ist fest entschlossen: Sie will nun einmal einen Kater haben.“
Nun, wir haben es hier die meiste Lesezeit mit einem Kater zu tun. Mit ihm werden wir noch erleben, wieviel Wahrheit in dieser Aussage des englischen Katzenkenner-Ehepaares liegt. Es lohnt sich noch darauf hinzuweisen, dass unsere Hauskatze zu den wenigen Haustieren gehört, welche nicht aus Gründen von Gewinn, Erwerb und Nützlichkeit in unsere Gemeinschaft aufgenommen wurden. Es waren wohl religiöse und kultische Erwägungen, ihnen Toleranz und Verehrung entgegen zu bringen. Waren sie erst einmal im Haushalt etabliert, machten sie sich nützlich durch Mäuse- und Rattenfang. Im Mittelalter, das bevorzugt, wohl durch die so genannte Geistlichkeit, Menschen und Tiere mit dem Femininum **„die“** verfolgte, - also **die** Hexe, **die** Katze und auch **die** Ketzerin -, wurden

Katzen mit Zauberern in Verbindung gebracht. Noch heute hört man abergläubische Wendungen wie „Dreifarbige Katzen schützen vor Bränden“ und „Schwarze Katze kreuzt den Weg bringt Unglück“. Zum Letzteren gibt es folgende Anekdote:
Eine schwarze Katze (oder Kater, je nachdem) quert den Weg eines Delinquenten zum Richtplatz. Da bleibt dieser abrupt stehen und will nicht weitergehen. Einer seiner Wächter fragt ihn ungeduldig doch auch mitleidig:
„Wat is mit dir, Kumpel, warum gehste nich weiter? Niemand kann dich mehr retten.“
Der andere Wächter pflichtet seinem Kameraden bei:
„Je schneller du tippelst, desto schneller hastes hinter dir!“
„Eine schwarze Katze“, lispelt der Delinquent, „das kann ja heute noch heiter werden.“

Der berühmte und gelehrte Verhaltensforscher Konrad Lorenz äußerte sich sich zum dem noch immer bestehenden Vorwurf, dass Katzen falsch seien:
„Es ist mir unklar, wie diese Asicht entstanden sein mag. Es gibt wenige Tiere, in deren Gesicht der Kundige so eindeutig die augenblickliche Stimmung lesen könnte wie in dem der Katze. Man weiß immer, woran man ist, welche Handlung für den nächsten Augenblick erwartet werden kann...“
Das findet auch die ganze Besatzung Lohburgs, und Augustus kramte jetzt in seinem Gehirn, um die unumstrittene Falschheit der Hunde, die nicht seine Lieblingstiere sind, in einem Erlebnisbericht bekannt zu machen:
„Kam ich doch mal auf einen Bauernhof, der von einem Kettenhund bewacht wurde, ein Schäferhund mittlerer Rasse. Ich wunderte mich sehr, das er nur leicht kläffte und nicht wirklich meldete. Also ging ich näher heran. Da tat er, als sei ich sein liebster Partner im Spielen und Streicheln, wedelte lustig mit dem Schwanz und tat sich vorne

demutsvoll nieder. Ich war perplex aber wachsam. Denn seine Augen verrieten ihn, indem sie sein Weißes zeigten und höchst verräterisch wirkten. An dem Halbkreis, den er mit seiner nachschleifenden Kette laufen konnte, erkannte ich, wann er mich packen konnte, und trat nun zurück. Da fing er in einer Art zu bellen an, die so hasserfüllt klang, dass ich schnell das Weite suchte, besorgt, die Kette könnte reißen und ich würde noch sein Opfer werden."
Alle Bewohner Lohburgs waren sich einig in der Auffassung, dass mit Peter ein Mitglied aufgekommen war, an dem keinerlei negative Charakterzüge zu erkennen seien – wir werden sehen!

Augustus der Starke

Es gibt Mitmenschen, die soviel Positives auf sich zu vereinigen wissen, dass es nicht aufgezeichnet werden kann; täte man es, würde man unglaubwürdig und als Spinner bezeichnet. Dennoch wollen wir es mit Augustus Justus Greifenklau, so sein amtlicher Name, einmal versuchen. Er soll sein „Von" im Namen höchstselbst abgeschafft haben, aber vermutlich tat dies sein Großvater zu jener Zeit, als aller Adelskram als Jahrhundertschrott in Misskredit geraten war. „Nomen omen est" – das war einmal und gab es wohl nie!

Jetzt, auf Haus Lohburg zu Peters Zeiten, war Augustus im Rang mehr als alle seine Vorfahren zusammengenommen: Faktotum, Kalfaktor, Hausknecht, Intimus, Vertrauter, Haus- und Tierfreund, Hüter und Wächter, Verschmitzter und Raffinierter, Hausmeier, Manager, Diplomat, Begleiter der Großeltern und Persona con grata erster Garnitur, Generalbevollmächtigter Karls, Hauptberater Carlas und Duzfreund Tante Cillys. Wer er sonn- und feiertags statt Hosenträger seinen Koppel umtat, konnte man den Wahlspruch seines Lebens daran ablesen, - genauso

wie an Prinz Charles' Koppelschloss -, denn auf beiden steht auf gutdeutsch: „Ich dien".
„Wenn du Augustus", sagte eines Tages Sohn Franz seinem Vater Karl, „für jeden seiner wohlverdienten Titel auch nur ein Azubi-Gehalt zahlen würdest, wäre er ein reicher Mann."
Gut gesagt – aber unrealistisch!

Genug des Lobes an einen bescheidenen Menschen. Weil Augustus vom Leben so hart mitgenommen worden war, - wie hart, werden wir verschweigen -, stand er einstens, bevor Hausherr Karl ihn aufgabelte, so allein auf weiter Flur wie Hermann der Cherusker auf seinem Detmolder Sockel. Karl und Augustus oder Augustus und Karl, das war Sympathie auf den ersten und Freundschft auf den zweiten Blick. Karls sämtlicher Anhang, den wir schon vorgestellt haben, tat es ihm gleich – und jetzt war Peter hinzugekommen. So sind wir wieder dort, wo wir Peter nach der abenteuerlichen geschilderten Nacht alleingelassen haben. Augustus war seit Jahren der erste im Aufstehen und der letzte beim Zubettgehen. So kam es, dass Peter ihn jetzt als erstes Mitglied des Hofes sah. Augustus und Peter oder Peter und Augustus, das war Sympathie auf den ersten und Freundschaft auf den zweiten Blick.

Augustus setzte sich auf die nachtfeuchte Holzbank vor der Dielentür und Peter setzte sich auf seinen Schoß. Über ihnen schimpfte das Männchen der Rauchschwalbe *(Hirundo rustica),* das mit dem neuen Hausgenossen solange nicht einverstanden sein konnte, wie es zusammen mit seinem Weibchen eine Ladung Jungschwalben zu füttern hatte. Das Männchen hielt sich mit seinen Scheinangriffen noch zurück, so dass Peter sie nicht auf sich beziehen konnte, aber noch im Lauf der nächsten Viertelstunde würde das anders sein. Im Haus hörte man nun den allgemeinen Beginn des Tages: Aufstehen, Husten, Gähnen,

Waschen, Toilette, Geschwätz und Murren, überhaupt ein warmes Bett verlassen zu müssen. Jetzt trat auch Langschläferin Katharina ins Freie, schmuste mit ihrem Sohn und zog sofort den Zorn der Schwalben auf sich. Wütend schlug sie nach ihnen, wenn sie ihren Sturzflug bis fast in den Griffbereich ihrer Pfoten ausdehnten.

Augustus, Peter und Katharina marschierten nun auf die Diele zurück, wo Augustus, - wir unterließen es oben, auch seinen Beruf als Futtermeister zu erwähnen -, für beide das Morgenmahl bereitete: Ein Müsli aus Fertigfutter, Haferflocken, Kartoffelchips und Katzenmilch. Augustus hatte das Ziel, Peter so zu erziehen, dass er keine gefangenen wilden Tiere zu essen brauchte, wie Katharina es natürlich tat, Mäuse, Vögel und Eidechsen zum Beispiel. Zur Mittagszeit, hatte Augustus mit der Hausherrin abgemacht, sollte es für Peter stets Reste der allgemeinen Mahlzeit geben: Salzkartoffeln, die seine Leibspeise wurden, Pell- und Bratkartoffeln, Soße dazu, Gemüse selten, aber auch Mehlspeisen, Nudeln, Kartoffelpuffer und Pfannkuchen.

Hier auf der morgendlichen Diele lernte Peter nun andere seinesgleichen kennen: Die menschenscheuen Hauskatzen, die fast in Selbstbedienung auf dem Heu- und Strohboden des Hauses und der angrenzenden Scheune lebten. Sie hatten nur eine Aufgabe: Ratten und Mäuse kurzzuhalten. Sie wurden deswegen nicht zugefüttert und bekamen nur täglich einmal ein Schälchen verdünnte Milch zu trinken. Vorsichtig und behutsam kamen also Muschi, Mischi und Micki, mischfarbene Mischlinge im Alter zwischen 5 und 7 über die Katzenleiter herabgestiegen und weil sie Augutus als Futtermeister natürlich kannten und Peter vorläufig missachteten, ließen Hunger und Durst sie sogleich über ihre drei Näpfe herfallen.

Katharina hatte sich verabschiedet, Peter äugte fasziniert herüber und ging ein paar Schritte vor. Sofort fauchte

Muschi als Chefin ihn an, hielt die linke Vorhand bereit, doch Peter brauchte nur sein schon respektables Mäulchen aufzureißen, die weißen Zähne und den hellroten Rachen zu präsenteiren – und schon waren die Fronten geklärt. Peter beschnüffelte nun alle drei Milchtöpfe und wandte sich wie angeekelt ab: „Diesen Proletarierfraß mag ich nicht!“ Dafür erstieg er nun die hölzerne Katzenleiter, welche, an die Wand montiert, den Zugang in die oberen Katzenreviere ermöglichte. Er hatte diese Leiter schon vorher „unter Geruch genommen“, dieser verriet ihm, dass es dort oben Katzen geben müsse, war aber bisher nicht aufgestiegen. Dort sah er nun ein wüstes Durcheinander von Heu, Stroh, alten Gerätschaften, Truhen und Kleiderkisten, welches jedoch nur halbdomestizierte Katzen wohnlich fanden. Naja, der Duft frischer Mäuseküttel, ihre Pipiflecke und fiepsendes Geraschel und Gewisper bildeten auch für Peter eine Verlockung, der er zu gegebener Zeit nachgehen müsste. Als er über die Leiter wieder abstieg und halbwegs der Diele angekommen war, kam ihm Muschi auf dem Weg nach oben entgegen – sie mochte aggressive Gedanken hegen, aber als sie den schwarzen Kater da vor sich sah, reduzierten sich diese auf einen freundlichen Vortritt: „Bitteschön, Meister, nach dir!“

Vor der Dielentür, die Morgensonne lud zu Außenarbeiten ein, beschäftigte sich Cheffahrer Augustus mit dem Chefauto „Mercedes II. und hatte nichts dagegen einzuwenden, als Peter erst auf die Kühlerhaube und dann aufs Dach sprang.
„Er ist“, berichtete er am Nachmittag seinem Chef, „aufs Auto gesprungen oder geklettert, ohne seine Krallen auch nur ein einziges Mal auszufahren!“
Die Aussicht über sein Reich fand Peter sehr interessant, zumal ihm viele Hofbewohner zuschauten: Alle Anführer des Geflügels wie die Gänse-, Hühner-, Perlhühner-, En-

ten- und Putenchefs, neugierig wie sie waren, samt ihrem weiblichen Gefolge. Dazu auf dem Scheunendach versammelt eine Gruppe Brieftauben ohne Briefe, eine zahme Dohle und die freche handaufgezogene Elster „Schäkerli", die es liebte, feinen Damen, - die hier freilich selten aufkreuzten -, in die Frisur zu fahren. Und zu vergessen sind nicht je ein Vertreter der acht Rauchschwalben- und zwölf Mehlschwalbenpärchen, die zur Zeit entweder in der Diele oder am Hausrand ihre Nester besaßen und sehr katzenempfindlich waren.

Das schon erwähnte Männchen der Rauchschwalben benahm sich tolldreister als Manfred von Richthofen im Ersten Weltkrieg, der immerhin mit Sturzflügen recht sparsam gewesen sein soll. Es stieß steil von oben auf Peters Kopf herab, fing sich aber bisher rechtzeitig ab, denn ein Zusammenstoß mit Peters Kopf konnte nur ihm, nicht dem Kopf schädlich sein. Augustus schaute gebannt mit zu, wie der Schwalbenmann sich immer später abfing, jetzt war er zwanzig Zentimeter überm Kopf, dann fünfzehn, dann zehn – und da reckte Peter nur kurz seine Rechte hoch und der Angreifer prallte in sie hinein!

Das war Peters zweite Totmachung hier! Wie in der Nacht die Maus so aß er auch diesen Vogel nicht auf und ließ ihn achtlos vorm Auto liegen. Augustus war klar, dass Peter in Notwehr gehandelt hatte und seine Pfotenbewegung nichts als ein uralter in Jahrmillionen eingeübter Reflex gewesen war. So gab es weder Lob noch Tadel. Aber etwas anderes stand zur Frage und auf dem Programm: Die Schwalbenfrau war nun Witwe und kaum in der Lage, die in den nächsten Tagen schlüpfenden Jungschwalben zu ernähren.

Augustus diskutierte dieses Problem mit Tante Cilly: „Soll man alles als Kismet (Schicksal) ansehen und die Natur Natur sein lassen oder eingreifen?"
„Eingreifen", antwortete Tante Cilly.

Augustus wartete den Moment ab, wo das Weibchen sein Nest zur Nahrungsaufnahme oder auch zur Suche nach dem vermissten Ehepartner verließ, legte die Leiter an, stieg hinauf zum Nest und nahm die sechs Eier an sich und vernichtete sie anschließend.
„Es ist besser“, erklärte er abends den Kindern des Hauses, „das Weibchen so zu enttäuschen als es versuchen zu lassen, die Jungen allein großzuziehen – das hätte sie nie geschafft bei sechs ewig hungrigen Schnäbeln drei Wochen lang – capito?“
Die Kinder kapierten und akzeptierten. Ja, so war „unser“ Augustus, dieses Faktotum der hier großen Welt; damit beschließen wir das Extrakapitel über ihn.

Tage und Nächte der Erkundungen

„Nur wer seine Umwelt kennt“, lautet die Uraltdevise aller Anführer, Hauptmänner, Herrscher, Tyrannen, Despoten und Diktatoren, „kann sie beherrschen und sich untertan machen.“ War Peter wie sein russischer Namensvetter ein Herrscher? Diese Frage mag später beantwortet werden. Jetzt, am Vormittag, da ungewöhnliche Ruhe auf dem Anwesen herrschte, startete Peter seinen ersten umfassenden und äußerst informativen Rundgang durch Haus Lohburg. Vielmehr: Er wollte es tun. Doch schon im ersten Raum hielt ihn Großmutter Clementine auf und belegte ihn mit Beschlag:
„Oh, Peterchen, du lieber“, hauchte und röchelte sie vom Bett her und beklopfte mit Links ihr Oberbett, „auf dich habe ich gewartet. Komm, spring aufs Bett und leg dich auf meine alte Lunge.“
Peter hörte aufmerksam zu, sprang erst auf den Beistuhl, dann aufs Fußende des Bettes und ließ sich dann von Großmutters weiteren und sehr gefühlsbeladenen Worten zum Kopfende hinlocken. Als er auf ihrer Brust stand, die nur vom weißen Nachtpolter bedeckt war, drückte Groß-

mutter ihn sanft nieder und begann ihn zu kraulen, als hätte der Herr Doktor und Landarzt Nepomuk Auf der Heide es ihr per Rezept verschrieben.

Das war nun und tatsächlich „ein Bild für die Götter“, wie Großvater Klemens es später beschrieb und gleich ein hier gültiges landläufiges Sprichwort anfügte:

„Schwarze Katz’ auf weißem Linnen -
mancher geht dabei vonhinnen.“

Natürlich bezog er es nicht auf seine geliebte „Omi“; dank Peters Spezialbehandlung lebte sie auch noch ein sattes Jahrzehnt weiter! Eine Stunde lang unterbrach also Peter seine Erkundungsreise, in der Großmutters Husten und Katarrh langsam aber sicher sich in Nichts auflösten. Doktor Nepomuk staunte Bauklötze, Peter bestaunte das Thermometer im Mund der Patientin, 37,0, und ließ es zu, dass der katzenfreundliche Doktor -, jeder gute Kater kann das erriechen -, ihm das Thermometer an den Hals drückte: 37,0! Dann geschah eine medizinische Herzabhörung, über die noch kein Ärzteroman bisher berichtet hat: Eine halbe Minute hörte der Doktor pflichtgemäß Großmutters großzügiges Herz ab, dann setzte er Peter die Stöpsel in die Ohren und kam aus dem nächsten Staunen nicht mehr heraus, als er Peters sachkundiges Mithören erkannte und einen bisher nie von seinen Standeskollegen geäußerten Kommentar vernehmen durfte: „Miau-mio-mio-miau“.

„Unser Peter ist aber nicht krankenversichert“, sagte Großmutter.

Erhob sich vom Bett und war schnurstracks geheilt.

„Früher“, antwortete Nepomuk und nahm Peter auf den Arm, „behandelten wir Ärzte die unteren Schichten der Bevölkerung kostenlos und nahmen darum den reichen desto mehr ab – ein solcher Arzt bin auch ich oder möchte ich werden.“

Zum ins Zimmer getretenen Hausherrn Karl fügte er hinzu:

„Ich arbeite an einem Buch über Katzen allgemein und möchte gern von Peter, der ja als Patient auch geduldig zu sein scheint, ein paar Röntgen-Aufnahmen machen, auch ein EKG und andere Kleinigkeiten. Auch bitte ich darum, mir zu melden, wenn er eine vollgesaugte Zecke an sich trägt, damit ich sie fotografieren kann. Abgemacht?"
„Abgemacht!"

Peters Erkundungsgang wurde noch einmal unterbrochen, weil Frieda zum zweiten Frühstück rief. Peter durfte sich auf des Doktors Schoß setzen und hatte damit zum ersten Mal einen vollen Überblick auf menschliche Tischsitten.
„Er benimmt sich gesitteter als die meisten meiner Patienten", sagte Doktor Nepomuk.
Peter maunzte nicht, aß winzige, einen Zentimeter im Quadrat messende Schinkenschnittchen so etepetete, dass er als Beispiel für viele Hunderte Fernsehstars gelten konnte und von Carla, die selbst ungheuer etepetete sein konnte, den Titel „Sechssterne-Frühstücker". Nach dem Frühstück begleitete Peter seinen neuen Freund bis ans Auto und verabschiedete sich mit einem Sehnsuchts- und Freundschaft-Miau. Die Bibel weiß in „Das Buch Jesus Sirach" 9,10 zu berichten:
„Lass einen alten Freund nicht fahren, denn ein neuer kommt ihm nicht gleich. Ein neuer Freund ist wie neuer Wein: erst wenn er alt geworden, wirst du dich an ihm laben."

Vom abfahrenden Auto aus trabte Peter ins Haus zurück und stieg auf leisen Pfoten ins Obergeschoss empor. Dort befanden sich die drei Kinderzimmer, die unverschlossen waren. Die toten Gegenstände dort wie Computer, Trimmrad, Fernsehen, Radio und allerlei Kleinigkeiten wie Blei- und Malstifte, Euromünzen und –scheine, Bett, Tische und Stühle interessierten Peter wenig, jedoch das lebende Inventar zog ihn an und bewog ihn zu minutenlangen Beobachtungen. Wir gehen jetzt alphabetisch vor.

Das Goldfischaquarium in Tochter Katharinas Zimmer. Kein Biologe weiß, wie ein Goldfisch aus seinem Wasserreich heraus eine stumme schwarze Katze beurteilt. Er mag ihre Glühaugen erkennen, wenn sie nah an die Scheibe rücken, vielleicht auch die rechte Samtpfote, welche das Glas ertastet, aber Gefahr wird er erst ahnen, wenn sich der schwarze Kopf von oben dem Wasser nähert und die Pfote eintaucht. Nichts davon geschah, so dass Goldfisch „Siegfried" weiterhin ruhig seine Runden drehen konnte. Er war sowieso die Hälfte von 24 Stunden allein in seinem Reich...

Der Goldhamsterkäfig in Pauls Zimmer. Er war zwar nur an zwei Seiten mit Glas eingefasst, doch durch die zwei Gitterseiten drang ein Geruch, der Peter durch Mark und Bein und Leib und Seele ging. Sein Gehör vernahm das sachte Atmen und leise Schnarchen des Inhabers, der ein Tagschläfer war, aber obwohl auch Peter kaum hörbar atmete, war er gehört worden – Höhlen- und Versteckbewohner hören noch ein Quentchen besser als andere Lebewesen. Im Schlafkasten raschelte es, Holzwolle wurde beiseitegeschoben, im Schlupfloch erschien nun ein Gesicht, ein Greisengesicht von mindestens hundert Jahren gar, mürrisch wie bei allen Unausgeschlafenen - äußerst wütend und zu „Fratzi" gehörig: Ehe Peter seine Augen weiten und seine Ohren ausrichten konnte, fuhr der Inhaber des Gesichts aus seiner Höhle und ihm – beinahe – ins eigene Gesicht, wenn da nicht der Draht gewesen wäre. Bisher hatte unser gutmütiger Peter standesgemäßes Fauchen, Knurren, Raunzen und Ankotzen noch nicht gelernt, - das würde im Lauf der nächsten Monate noch kommen -, hier bekam er den ersten Anschauungs- und Hörunterricht. Indigniert verdrückte er sich und machte sich ins dritte Zimmer auf.

Der Streifenhörnchenkäfig in Franz' Zimmer. Gegen diese netten aber immerbeweglichen Kreaturen sind Maulwürfe und Spitzmäuse die reinsten Phlegmatiker. „Max“ und „Moritz“, die Besitzer des zwei Meter hohen, je ein Meter Breite und Tiefe messenden Gitterkäfigs hatten Peter bereits spitzgekriegt, als er vorhin von Fratzi angepfiffen wurde, und sich in Positur gebracht: „Sieh uns an, du schwarzer Teufel, uns kannst du nicht packen!“ Peter würde in wenigen Tagen auch ein klassischer Bäumekletterer sein, aber was ihm hier an Akrobatik, Artistik, Hüpf-, Spring- und Flugvermögen geboten wurde, würde er nie erreichen. Mit den Krallen seiner Vorderpfoten prüfte er zwar das Gitter, doch nur zum Kennenlernen und ohne Mordabsichten.

Nach der Visite der drei Kinderzimmer durchzuckte Peter ein saftiges Erschrecken, als ihm von unten her der Duft von Salzkartoffeln erreichte: Potzdonner, wie schnell doch die Stunden zwischen zweitem Frühstück und Mittagessen vergehen können! Haushälterin Frieda erwartete ihn bereits, doch sie hatte es darauf ankommen lassen wollen, ob Peter bereits ein Zeitgefühl für den laufenden Haushalt entwickelt hätte. Peter ging also in die Küche, umschwänzelte Friedas Beine und setzte sich dann unter den Tisch, dass er genau sehen konnte, ob sie eine Kartoffel auf den Tisch legte oder nicht. Sie tat es natürlich! Nun sprang Peter hoch, klammerte sich mit Links an der Tischkante fest und angelte mit der Rechten, nur die mittlere Kralle ausfahrend, sich die Kartoffel heran, um sie unten auf dem Fußboden aufzuessen. (Wir verkünden vorab, dass dieses Ritual über zwanzig Jahre ausgeführt wurde und nur unterblieb, wenn Peter nicht zu Hause war.) Neben der Salz- ist die Pellkartoffel berühmt geworden. Peter wurde auch mit ihr fertig, indem er beim Kauen die Pelle „links liegen ließ“, also aus dem linken Mundwinkel fallen ließ. Diese

Prozedur stellte aber nicht sein Mittagessen dar, das er ja erst nach diesem von Augustus serviert bekam.

Nach diesem Essen, das aus den übriggebliebenen Salzkartoffeln nebst einigen Gulaschstücken mit brauner Soße bestand, erinnerte sich Peter daran, dass er vorhin, als er die Kinderzimmer besuchte, eine einfache weiter nach oben führende Holztreppe gesehen hatte. Er ging hinauf und stand vor einer verschlossenen Tür. Auf sein weithin hörbares Maunzen kam Frieda herauf und öffnete sie. Da war ein Giebelraum, der mit einer Ziegelmauer zum Stroh- und Heuboden abgetrennt worden war: Als man zum ersten Mal feststellte, dass damit ein famoses Brut- und Nistgebiet für Eulen entstehen würde – zumal eine runde Öffnung, genannt Uhlenflucht, im letzten Giebeldreieck gelassen worden war.

Peter trat behutsam ein und spürte sogleich den muffigen Geruch von Unsauberkeit, - aus menschlicher Sicht geurteilt -, aber auch von Leben, ehe seine Augen dies wahrnahmen. Ja, in einer Giebelecke hockten drollige Gestalten, gefiedert, mit großen Augen, knackenden Geräuschen ihrer Schnäbel, aus denen auch ein seltsames Fauchen drang – kein Katzenfauchen! Als Peter bis auf drei, zwei Meter herangegangen war, steigerten sich Fauchen und Schnabelklappern zu einer Sinfonie der Abwehr und Drohung – es waren fünf junge Schleiereulen, die ihren potentiellen Feind in Angst und Schrecken zu versetzen suchten. Peter blieb gelassen und zog sich aus dieser unwirtlichen Gegend des Hauses zurück. Er konnte froh sein, dass die beiden Elterntiere tagsüber nicht bei ihren Jungen verweilen und erst ab Dämmerung zur Fütterung erscheinen würden – das Eulenweibchen hätte nicht gezögert, ihm mit seinen Fußkrallen „mitten in die Fresse zu fahren".

Augustus holte Peter dort oben ab und verschloss die Tür wieder.
„Vor Jahren“, erzählte er den anderen in Peters Beisein, „ist einmal ein dämlicher Tierfänger, der für Zoos arbeitete und klaute, des Nachts dort ruffgestiegen, um zwei Junge zu stehlen. Eine Alteule fuhr ihm an die Rübe und riss ihm eins seiner Päpaugen au'sem Gesicht. Der hat vielleicht geheult, sage ich euch. Also Vorsicht bei Greif- und anderen Vögeln!“

Als ob Peter die drollige Ausdrucksweise des Augustus verstanden hätte, benahm er sich beim nächsten Abenteuer vorsichtiger. Ihm stand nun der Sinn nach frischer Luft und die gab es ja Lohburg mehr als genug. Zum Beispiel am Teich. Als Augustus Peter dorthin schlendern sah, schwante ihn Schlechtes, Abenteuerliches und Bedenkliches – weit gefehlt! Er hatte es in den letzten Jahren nie anders erlebt, dass alles Hofgeflügel beim Erscheinen einer Hauskatze in ihren Revieren entweder in Panik oder Hysterie ausbrach, je nach Temperament und Veranlagung: Da wurde gezetert, geschrien, gepiept, gekreischt, mit Flügeln geschlagen und geflüchtet, dass der Staub wirbelte und weniger ängstliche Individuen wie Bullen, Ziegenbock, Wallach und Widder ihre Häupter erhoben und verständnislos nach einem Feind oder Störenfried Ausschau hielten.

Jetzt hielt Augustus, gewiss kein Hasenfuß, den Atem an: Peter stand am Ufer des Teiches und sah zum ersten Mal eine Wasserfläche. Er beugte sich über sie und erkannte wahrscheinlich nicht sein Spiegelbild, tunkte seine rechte Vorhand ein, beobachtete die entstehenden Wasserkringel, leckte die Vorhand ab und setzte sich neben „Anas“, die brütende Stockente, auf die Hinterkeulen. Der gleichnamige Entenmann ruderte heran und schnabulierte im Schlamm vor Peters Füßen. Eine andere Entenmama, wegen ihrer Schlitzaugen Pekingente genannt, kam flotillenmäßig mit ihrem zahlreichen Nachwuchs angeschwommen, ganz entzückende wackere Wuselchen, die um Peter herum anlandeten und sich zu putzen begannen.

Dieses paradiesische Friedensidyll war für Augustus und andere Beobachter ein Erlebnis besonderer unverhoffter Art:

„Ein schwarzer Kater als Friedensstifter!"

Wie verlief hier, fragte sich Augustus im Stillen, die Kommunikation unter den Beteiligten? Warum fuhr, fragte er weiter, Peters Tatze nicht vor, um ein Küken zu greifen? Was focht die Bisamratte an, fragte er noch weiter, direkt vor Peters Füßen wie ein alter Flusskahn ihre Runden zu drehen? Selbst „Rana", der dicke, plumpe grüne Wasserfrosch, fragte sich Augustus ein viertes Mal, der so scheu ist, dass er vor einer Libelle abtaucht, krabbelt zu Füßen Peters an Land. Diese Fragen hätten nur die hier geschilderten Beteiligten beantworten können – sie schwiegen beharrlich.

Auch als Peter, bevor er diese friedliche Stätte verließ, seinen Rachen weit aufriss und zeigte, wozu er fähig sein könnte, also als er gemächlich fortging, reagierte kein Tier hektisch oder rief Warnungen ins Revier. Augustus folgte im gehörigen Abstand Peter, wie dieser seinen Ausflug in den Hühnerstall ausdehnte. Dies war ein Offenstall für etwa hundert Hennen und zehn Hähne, die ganz nach Gusto drinnen oder draußen sein konnten, meist draußen, wenn nicht der böse Habicht seine Kreise am Himmel zu ziehen begann. (Der ebenso böse Fuchs konnte nicht aufs Gelände, da es mit Elektrodrähten eingezäunt war).

Das erste Signal für Augustus, dass auch hier Peters Besuch friedlich verlaufen würde, kam von der Gruppe Perlhühner. Sie zählen zu den aufgeregtesten ornithologischen Mitgliedern der Tierwelt überhaupt: Schon Typen wie Pumuckel können sie in Ekstase geraten lassen, und wenn erst Pippi Langstrumpf auf ihrem bunten Ross hier auftauchen und vorübergaloppieren würde – na, dann würden wohl alle Perlhühner versteinern. Und nun war Peter, welcher noch nicht „der Große“ genannt wurde, im Anmarsch. Die Perlhühner, ein Dutzendgemisch aus Hähnen und Hennen, ging nun in Habachtstellung wie die Bundeswehrkapelle es beim echten Peter dem Großen getan hätte, die Hähne sagten „Gluck“, die Hennen „Glick“ und Peter antwortete mit Miau.

Nach dieser formellen Begrüßung betrat Peter den Stall, wo noch etliche Hennen in ihren Verschlägen hockten, um Nachmittagseier zu legen. Rührei und gehackte gekochte Eier mochte Peter zum Augenverdrehen gern, aber er wusste natürlich nichts von ihren Ursprüngen. Weil Getreide herumlag, roch es hier auch nach Mäusen, die aber erst nachts Ausgang hatten, wenn die Hühner auf ihren hölzernen Stangen schliefen. Im übrigen gefiel Peter nicht der Umstand, immer wieder in frische Hühnerkacke zu treten, so dass er nach einem herausfordernden Kikeriki-Ruf, - (*gallus cantat* in lateinisch) -, diese Örtlichkeit verließ.

Das hier Geschriebene über Peters Abenteuer am Nachmittag liest sich in wenigen Minuten herunter, aber es dauerte in der Realität mehr als drei Stunden. Können Katzen lahme Füße und Muskelkater bekommen? Niemand weiß das genau, aber Tiere ermüden wie wir Menschen auch, und so suchte Peter nach den vielen heutigen Abenteuern ein ruhiges Plätzchen zum Verschnaufen. An einem solchen Platz konnte es auf Haus Lohburg natürlich nicht fehlen. Da war noch jener unerforschter Schuppen, eine Remise wohl, der nun zur Hälfte als Garage genutzt wurde. Peter untersuchte den VW-Variant von allen Seiten her, stieg ihm aufs Dach und konnte einen Einstieg nicht finden.

Von oben her ließ er seine Blicke über diese Räumlichkeit schweifen und entdeckte den Vorgänger des Automobils, der bis in die Jahre 2000 bis 2010 die Vorbesitzerin Lohburgs sonntags zur Dorfkirche zum Gottesdienst transportiert hatte: die geschlossene Kutsche „Omas Berline“. Ein Schmuckstück in Blau, das nur darauf zu warten schien, dass endlich wieder ein Pferd vorgespannt würde. Irgendjemand, dem Befehl des Augustus zuwider, hatte die Klapptür einen Spalt weit offengelassen, so dass Peter, das Trittbrettchen nutzend, behutsam einsteigen konnte. Ein verstaubtes Kissen auf dem Sitz, Spinnweben rundum, der Mief von Jahren – all das fand Peter so heimelig, dass er sich auf Omas Sitz niederließ. Sich nach Katzenart zusammenrollte und nicht einmal mehr mitbekam, dass Augustus heranschlich und dafür sorgte, dass die Kutschtür nicht zufällig anschlug und den Schläfer einsperrte.
„Miau“, miaute Peter mit dankbarem Blick auf Augustus und schlief ein. Augustus wusste, dass nebenan auf einem Haufen alter Säcke das Weibchen der Waldohreule sein Gelege bebrütete und bisher jedem außer eben Augustus selbst, mit wildem Fauchen zu verstehen gegeben hatte, dass es keinerlei Besuche duldete...

„In solch einer ähnlichen Kutsche, einem Landauer“, sagte Großvater Klemens, der sich neben Augustus auf der Holzbank niedergelassen hatte, „haben Clementine und ich unsere erste Schmusestunde verbracht, bis Vater und Mutter kamen und uns aufscheuchten.“
„Heute“, antwortete Augustus, „haben PKWs diese Rolle übernommen.“
Sie schauten der jüngsten Generation und deren Freunden zu, wie sie ein Fußball-Europa-Meisterschaftsspiel imitierten, bei dem ein paar Zuschauer aus der Nachbarschaft das lärmende Publikum nachahmten.

„Ich wundere mich immer wieder darüber“, sagte Großvater und ruckte seinen Kopf in Richtung schlafender Peter, „dass solche an sich doch lärmempfindlichen Tiere wie Katzen dabei schlafen können.“
„Darüber“, antwortete Augustus, „haben einige Schlaumeier mit Doktortiteln schon Bücher verfasst, vierhundert und mehr Seiten stark, und haben doch nichts schlüssig beweisen können. Ich meine, man muss ratzeputz abschalten können, was wir Menschen kaum können, ohne zu schlafen oder ohnmächtig zu sein, aber Wesen wie Peter, denen nichts mangelt und die relevante Gefahren, Rivalen- und Liebeskämpfe noch nicht kennen, können das.“
Weil die Waldohreule zwecks Nahrungsjagd soeben den Schuppen verlassen hatte, schlichen sich Großvater und Augustus an die Berline heran und äugten vorsichtig nach innen. Ja, das schlief Peter den Schlaf des Sorglosen und Entspannten, obwohl seine Augenlieder zuckten, die Schnurrhaare ruckten und die scharfen Krallen beider Vorderfüße ein- und ausfuhren. Ehe die Eule zurückkehrte und sie etwa angegriffen hätte, saßen Großvater und Augustus wieder auf ihrer Bank und Großvater begann, jetzt im Stehen, den ehemaligen Schullehrer hervorzukramen und Goethe zu rezitieren:

„Zum Fressen geboren, zum Kraulen bestellt,
in Schlummer verloren gefällt mir die Welt.
Ich schnurr' auf dem Schoße, ich ruhe im Bett
in lieblicher Pose, ob schlank oder fett.
So gelte ich allen als göttliches Tier, sie stammeln
und lallen und huldigen mir, liebkosen mir
glücklich den Bauch, Öhrchen und Tatz –
ich wählte es wieder, das Leben der Katz.“

Als Peter erwachte, die Dämmerung war inzwischen angebrochen, musste er, wie ein Mensch manchmal auch, sich erst einmal orientieren: Wo bin ich eigentlich? Er richtete sich auf und schaute aus dem Kutschenfenster wie ein richtiger Passagier im Wilden Westen. Die Tür war, wie berichtet, nur angelehnt und so sprang er in einem eleganten Bogen auf den Erdboden. Sofort begann die brütende Waldohreule ein Fauch- und Schnabelklappkonzert, dass es nur so rasselte: Sie hätte ihn jetzt in einem kurzen Anflug fassen können, ihre Greifvogelkrallen waren tödliche Waffen, aber auch Peter hätte sie in einem Sprung überwältigen können – beide hatten nichts von einem offenen Krieg!

Peter vernahm aus dem Haupthaus die Geräusche eines abendlichen geschäftigen Treibens, das in daran erinnerte, wohin er gehörte. Doch noch einmal wurde er angegiftet: aus der Luft! Der Angreifer war das Steinkauzmännchen „Kauzi". Damit die dritte Eulenart, die Peter hier kennenlernte, und die auf Lohburg seit „Menschengedenken, also mindestens seit 1500, in manchmal drei Brutpaaren ihren Nachwuchs aufzog. Obwohl noch nie eine Katze diesem Nachwuchs gefährlich geworden war, steckte es doch in den Genen dieser Vögel, dass sie potentielle Feinde waren; das stimmte ja auch. Solange Peter von der Kutschenscheune bis zur Diele unterwegs war, „stand" Kauzi im Rüttelflug über ihm und schimpfte wie ein Rohrspatz.

Was Peter von diesem Tag an besonders gut gefiel, war die von allen Zweibeinern offen gezeigte, ja demonstrierte Freude des Wiedersehens. Jeder oder jede, deren Weg er kreuzte, bückte sich zu ihm nieder, kraulte ihn und fand fröhliche Worte des Erkennens und der Zuneigung. Frieda hatte dann immer einen kleinen Happen bereit, heute Snak genannt: Eine Scheibe Bratkartoffel, einen Fetzen milden Kochschinkens, einmal Fingerablecken von Leberwurst oder drei Stückchen Fertigfutter. Wenn Peter in dieser fortgeschrittenen Tageszeit die drei Kinderzimmer besuchte, schlug ihm heller Jubel in die Ohren – diesmal sogar, wo er doch Konkurrenz bekommen hatte: Tochter Katharina zeigte ihm ein Körbchen, in dem ein Winzling von Katze, das gerade die Augen geöffnet hatte, sich unter ihren zarten Fingern wohlig kuschelte. Peter beroch „Maunzi“, wie sie getauft worden war, und leckte ihr den Bauch, genauso, wie seine Mutter Katharina es mit ihm gemacht hatte.

Hier ist vorab zu klären, wie Maunzi ins Haus kam. Die vierbeinige Katharina kam am Spätnachmittag zur zweibeinigen Katharina und legte ihr die noch namenlose Maunzi zu Füßen. Sie war höchstens drei Wochen alt und ihre Herkunft blieb unbekannt: War sie von bösen Menschen ausgesetzt worden? Wenn ja, konnte sie nicht allein sein, so dass man vermuten musste, dass noch weitere zwei, drei oder vier ihrer Geschwister irgendwo steckten. Eine Suche ohne Spürhund war gewiss aussichtslos. Dennoch streiften die Kinder in einem Umkreis von zweihundert Metern umd Haus Loburg herum, freilich ohne etwas zu finden.

„Das bringt mich auf die Idee“; sagte Franz, „dass unsere Katharina uns angeschmiert und auch den Peter gar nicht selbst geboren, sondern hier irgendwo gefunden und hergebracht hat.“

Die Ungeheuerlichkeit, Peter sei ein Hergelaufener, Vagabund und Streuner, gefiel den Lohburgern natürlich gar nicht, konnte aber ab jetzt nicht ausgeschlossen werden. Maunzi war ein kleines braun-weiß-gelb gefärbtes Wesen, das nun aller Liebe, die Sohn Paul ihr zu geben gedachte, in vollem Maße bedurfte.

„Katzen“, orakelte Franz pessimistisch, „die nicht von ihren leiblichen Müttern aufgezogen werden, haben meistens eine Knacks in der Birne und werden zu Psychopaten.“

Ein starkes Wort für einen jungen Mann! Wir werden auch Maunzis Werdegang hier auf Haus Lohburg verfolgen...

An diesem Tag, den wir bald beenden werden, machte Peter noch einen Ausflug: Den Garten hatte er noch nicht ausgiebig genug besucht, und weil Tante Cilly nun noch ein paar Abendschritte in ihm absolvierte, schloss Peter sich ihr an. Ihm gefiel sehr, dass die Tante viel mit ihm sprach. Jedenfalls fühlte er sich angesprochen, wenn sie die Erdbeeren lobte, anerkennend den Spargel ansprach, die Frühkartoffeln begutachtete oder ihre Erste-Frühstück-Liebhaberei, nämlich schon reife Radieschen aus dem Boden zupfte. Dabei erhielt sie fast regelmäßig, so auch jetzt, Herrenbesuch: Nachbars Mischlinghof- und Jagdhund „Bello vom Haberland“, 5 und abendlicher Landstreicher mit Vorliebe auf ältere Damen. Er setzte mit einem Hürdensprung übers Gartentor und befand sich augenblicklich in Augenhöhe mit Peter – der noch nie einen Hund gesehen aber offensichtlich in seinem Hirn gespeichert hatte, dass mit ihnen, wenn sie das Kaliber Bellos vorwiesen, nicht zu spaßen war.

Wie gut, dachte Tante Cilly nun doch entsetzt, dass in unserem Garten die alten Apfelbäume stehen - dachte auch Peter und schnellte wie vom Flitzebogen angetrieben den nächsten Stamm hinauf, ehe Bello reagieren konnte. Auf dem untersten Querast in zwei Metern Höhe verhoffte Peter und schaltete zum ersten Mal in seinem Leben seine Glühaugen an. Sie leuchteten im aufgehenden Mondlicht wie eine „Bernsteintaschenlampe“, sagte Tante Cilly später aus. Für solche Eigenarten hatte Bello natürlich keinen Blick, seine Augen funkelten zwar auch, aber nur voller Hass und Mordgier. Tante Cilly kramte ihre ganze Courage hervor, Bello des Gartens zu verweisen, mit zärtlichen, energischen und schließlich herrischen Worten, wie nur eine echte Dame sie von sich schleudern konnte, aber Bello am Halsband zu nehmen und aus dem Garten zu zerren, konnte ihr niemand zutrauen.

Das tat auch Franz nicht, der nun sachte das Fenster der guten Stube öffnete, seine Zwille in Anschlag brachte, sorgfältig zielte und dem guten Bello eine Fichtel&Sachs-Kugellagerkugel „an die Birne“ knallte. Bello heulte wie ein australischer Beutelwolf auf, ließ aber dennoch keinen Blick von Peter; vielleicht kannte er den Begriff der Belagerung von Alters her, als seine wölfischen Vorfahren die Zelte und Erdhütten der alten Germanen, Römer und Griechen solange umkreisten, bis sie einen unvorsichtigen Menschen am Wickel hatten. Franz lud nach und verpasste Bello den nächsten Volltreffer seitlich in die Backentaschen. Weil Peter zeitgleich fauchte und seine Rechtshand kreisen ließ, musste Bello mutmaßen, von ihm eine Backpfeife erhalten zu haben. Er wimmerte mehr empört als schmerzhaft und ließ sich jetzt von Tante Cilly aus dem Garten geleiten. Peters Blicke geleiteten ihn ebenso, bis er in der Dunkelheit, seinem Heimathof zu, entschwunden war. Da sprang Peter vom Baum und schnurstracks auf die Fensterbank der guten Stube, um mit Franz eine Dankschmuserei zu beginnen. In dieser Nacht ekelte Peter seine Mutter durch Schnarchen, Fiepen und Maunzen in mittleren und hohen Tönen aus der gemeinsamen Lagerstatt – Augustus meinte, er träume von Abenteuern und Ängsten...

Lieblingsorte zum Ruhen und Beobachten

Es ist jedem Katzenkenner klar, dass unsere seit Jahrtausenden domestizierten Katzen ohne uns Menschen zwar auskommen, aber nicht von Herzen fröhlich sein können. Auf die richtige Mischung kommt es an. Es war noch keinen Monat her, seit Peter in der Familie Haus Lohburg Einzug gehalten hatte, da verfügte er bereits über ein halbes Dutzend Lieblingsplätze oder bevorzugte Orte. Diese waren häufig so angelegt, dass sie ihm niemand auf Lohburg streitig machen konnte. Er unterschied zwischen zwei Kategorien: Orte zum Ruhen und Orte zum Beobachten. Nehmen wir uns zuerst die Beobachtungsorte vor. Wir werden feststellen, dass Peter keine Gnade kannte, wenn er einen Platz fand, der seinen Vorstellungen entsprach.

Ein ganz und gar funkelnagelneuen Beobachtungs- und Ruheplatz hatten die drei Kinder Lohburgs nach Anleitung und Ideen des Augustus in diesen Tagen hergestellt: die Hundehütte für Pollux, sechs Monate jung, Hofwächter in Wartestellung und gelungene Mischung aus Deutsch-Drahthaar, Senn- und Windhund, den Hausherr Karl am Morgen von einem Bekannten gekauft hatte.

„Denn was ist vierbeiniger Wächter wert“, hatte Augustus verkündet, „der keine eigene Bleibe hat? Jedes Lebewesen, das auf sich hält, braucht ein Eigenheim. Nehmt euch ein Beispiel an der Weinbergschnecke!“

Ja, Augustus konnte ein richtiger Weiser sein! Ein paar Bretter, Nägel, Schrauben, Holzleim, ein paar Stunden Arbeit mit Säge, Schraubendreher, Hammer, Farbe und Pinsel – und schon war der Rohbau fertig und wurde an einem halbschattigen Platz an der Scheune gegenüber der Dielentür aufgestellt. Das war ein Ort, von wo aus jeder aufmerksame Beobachter aufmerksam beobachten konnte, wer oder was auf Haus Lohburg kam und ging. Peter gehörte, wie sich jetzt in wenigen Tagen herausstellte, zu den Zeitgenossen dieser Erde, welche der Arbeit lieber zuschauen als sie selbst zu verrichten und dabei noch im Weg stehen oder liegen. Und so initiierte er jetzt viele Befehle und Anordnungen, die zwar ernst gemeint aber locker hingeworfen wurden:

„Peter, lass die Nägel liegen!“

„Peter, wirf die Schrauben nicht durcheinander!“

„Peterle, die Farbe ist nicht zum Trinken da!“

„Peterchen, leck nicht am Holzleim!“

„Nun, Peter, wir brauchen den Hammer, setzt dich woanders hin!"
„Jetzt, Peter, runter vom Brett fürs Dach!"
Und so weiter – und so fort. Pollux, für den hier gebastelt wurde, blieb uninteressiert. Am späten Nachmittag war Pollux' Behausung fertig, nur der Anstrich fehlte noch, und man setzte die Hütte schon mal auf den vorbereiteten Platz. Erster Probebewohner wurde Peter, dem das Innere wohl noch zu sehr nach Leim und Kleber roch, so dass er aufs Dach sprang und von dort aus eine Rundumsicht probte. Es war vorgesehen, dass Pollux ein Laufleinenhund wurde, nicht ein Kettenhund, und dass er mittels eines gespannten Drahtes den größten Teil des vorderen Bereichs Lohburgs ablaufen konnte.

Wir bezeichnen jetzt Pollux' Hütte als Peters Beobachtungsplatz Nummer Eins. Diese Klassifizierung schloss nicht aus, dass sie auch sein Ruheplatz Nummer Eins wurde, den er manchmal treu und brav mit dem Eigentümer teilte. Wir müssen hier den Hinweis einschieben, dass alle außerhäuslichen Beobachtungs- und Ruheplätze Peters die Möglichkeiten bieten mussten, - er hat sie tatsächlich unter diesem Aspekt ausgewählt -, bei Gefahr sofort und augenblicklich entweder die Flucht ergreifen oder aus ihrer Reichweite kommen zu können: Also von der neuen Hütte mit einem Satz auf den benachbarten Apfelbaum oder von der Biomülltonne auf Ziegelmauer nebenan oder vom Komposthaufen aufs Dach des Pavillons springen zu können.

Die Biomülltonne! Ihr Deckel lud zum Auslugen ein, weil er infolge der inneren Gärung auch im Winter ein den Hintern wärmender Platz war. Sie stand neben dem Komposthaufen, der auch Wärme ausstrahlte. Täglich zwei- bis dreimal erschien Frieda, um Bioabfälle einzuladen, und beim ersten Mal war sie so freundlich, Peter in netten Worten zum Verlassen des Deckels aufzufordern. Sie wusste natürlich, dass Peter das hier übliche Deutsch nicht verstehen konnte und sie setzte sich ihn mit Rechts auf die linke Schulter, wobei die linke Hand den Eimer hielt. Nachdem sie diesen nach Öffnen des Deckels ausgekippt hatte, verschloss sie die Tonne und beugte sich zu ihr vor, so dass Peter begriff und wieder auf die Tonne rutschte. Wer nun glaubt, dieses lästige und umständliche Procedere würde sich nun täglich mehrmals wiederholen, der irrt. Denn schon selbigen Tags, als Frieda den Nachmittagsbiomüll entsorgen wollte, stieg Peter ohne jede Aufforderung auf ihre linke Schulter und von dort zurück auf die Tonne, als Frieda sie wieder schloss. Dieses kameradschaftliche Entgegenkommen Peters bildete am Abendbrottisch das Gesprächshauptthema und brachte Peter einen feinen Happen Camembert ein.

Der Komposthaufen! Er war zeitlich nun mächtig angewachsen und überragte die Mülltonne um fünfzig Zentimeter. Von seinem Gipfel aus konnte Peter den Hofeingang überblicken und jeden Ankömmling begutachten. Das war jetzt gut so. Denn der unverbesserliche Katzenjäger Bello, welcher uns schon bekannt ist, trabte nun selbst- und siegesbewusst aufs Anwesen. Sein gröbster Feind hier war Franz, der darauf brannte, ihm mit dem Kleinkalibergewehr eins aufs Fell zu brennen, was freilich erstens vom Chef strikt verboten und zweitens momentan nicht möglich war, weil es am Schützen mangelte.

Locker wie alle streunenden und wandernden Großhunde es tun, schnürte Bello auf den Hof und löste damit bei einen befiederten Bewohnern Großalarm aus. Das war von diesem aufgeregten Federvieh völlig ungerecht, denn Bello hatte sich noch nie an ihm vergriffen, auch wenn die Entenmama mit ihrer Kükenschar just seinen Weg kreuzte – denn Katzenjagen, Katzenbeuteln und Katzenschrecken war seine einzige Leidenschaft, wenn er vom heimischen Hof herüberkam. Bedenken wir, dass er auf Lohburg besser Bescheid wusste als der Nochneuling Peter. Am Fuß des Komposthaufens setzte Bello seine erste Hundepipi-Markierung, der natürlich noch mehere zu folgen hatten, aber: In seine feine Spür- und Suchnase wehte, von oben kommend, der ebenso feine Duft eines Katers! Bello kratzte mit allen Vieren seine Notdurft ins Erdreich und begann dann eine umfangreiche Suchschnüffelei, die ihn unweigerlich auf Peters nach oben führende Fährte bringen musste.

Und Peter? Unser guter Peter! Er hätte jetzt im Schatten des Haufens blitzschnell den nicht fernen Apfelbaum erreichen können, aber irgendein innerer Zwang, vielleicht Kampfbereischaft genannt, bannte ihn an Ort und Stelle. Inzwischen ging Bello das Licht auf, wo das Ziel seiner Mordwünsche sich aufhalten müsse. Ein Blick nach oben bestätigte das, ein Blick, den Peter erwiderte und mit abgrundtiefem konsequenten Hassfauchen untermalte. Bello war sprungstark genug, ihn in einem Satz zu erreichen – jeder Tierkenner weiß, dass ein mächtiges Hundegebiss eine Beute nicht eher loslässt, als bis diese keinen Mucks mehr von sich geben kann. Wenn nur Augustus in der Nähe gewesen wäre: Seine in solchen Fällen wie üblich drohende Mistgabel hätte auch den zornigsten Bello schockieren müssen.

So kam's, wie's kommen musste: Bello sprang knurrend hoch, ein gut kalkulierter Sprung war das und er hätte Peter glattweg vom Komposthaufen heruntergerissen, doch dieser ließ seine rechte Vorhand derart vorschnellen, dass sie Bello zwischen die Augen und dann abwärts bis zur Nase fuhr und mit den ungemein scharfen Krallen vier Risswunden in gleichlaufenden Linien zeichnete. Bello schrie auf, noch ehe er wieder zu Boden plumbste, so laut, dass Frieda aus der Küche, Tante Cilly aus dem Wohnzimmer und Augustus direkt von der Toilette her auf den Hof stürmten. Augustus handelte sogleich praktisch: Er nahm Bello am Schlawittchen, putzte ihm das Blut aus dem Gesicht und beauftragte Frieda, Pferdesalbe aus der Hofapotheke zu holen und Bellos Schnauzenoberteil damit einzureiben. Peter schaute von oben her zu. Man wusste, dass ihn keine Schuld traf und huldigte weiterhin dem alten Züchtergrundsatz, dass kein Haustier je angeschnauzt, angepfiffen oder sonstwie verbal gestraft werden dürfe. Bello rappelte sich auf und trollte sich ohne Dank und Anerkennung nach Hause.

„Und die Moral von der Geschichte?"

„Jedes Unheil hat auch seine guten Seiten", schwadronierte Augustus abends am Tisch, als alle beisammensaßen, „und Bello wird niemals wieder unseren Peter angreifen wollen."

Augustus war schon immer ein guter Prophet!

Die Schaukel! Was ist ein Spielplatz ohne Schaukel wert?

„Nichts", anwortete Kathrin resolut.

„Nichts", hätte auch Peter antworten können.

Er hatte schon „mit ihr" auf ihr gesessen und geschaukelt, als sie ihn vor einigen Tagen einlud, „komm mit schaukeln, Peterle" und ihn auf ihren Schoß nahm. Der Schaukelsitz war kein gewöhnlicher, also kein profanes Holzbrett, sondern ein gepolsterter mit Rückenlehne. Peter war bei dieser ersten Übung nicht ganz entspannt, vielleicht, weil Kathrin ihn zu fest umarmte. Eine Weile später jedenfalls entsann sich Peter, dass er in dem vertieften Sitz von außen kaum sichtbar war. Augustus sah von fern zu, wie Peter den Einstieg bewerkstelligte: Er brachte mit einem Schubs seiner bereits bekannten Rechten die Schaukel in Schwung und sprang auf, als sie einen Meter von ihm entfernt war: Schwubs, das war gut kalkuliert!

Peter rollte sich zu einer Kugel zusammen und genoss zweifellos das leichte Hinundher des Auspendelns und sah dem Pfauhahn Strunzi zu, der oben auf dem Gestänge saß

und sein „Miii-au“ über das Anwesen schallen ließ. Wir wissen nicht genau, ob Peter diesen romantischen Platz zum Beobachten oder Ruhen gewählt hatte, sicher ist, dass er nach wenigen Minuten fest eingeschlafen war. Kathrin, die täglich zwei- bis viermal diese Schaukel aufsuchte, weckte ihn jedenfalls nicht und stieg auf die zweite Schaukel nebenan. Die im Stahlrohrgerüst sich entwickelnde Schwingung weckte unseren Schläfer, der nun sehr interessiert Kathrins Hinundherschaukeln mit wachen Augen verfolgte und dabei seinen anmutigen Kopf von rechts nach links und umgekehrt mitbewegte. Kathrin hielt an und sagte:
„Komm, Peterchen, auf meinen Schoß!“
Peter gehorchte und so entstand das einmalige, leider nicht im Foto festgehaltene Bild vom gemeinsam schaukelnden Paar Kathrin/Peter.

Der Richtplatz! Wie lange der einen Meter hohe und achtzig Zentimeter im Querschnitt messende eichene Holzstamm, noch im Erdboden verwachsen, hier schon steht und seinen Dienst tut, vermochten auch Großvater Klemens und Großmutter Clementine nicht zu sagen.
„Er war zu unserer Zeit“, sagte Großvater, „noch ein Originalplatz zum Hinrichten der Hühner, welche am nächsten Tag oder übermorgen ihre gleichnamige Suppe schmackhaft machen sollten.“
Großmutter fügte, an die Enkelkinder gerichtet, hinzu und schnalzte genießerisch mit der Zunge:
„Heute kauft ihr euer Geflügel im Supermarkt. Wir holten eine Henne oder auch den Hahn, die beide zu alt zum Eierlegen oder Beschlagen geworden waren, abends oder nachts aus dem Hühnerstall von ihren Kollegen weg und schlugen ihnen auf dem Richtplatz die Köpfe ab.“
„Dabei musste man aufpassen“, ergänzte Großvater genussvoll, „die armen Delinquenten an beiden Füßen und den Flügelenden fest zu umklammern, damit sie nicht

strampeln und flattern konnten. Dann bekam sie die automatische Narkose durch einen Schlag mit dem Beilstiel und als der Kopf schlaff herunterhing, wurde dieser sauber abgetrennt und den Hofhunden zur Entsorgung überlassen."
„Wer dabei nicht aufpasste", kommentierte Augustus, „und das schon tote Tier nicht eisern festhielt, dem flatterte es plötzlich aus der Hand und flog, kopflos wie es war, dem nächsten Baum entgegen. Ehe es dort anlangte, fiel es endgültig mehr als mausetot zu Boden."

Soweit diese Lehrstunde über den traditionsreichen Baumstamm! Die entdeckerfreundliche feine Nase Peters hatte ihn natürlich hierhin geführt, wo das Blut unzähliger Opfer im Boden versickert ist. Das muss intensiv berochen werden. Mit dabei ist auch Pollux, der noch frei umherläuft, aber später an seiner langen Laufleine diesen Ort auch erreichen kann. Peter sprang nun empor und nahm in seiner demnächst noch mehr arttypischen Feldherrnpose Besitz von dieser Sitz- und Stehgelegenheit. Pollux bepinkelte nun den Stamm, musste aber anderen neugierigen Individuen des Hofes weichen: Vor allem Strunzi, der ja voll flugfähig war und jetzt in einem Sturz- und Segelflug, ohne auf Peter Rücksicht zu nehmen, zur Landung auf dem Stamm ansetzte. Auch Strunzi, obwohl kein Greifvogel, konnte nicht anders landen als mit seinen Greifern voran, und so drohten diese sich in Peters Rücken zu bohren. Ein Schwups und Peter war unten. Und wieder ein Schwups und Peter war oben, direkt auf den Füßen Strunzis, der entsetzt aufschrie und polternd absegelte.
„Der Stärkere gibt nach, schlägt aber zurück."
Kommentierte Augustus. Ab diesem denkwürdigen Vorgang gab es auf Lohburg niemanden mehr, der Peters Platz ohne dessen Erlaubnis einnehmen konnte. „Dessen Erlaubnis?" Ja, man konnte in Zukunft beobachten, wie Peter mit folgenden Persönlichkeiten Lohburgs diesen Platz teil-

te: Pollux, Maunzi, Kathrin, Tante Cilly, Frieda und auch Strunzi, wenn dieser seine mächtiglangen Federn nicht ausbreitete. So entstanden Stillleben von Frieden und Einigkeit, die im Evolutionsplan der Natur niemals vorgesehen waren. Damit schließen wir Aufzählung und Schilderung der Beobachtungsplätze Peters und wenden uns seinen viel zahlreicheren Ruheplätzen zu.

Sie verraten teilweise Peters hohen kulturellen und individuellen Geschmack. Zum Beispiel das Bücherregal! In jedem guten Haushalt bildet es die Anlaufstelle für gehobene Bildung und umfangreiches Wissen der Bewohner und Besitzer. Da spielt es heutzutage keine Rolle mehr, wenn Konsalik neben Goethe steht, Karl May vor Schiller rangiert, Bismarck benachbart mit Rohdich ist und die Bibel neben dem aktuellsten Krimi ihr Leben fristet.
„Der Nutzer macht die Kultur", wusste Augustus von sich zu geben, als er Peter auf „Der Untergang des Abendlandes" und neben einem Stapel „Sherlock Holmes" ruhen sah. Gut gesagt, übrigens! Peter selbst musste geduldig feststellen, dass er just stets auf der Literatur lag, die irgendjemand ausleihen wollte. Dann erhob er sich willig, bestieg die Schulter des Ausleihers und nahm anschließend auf dem verminderten Bücherstapel wieder Platz. Bücherstapel?! Jawohl, denn obgleich von Hausherrin Carla streng auf Ordnung geachtet wurde, lagen, nicht standen viele Bücher nach drei Tagen ordnungswidrig herum.
„Dann kann Peterle besser ruhen", redete sich Franz heraus.
„Auf Hochkantbüchern zu liegen", behauptete Paul, „fördert auch bei Katzen, besonders den empfindlichen Katern, Rheuma und Ischias."
„Und ich kann", pflichtete die ersten Lesens kundige Katharina bei, „kann meine Bilderbücher besser unter Peters

Popo wegziehen, wenn sie übereinander liegen statt nebeneinander stehen."
Gegen solche Argumente der Bequemlichkeit mussten die der Ordnung unterliegen!

Peter bewies auch auf anderen Ruheplätzen sein gutes Verhältnis zur vergangenen Kultur: die des Barock und Rokoko. Diese beiden Epochen haben nach seiner hier erheblichen Meinung die besten, allerbesten, bequemsten, allerbequemsten und optisch am meisten hermachenden Sitzgelegenheiten geschaffen. Das Beweisstück für Peters gewagte These war der einzige Original-Rokokostuhl des Lohburger Haushalts. Großvater hatte ihn vor Jahren erworben, als er anfing, seine Füße beim Fernshen hochzulegen.
„Dann ist mein Restleg zu ertragen", sagte er, „das ich auch einem Tausendfüßer nicht wünschen kann."
Peters schwarz changierendes Fell machte sich im Licht des Abends besonders gut, wenn er entweder auf Großvaters beschuhten Füßen ruhte oder er allein auf dem feinen rosa Bezug mit den leuchtenden Goldfäden schlafend ruhte. Wenn Großvater dann den Raum betrat, räumte Peter den Platz und ließ sich auf Großvaters Schmerbäuchlein nieder, wodurch nun seine notorische Pupneigung noch angeregt wurde. Bald müffelte der Fernsehraum so, dass unter den Fernseher kroch, weil er die Erfahrung gemacht hatte, dass Püpe den Aufwind nutzen, um an die Decke zu steigen. Ging Großvater zu Bett, dann nahm Peter wieder vom geliebten Rokokostuhl Besitz – eine Eigenart, die Franz bei den späteren Fernsehaufnahmen als „Stuhlgang" bezeichnete.

Die weiblichen Bewohner Lohburgs waren in lockerer Reihenfolge für die Große Wäsche" zuständig; eine alte Tradition dies! Die älteste Weiblichkeit war natülich Großmutter Clementine, und sie war es, der Peter auf-

merksam zuhörte, wenn von „früheren Wäschen“ die Rede war. Denn sie war es, die alle noch so aufgekratzten Zuhörer zum Entschlafen brachte:
„Ich habe noch eine Waschmaschine mit Handkurbel bedient, bei der man nicht merkte, ob die Hauskatze mit unter der Wäsche war; auf jeden Fall überlebte sie die Prozedur. Auch Mäuse mischten sich unter die Wäsche, wenn sie vorher eingebracht wurde. Dann gab es elektrische Waschmaschinen, die aber nicht trockenschleuderten. Diese Trennung gibt es ja heute noch. Niemand hatte uns darauf aufmerksam gemacht, dass man Wäscheschleudern nicht offen herumstehen lassen soll, obwohl jeder wusste, wie neugierig Katzen auf der Suche nach Mäusen sein müssen. Drei Mäuse schlüpften zuerst ein, verfolgt von Mieze-Miezi, die bei Verfolgungen keine Hindernisse und Gnade kannte. Dann tat ich Urgroßmutters Leinenschlüpfer hinein, danach Ungroßvaters schon vorgewasche Strümpfe, die immer noch nach Harzer Käse rochen, danach ein Dutzend Taschentücher, deren monatealter Schnott noch nicht ganz ausgewaschen war – „Nu nen Deckel drup und taumaken, verriegeln unnen Schalter anmaken – los ging's fidele Karussell mit dusend Drehungen inne Minute, dat de Müs une Katt ganz dusselig worn sind. Als se dot tüsken de Wäsch uffen Dischk tot dalagen, hamse nix mehr seggt un kein Mucks mehr von sich gegeben...“

Dieser anschauliche Augenzeugenbericht gab den Anlass zur Verfügung, dass alle sich bewegenden Maschinen von der elektrischen Kaffeemühle bis zum Betonmischer vorm Anlassen zu kontrollieren seien. Das galt hauptsächlich für Peter, der schon öfter in der Waschmaschine ruhend angetroffen worden war. Sobald ein Programm eingegeben wurde, verdrückte er sich allerdings – denn er war Zuhörer von Clementines biografischen Erinnerungen gewesen!

Sein zweitbester Ruheplatz nach dem Rokokostuhl war der ausgediente Pianistenhocker, aber nur, wenn frischgebügelte noch warme Bettwäsche auf ihm gestapelt waren. Augustus war sich nicht sicher, ob es die Wäsche war, die Peter hergelockt hatte, oder Friedas warmweiche jedoch melodischen Gesänge von „Liebeslust und Leid", welche sie beim Bügeln ausstoßen musste.

„Am Brunnen vor dem Tore..."

„Ich weiß wo der Bauer die Wurst hängen hat..."

„Kater Kater du musst wandern..."

„Er war der schönste aller Papageier..."

„Wisch ab Luise wisch ab dat Jesicht, nich jede Kugel trifft ja nich..."

Nur eine kleine Auswahl unvergänglicher Gesangsliteratur, an der Frieda und Peter Gefallen fanden und welche unumgängliche Hausarbeit erträglicher machen.

Mit einem Wäschestapel eng verwandt ist der Wäscheschrank.

„Peter", stellte Franz kategorisch fest, „ist in einem Wäscheschrank geboren worden, folglich zieht es ihn immer wieder in diesen hinein."

Kätzin Katharina und ihr Sohn widersprachen nicht. In der Farbe der Wäsche war Peter hier nicht wählerisch, doch bevorzugte er helle Farben wie verwaschenes Weiß, (kein Sil genommen?), brummeliges Gelb und loderndes Orange. Niemand der Großfamilie brach in Gezeter aus, wenn Peter sich in einen BH verwickelt, sich eine Unterhose übergestülpt oder in einen Pullover verkrochen hatte – sein treuer Blick ließ nie Häme oder Gram aufkommen. Nie hatte eine seiner zahlreichen Krallen ein Loch, einen Faden oder Riss hinterlassen.

„Peter könnte," weissagte Augustus, „eine Woche auf dem Hermelin-Krönungsmantel der Queen gepennt und seine Kartoffelpuffer verputzt haben, und niemand sähe etwas davon."

Wiederum mit einem Schrank verwandt ist ein Pappkarton – wenigstens aus Peters Sicht! Wenn er, der Karton, aufrecht steht und nach vorn geöffnet ist, bietet er tatsächlich einen gewissen Schutz vor neugierigen, gierigen und feindseligen Blicken. Oftmals riecht er äußerst angenehm, wenn in ihm frische Brötchen, gefrorene Fische und geräucherte Mettwürste aufbewahrt oder transportiert worden sind. Solche Düfte ziehen auch andere Hausbewohner an, wie Tante Cilly zu berichten weiß:
„Saß ich doch damals, (vor drei Tagen genau), im Wintergarten und war im Liegestuhl eingedöst, und als ich wach wurde fielen meine ersten Blicke auf diesen Pappkarton, (den jemand vergessen hatte wegzuräumen), und was sahen meine schlaffen Augen dort: Peter lag zusammengerollt in dem Karton und auf ihm lag ebenso eine Jungratte, (wohl eine Verwandte von König Birlibis!), welche noch keine Ahnung von den Grausamkeiten dieser Erde zu haben schien. An sich bin ich eine Art alter Xanthippe, welche beim Anblick von Ratten und Mäusen Muffensausen und Rockflattern bekommt, aber jetzt...?“

„Ich bin“, erzählte Augustus anlässlich eines anderen Streichs Peters, „in meiner Sturm- und Drangzeit von 10 bis 15, ein rechter und eitler Haderlump gewesen, der morgens vorm Spiegel dreißig Minuten brauchte, um meine Visage ins rechte Licht leuchten zu lassen – alles wegen Roswita der Kecken, 18 und wie aus dem Neckermannkatalog ins Dasein gesprungen.“
Er berichtete über dieses Drama, weil er Peter im Kramschuppen vor dem mannshohen und fraubreiten Spiegel Jahrgang 1800 beobachtet hatte.
„Till Eulenspiegel ist nichts gegen unseren Peter“, fügte er hinzu.
Dieser Spiegel war einen Tag später von einem Antiquar abgeholt worden, und nun suchte Peter im ganzen Haus

nach einem ähnlichen. Der befand sich natürlich im ehelichen Schlafzimmer. Ein Hocker dicht vor seiner Glasfläche bot die Möglichkeit, sich ganz nah beäugen zu können und seinem Gegenüber mit Samtpfoten entgegen zu kommen. Peter irritierte sehr, dass sein Mitspieler immer genau das Gleiche tat wie er, Peter: Pfoten heben, Tatzen lecken, Ohren kratzen, Zunge zeigen und Augen zuschlitzen. Sein Eigengeruch war allerdings nicht wahrzunehmen.

Augustus wusste zu diesem Thema zu erzählen, dass er vor sehr, sehr langer Zeit, (etwa drei Jahre!), einen Neurosenkater kannte, der vor einem Rundspiegel Neurosen bekam und sich selbst fauchend, keckernd und krallenfetzend im Spiegel angriff, bis er sich den Schädel einstieß und an Kopfschmerzen verreckte. Weil Peter bisher Rivalenkämpfe und Konkurrentenscharmützel nicht kannte, konnte er sich vorm Spiegel auch nicht so auslassen wie der geschilderte Neurosenkater.

Mit „Verwandtschaften" geht es weiter, denn Spiegel und Fernsehen sind über Ecken verwandt. Als einmal die ganze Familie mit Peter traut im Wohnzimmer beisammensaß, wagte man das Experiment:
„Können höhere Tiere wie Säuger Fernsehen erkennen oder nicht?"
Mitten in angeregter Unterhaltung, an der auch Peter mit Spielen und Scherzen teilnahm, schaltete man eine Natursendung ein, bei der männliche Hirsche röhrten und weibliche fiepten, dazu Jagdflinten knallten und Jagdhunde bellten. Erst bei diesem Gebell wurde Peter plötzlich hellwach und starrte mit giftigen Augen die Hunde an, die zu seiner Verwunderung in diesem Moment vom Bild verschwanden. Wenn einige Hunde dann Sekunden später wieder auftauchten, sich aber lautmäßig nicht äußerten, interessierte er sich nicht für sie. Also schien seine Fernsehwahrnehmung nur akustisch zu sein.

Den Beweis hierzu lieferte die nächste Szene: Ein fliegender Bussard geriet ins Bild und stieß seinen typischen, nur ihm eigenen Ruf aus. Wie vom Blitz getroffen zuckte Peter zusammen, blickte sofort empor und fand den erwarteten Himmel nicht – da wieder der Jagdruf und der Sturzflug des Greifvogels direkt in die Kamera hinein! Das war zuviel für Peter. Ein Sprung und er befand sich unterm Tisch. Die abschließende Diskussion über Peters Verhalten kam zu dem Schluss, dass in Peters Genen der für alle Landtiere gefahrvolle Luftangriff von Greifvögeln, (früher Raubvögel genannt), fest verankert war und von Generation zu Generation weitervererbt wurde. Seit diesem Experiment war Peters Interesse fürs Fernsehen abgestorben und er kam nicht mehr ins Wohnzimmer hinein, wenn dieser Flimmerkasten lief.

Mit einer Ausnahme freilich. Wenn Kathrin ihn rief, um mit ihr und einer ihrer gleichaltrigen Freundinnen lustige und informative Kindersendungen anzuschauen. Das sah dann tatsächlich mehr als entzückend aus: Kathrin rechts, ihre Freundin links und Peter gleichberechtigt in der Mitte auf dem Sofa sitzend und sechs begeisterte Augen und drei ebenso begeisterte Gehirne verfolgten den Jux auf der Mattscheibe.

Der Garten, den wir schon kennen, bot zur Überraschung von Kennern und Insidern Lohburgs für Peter eine Ruhestellung, die niemand hätte erwarten und ausfindig machen können: eine der Fensterbänke. Vier Fenster der Wohnzimmer, früher einfache, heute Thermopen-Dreifach-Scheiben, gingen zum Garten hinaus, ein Anblick, den, zum Beispiel bei Regenwetter, nicht nur Peter faszinierend fand. Die aus dicken Klinkern gefassten Fensterbänke hatte man früher in Schräge gelegt, damit das Wasser abfließen könne – sehr zum späteren Ärger Tante Cillys, „weil ich jetzt dort keine Blumentöpfe aufstellen kann“. Peter dachte anders, als er zum ersten Mal vom

Garten her aufsprang und sich ganz leicht im Gleichgewicht halten konnte. Die Aussicht gefiel ihm, zudem alle „Raubtiere“ gern potentielle Beute unter statt über sich haben.

Schon wenige Tage später zahlte sich seine Beurteilung aus. Es geschah wenige Tage **vor** Bellos endgültiger Zurechtweisung durch Peter, dass dieser, Bello nämlich, mit einem Hechtsprung übers Gartentor setzte und wohl Hoffnungen hegte, eine der Katzen Lohburgs zu Tode beuteln zu können. Erst pinkelte er einen Obstbaum an, dann kackte er unter den Johannisbeeren und anschließend inspizierte er die Kürbissetzlinge, weil unter ihnen die Gartenwühlmäuse ihr Unwesen trieben. Aber seine Grabungen waren so umständlich und unüberlegt, dass, ehe er ein Mäusenest erreichte, dieses schon evakuiert war. Seine wühlerische Tätigkeit wurde nur von Peter beobachtet, dessen wache Schlummersinne ihn rechtzeitig gewarnt hatten, und nicht auch von Franz, der froh gewesen wäre, sein Luftgewehr auf Bello in Anschlag zu bringen.

Obwohl Bello, vielleicht vom schlechten Gewissen aller Täter gertrieben, den Hausgiebel ständig im Blickfeld hatte, bemerkte er den ruhenden Peter nicht – er hätte ihn freilich durch einen Sprung auch nicht erreichen können. Das konnte Peter nicht ganz einwandfrei abschätzen, so dass er drauf und dran war, den Absprung zu wagen, um den Obstbaum zu erreichen. Vor dieser Tat rettete ihn Großvater Klemens, der in den Garten kam, um seine Zigarre abzurauchen. Und wenn Bello glaubte, „am Gehstock dahinschlurfende und nach Nikotin hustende Senioren“ nicht fürchten zu müssen, so geriet er jetzt an den Falschen: Serenissimus Klemens zog ihm, nah genug herangekommen, den Stock über Kreuz, dass die Wirbelsäule knirschte und scheinbar ein paar Bandscheiben aus ihren Fassungen sprangen. Bello jodelte wie ein Appenzeller Sennhund, dem ein Wilderer eine Schrotladung verpasst hatte und stürmte über die von Großvater offengelassene Gartenpforte heim zu Muttern. Großvater übersah Peter, der nun seinen gewohnten Frühnachmittagsschlaf nachholte.

Eine mehr als interessante Ruhestellung führte Peter bei passender Gelegenheit vor: Die Gelegenheit bedeutete, dass eine große Blumenvase vorhanden sein musste. Denn um sie ringelte sich der inzwischen über einen Meter lange, - von der Nasen- bis zur Schwanzspitze gemessen -, Peter sich am Boden liegend um die Vase legen konnte. Peters Entspannung ging dann soweit, dass seine Schwanzspitze ohne jegliche nervöse Zuckungen direkt vor seiner Nase lag. Selbst die regsame und oft laute Kathrin respektierte dann, dass „Peter in dieser Phase nicht gestört werden durfte“.

Spielen und Dabeisein

„Eine Familie bietet gegenüber dem Alleinsein den Vorteil“, soll sinngemäß einer unserer beruflichen Schlauberger geäußert haben, „überall dabei sein zu können und zu dürfen.“
Dieses Schlaue bezieht sich natürlich hauptsächlich auf den menschlichen Nachwuchs. Doch unsere Kinder brauchen leider Monate, um erst einmal begreifen und Jahre, um dann mitmachen zu können. Peter war da wie alle Genies anders. Noch kein halbes Jahr war sein Status als Mitglied einer kopfstarken Familie alt, als seine technische Begabung ihm signalisierte, dass es im Weichbild Friedas und des Augustus viel zu bestaunen und zu bewundern gab.

Zum Beispiel gemeinsam mit Augustus beim Rasenmähen. Es gab ums Haus einige kleinere Rasenstücke, die für die modernen autonomen Rasenmäher prädestiniert

waren: Oft nur zehn Quadratmeter klein und eingezäunt waren sie auch – das ideale Arbeitsfeld für Mähroboter!
„Her damit!“, entschied der Chef.
Peter war von Anfang an dabei: Als das Paket ankam, ausgepackt und das Gerät installiert, endlich auf dem Rasenstück präsentiert wurde. Der Akku war schon aufgeladen. Augustus ließ seinen Freund alles gehörig inspizieren und beriechen und sogar Platz auf ihm nehmen, doch Mitfahren?
„Beim ersten Mal nicht, Peter.“

Vor anlaufenden Motoren, ob vom Traktor, LKW, Benzinmähern, Mercedes oder Pauls Drohnen hat Peter nie Angst gehabt, im Gegenteil, ihr Schnurren und Stinken schien ihm zu behagen, sonst wäre er nicht auf ratternde Traktoren und im Leerlauf surrende Mercedes-Diesel-Motoren geklettert. Ein Akku-Rasenmäher gehört zur vornehmen Gesellschaft der Technik. Peter schaute Augustus liebevoll zu, wie der diesen Vornehmen anlaufen ließ, und ehe er es verhindern konnte, trabte Peter lustig hinter „Schnitti“, - wie er spontan getauft wurde -, her und wich nicht aus, als der eine Kehre zog und direkt auf Peter zufuhr – aber er stoppte kurz und lief an ihm vorbei; Peter konnte ja nicht wissen, dass diese intelligenten Geräte darauf getrimmt sind, bei niemandem anzuecken oder ihn gar zu überfahren. Zuschauerin Tante Cilly konnte sich gar nicht einkriegen, wie Peter und Schnitti nun gegenseitige Verfolgungstaktiken vorführten, Peter seinen Spielgenossen übersprang und zuletzt plötzlich aufsprang, um gefahren zu werden.
„So etwas“, schwärmte Augustus, „kann man nur auf Haus Lohburg erleben.“
Das stimmte! Wir werden noch darauf zurückkommen, dass Peter und Schnitti gemeinsam im Fernsehen auftreten durften.

Schnittis Kollege „Staubi“, wie man jetzt wohl mutmaßen wird ein notorischer Selbstfahr-Staubsauger, wurde Peters nächster Freund, als der, vom Vertreter grüner Geräte geleitet, die beste Stube staubfrei machen sollte. Hier, im geschlossenen Raum, wirkte er freilich erheblich lauter als Schnitti draußen, doch Peter nahm keinen Anstoß und wollte ihn auch hier begleiten. Aber ihm gefiel nicht, dass er nicht aufspringen konnte, weil Staubi einfach so unterm Tisch oder hinterm Sofa verschwand oder sonstwie unerwartete Kurse einschlug. Eine echte Freundschaft konnte hier nicht entstehen. Der Verkäufer, landläufig Vertreter genannt, bemerkte wohl, in wie hohem Ansehen Peter in diesem Haushalt stand, und schmeichelte ihm, indem er ihn auf dem normalen, von Hand gesteuerten Staubsauger mitfahren ließ. Dies gefiel neben Peter der braven Tante Cilly dermaßen, dass sie diesen 800-Euro-Staubsauger mirnichtsdirnichts und im Schwuppdiwupp kaufte. Das war eine der vielen guten Taten der guten Tante, und seitdem schallte einmal pro Woche ihr Ruf „Peterle, komm staubsaugen!“ durch die Wohngefilde Lohburgs – eine Aufforderung, der Peter, wenn er sie nur hörte, durch Dick und Dünn und nah und fern folgte.

Wann spielte Peter zum ersten Mal? Und womit? Die Antwort lautet: Mit dem preiswertesten Spielzeug, das uns die Natur vermacht hat – uns oder sich selbst! Jeder Katzenfreund kennt das, wenn junge Katzen mit ihrem eigenen Schwanz solange spielen, bis sie die Sachlage erkennen und sich anderen Dingen zuwenden, etwa dem Schwanz der Mutter oder den Schwänzen der Geschwister. Peter entdeckte am Ententeich einen extrem langen Schwanz, der nicht behaart war und seltsam zuckte, als er ihm einen freundschaftlichen Schubs mit der noch kindlichen Pranke versetzte. Gut, mochte er denken, - vermutete man hier -, versuche ich's am anderen Ende. Dort endete der Schwanz mit zwei seitlichen gelben Streifen, besaß auch zwei augenähnliche Punkte und konnte sich vorne öffnen, um so etwas wie eine Zunge vor und zurückschnellen zu lassen. Spielverderber war dieser Schwanz auch, denn er entglitt nun in den Teich unter die Entenküken und tauchte gar ab. Peter konnte von Glück reden, wenn er es könnte, dass dieser Schwanz nicht *Vipera berus = Kreuzotter* hieß sondern *Natrix natrix = Ringelnatter.*

Wenn Peter im ganzen Haus allein war oder er sich vereinsamt fühlte, suchte er nach Spielmöglichkeiten. Da waren zum Beispiel diese vielen vergoldeten und „normalen" Türgriffe und –klinken, mit denen Menschenhände geheimnisvolle Öffnungen schufen oder zu verbergen suchten. Aus Peters Wunsch, diese Türen öffnen zu können, entstand eines seiner liebsten Alleinseinspiele: an der Klinke hängen und hin und herbaumeln. Hatte er genug gebaumelt, ließ er sich unbeweglich hängen und stimmte eines seiner leisen, aber kaum überhörbaren Miaulieder an – die nur dann nichts fruchteten, wenn sie tatsächlich niemand hörte. Selbst Großvater Klemens, leicht hörbehindert und zunehmend lahmfüßig, schlurfte dann herbei und öffnete Peter Tür und Tor, wie man so schön formuliert! Weil alle Türen und deren Zargen, Griffe und Schlösser noch aus altdeutscher Qualität stammten beziehungsweise restauriert waren, hat Peter es nie und nirgendwo geschafft, eine von ihnen zu öffnen.

Manchmal, so nach vier Monaten auf Lohburg, entwickelte Peter den Drang, mit Besuchern gleich welchen Alters, die ihm gefielen und oft mit dem Auto vorfuhren, Bekanntschaft zu schließen und eine Partie zu spielen: eine Variante des Fuß- und Handballs, Golf und auch Tennis – Hauptsache, ein Ball gehörte zum Spiel. Am besten war er als Torwart, aber der Torschütze musste damit rechnen, den Ball postwendend und mit aller Härte zurückzukriegen.

Bei diesen Besuchen und Spielen machte der aufmerksame Augustus die Entdeckung, dass Peter einige Spieler beiderlei Geschlechts und deren Autos konsequent ablehnte und „im Regen stehen ließ“, wie man hier sagte. Das traf vor allem Kinder ziemlich hart, denen man vorher mitgeteilt hatte, „dass Peter sehr kinderlieb und oftmals ein besserer Gefährte sei als der Duzfreund daheim aus gleicher Straße“.

„Du doofer Kater“, sagte das erste Kind beleidigt, „dann spiele ich eben nur mit meinem Hund.“

„Blöde Katze“, moserte das zweite Kind, „mein Hund spielt immer mit mir, wenn ich das will.“

„Ich weiß nicht“, sagte die Mutter zweier Kinder und Besitzerin des vorgefahrenen Autos, „warum uns Peter mit allen Zeichen des Ekels so beschnüffelt und nicht einmal, als Autoliebhaber, der er sein soll, in den offen gelassenen Wagen steigt – unser Fippsy, (ein Pudel), ist nicht so pingelig und fremdenfeindlich.“

Da fiel in Augustus’ Hirn der Groschen, (oder das Centstück):

„Immer ist hier von Hunden die Rede!“

Das war der Casus knacktus: Peter erroch, dass diese Besucher Hundebesitzer waren und deren Witterung und geruchliche Ausstrahlung angenommen hatten. Wir wissen bereits: Peter war kein Hundefeind und verstand sich mit Hausgenosse Pollux ausgezeichnet, aber seit er Bello kannte, traute er keinem fremden Hund mehr über den Weg.

Ein Tier- und Menschenarzt

Dr. med. et Dr. med. vet. Nepomuk Humperding war bei allen seinen Patienten beliebt wie der Nikolaus vor Weihnachten. Sie reichten von A wie Anita auf der Heide, B wie Kutschpferd Bucèphalus, C wie Cappenbergs Heini, Tante Cilly und Großmutter Clementine, D wie Dagobert der Fette, E wie Erich der Rote (ein Besamungsbulle), und, - nun das Alphabeth verkürzend -, P wie Peter und bis Z wie Ziegenpeter (Althirte der letzten Ziegenherde des Dorfes) – fürwahr eine kaum zu akzeptierende Ämterhäufung!

Nepomuk war 40, ledig und nur von jenen Dorfschönen begehrt, denen es nichts ausmachte, wenn er neben Cappenbergs Heini auch Erich den Roten gleichberechtigt behandelte – also zur Zeit von keiner! Desto mehr liebten ihn Vierbeiner und Befiederte. Da war zum Beispiel Gänse-Urgroßmutter Helene, 7, die zur Zeit nichts schlucken konnte, weil ihr ein Gardinenring um ihren hübschen Hals geraten war. Eine siebenjährige Gans kennt die Menschen, ganz klar, sie hat mindestens fünf Vorweihnachtszeiten erlebt, in denen plötzlich ihre Großfamilie von fünfzehn Mitgliedern auf nur fünf reduziert wurde.

Hätten alle von Nepomuk behandelten kranken Tiere singen können, Dorf und Haus Lohnburg wären mit einer Kakaphonie von Tedeen überschwemmt worden. Und Nepomuks Humanklientel? Sie war natürlich auch dankbar, von Zipperlein wie Podagra (eine Gichtvariante), Ohren- und Muffensausen, Bauch- und Herzgrimmen, Nasenlaufen und Fußriechen und anderen medizinischen Schäkereien befreit zu werden, aber sie sang selten und wenn, höchstens klerikale Chorale und Bierthekenhymnen.

Da war es kein Wunder, dass dankbare Schmusepatienten wie Peter, die nicht einmal einen BEK-Chip vorweisen mussten, seinen med.vet.-Titel rückhaltlos respektierten. Wir erinnern daran, dass sich beide schon auf Lohburg kennengelernt haben. Peter war auch schon in seiner Praxis gewesen, als Kathrin, jetzt 6 geworden, ihren syrischen Goldhamster zwecks Diagnose herbrachte. Da lernte Peter im Wartezimmer allerlei Vertreter der Fauna kennen, die unter menschlichen Krankheiten der Zivilisation litten: eine verfettete weiße Ratte, (nicht mit König Birlibi verwandt!), eine Schnappschildkröte, der ein Stichling im Rachen festsaß, eine Kätzin, die nun doch, nach einem halben Dutzend Würfen à sechs Jungen, unfruchtbar gemacht werden sollte, und Wolfsrüde (ein Mischling nur) Canislupus, dem Distelstacheln in den Zehen steckten. Peter strotzte ihnen allen gegenüber vor Gesundheit.

Es war in Lohburgs Gesamtfamilie darum gegangen, ob ein „Edelgeschöpf" wie Peter unfruchtbar gemacht werden sollte oder nicht. Dr. Nepomuk zitierte hierzu aus einem mitgebrachten Merkblatt:

„Auch wenn heute noch einige Tierärzte skeptisch sind, gehört die Kastration von Katzen beiderlei Geschlechts zur artgerechten Haltung der Tiere. Weil sie bereits mit vier Monaten geschlechtsreif sein können, sollte die Kastration rechtzeitig geschehen, um die Rolligkeit und den Nachwuchs von vornherein auszuschließen. Sie sollte durchgeführt werden, bevor die Katzen das erste Mal rollig werden. Der Eingriff gehört heutzutage zur Routine, noch selbigen Tags sind die Tiere wieder ganz normal im Verhalten."

„Und was ist der Unterschied zwischen Kastration und Sterilisation?", fragte Augustus.

Wieder holte Dr. Nepomuk sein Blatt hervor und las:

„Bei der Sterilisation wird nur Unfruchtbarkeit herbeigeführt, Rolligkeit und sexuelles Verlangen beim Kater mit all seinen Problemen wie Potenz- und Dominanzgehabe bleiben bestehen. Rein körperlich gesehen sind die Tiere dann nicht mehr in der Lage, Junge zu zeugen oder zu bekommen."

„Wir können unserem Peter so etwas nicht antun!", wetterte Tante Cilly in einem Ton, als ginge es um sie selbst.

„Ganz richtig, Madame“, antwortete Nepomuk, „so edle Lebewesen wie Peter sollte man nicht von der Evolution ausschließen. Aber seine Mutter sollten wir hernehmen.“
Gesagt – debattiert – später getan!

Aber diese Mutter, Katharina nämlich, schien entweder mitgehört oder es von ihrem Sohn gesteckt bekommen zu haben, dass Unheil drohte, und machte sich dünne. Erst als Peter in den Käfig voran- und am anderen Ende wieder herausging, wurde man ihrer habhaft und konnte sie in die Praxis bringen. Um sie zu beruhigen war Peter mit von der Partie. So war dann nach einer Stunde abgesichert, dass Peter ihr letztes Kind blieb...

Weil dieser in der Praxis, sowohl im Wartezimmer als auch in den Behandlungsräumen, keinerlei fremdartiges Verhalten zeigte, nahm Dr. Nepomuk ihn her, um ein paar Röntgenaufnahmen für sein Katzenbuch zu machen. Kathrin streichelte ihn auf dem Tisch, kämmte sein Haar und legte ihn nach Anweisung des Doktors zurecht. Und dann ging es darum, ihn im Raum für den kurzen Moment der Aufnahme allein zu lassen. Es klappte vorbildlich.

„Nicht jeder Humanpatient“, murrte Dr. Nepomuk mürrisch, „ist bei dieser Prozedur so umgänglich wie er.“

Peter umschnurrte die hübschen Beine der neuen MTA Roswitha Abramowski, wodurch ihr Arbeitgeber erst richtig auf sie aufmerksam wurde, erhielt ein Schälchen echte Katzenmilch und schuf so den Vertrauensvorschub, den sie alle drei fürs nächste Vorhaben benötigten. Kathrin verriet ihrer Mutter Carla am Abend „ganz im Vertrauen und nicht weitersagen“:

„Nicht nur Peter umschnurrte Doktors Assistentin!“

Das nächste Vorhaben, in dem Peter wiederum Patient war, fand in Lohburg im Freien statt. Man hatte den Doktor angerufen und mitgeteilt, dass Peter nun von einer Zecke befallen sei, die sich bereits erbsengroß vollgesaugt habe und entfernt werden müsste. Kein Tier ist bekanntlich in der Lage, sich eine einmal festgebissene Zecke abzustreifen, abzuschütteln oder abzukratzen. Sie lässt freiwillig erst los, wenn sie vollgesaugt ist.

Peter erwartete den Doktor mit Miau und aufgestelltem Schwanz und sprang sogleich auf den niedrigen Behandlungstisch. Die Zecke steckte kurz hinterm Kopf tief im Fell und war, wie bemerkt, erbsengroß. Zunächst musste Kathrin die Haare auseinanderstreifen, damit Nepomuk freie Sicht auf den Übeltäter bekam und mit der Makrokamera, - fünf Zentimeter heran -, ein paar Aufnahmen machen konnte. Danach riss er die Zecke nicht aus der Haut, wie vorher vorgehabt, sondern erprobte eine Methode, mit der er in Zukunft Mensch und Tier von Zecken zu befreien gedachte. Eine ganz einfache und für die Zecke wohl tödliche Methode: Mit seiner Briefmarken- und Leselupe starker Vergrößerung, in die Sonne gehalten und den Brennpunkt auf die Zecke gerichtet, schmorte er ihren aufgeblähten Körper an, dass Qualm aufstieg und Bratengeruch verbrannter Hamburger sich verbreitete. Das gespeicherte Blut kochte wie Kakao auf dem Herd. In einer Minute war es verkocht und Nepomuk stoppte die Bestrahlung, damit er mit der Hitze nicht auf Peters Haut geriet. Die Zecke war nun tot, ließ sich leicht abheben und nochmals, als Beweisstück, fotografieren.

Die Zuschauer Karl, Tante Cilly, Frieda, Kathrin und Augustus waren zwar angeekelt, aber begeistert. Peter bekam auf die Bisswunde einen Klacks Antibiotikumsalbe und war quietschfidel unter den zahlreichen Zuschauern.

„In Zukunft, Doktor“, schlug Augustus vor, „brauchen Sie bei Zeckenbissen nicht mehr herzukommen, die Sache kann ich erledigen.“

„Jawohl, ich ernenne Sie zum Hofmedikus ersten Grades.“

Drei Monate später ernannte er Roswitha Abramowski zur Roswitha Humperding und verzichtete ihr zugunsten auf seine Praxis Dr. med., um, wie beide verlauten ließen, „lieber folgsame Tiere als störrische Hypochonder zu traktieren“. Peter war in den Armen Kathrins einer der Trauzeugen in der Dorfkirche und blieb ein Lebenlang Dauerpatient des Paares – ohne je ernsthaft zu erkranken...

„P&P“ – Peter und Pollux

Pollux, wir haben nachgesehen, ist Name oder Bezeichnung von wenigstens dreizehn Personen, Dingen oder Sachen. Wir haben uns für die altgriechische Mythologie entschieden, nach der Pollux ein Halbgott war und einen Bruder namens Kastor hatte, nach dem auch mancher Vierbeiner benannt ist. Auch gab es hier in dieser Gegend einmal ein bäuerliches Pferdegespann namens Kastor und Pollux, das natürlich der ländlichen Mechanisierung weichen musste.

Peters Schmuse- und Duzfreund Pollux, jetzt seit zwei Monaten auf dem Hof, vereinigte in sich drei schon früher genannte Rasseanteile zu einem nützlichen Ganzen: Kampfesmut des Deutsch-Drahthaar, Wächterfähigkeiten des Sennhundes und Laufeigenschaften des Windhundes. Sein spezieller Eigenanteil bestand in seiner Niggelichkeit und Geduld. Pollux wurde in Dienst gestellt, um dem neuen Schild am Haupteingang zum Grundstück mehr Nachhaltigkeit zu verleihen. Sein Text lautet: „Betreten auf eigene Gefahr – jeder haftet für sich selbst!“ Denn wie in den unseligen Nachkriegszeiten von 1945 aufwärts machten sich inzwischen auch auf dem Land Spitzbuben und –mädchen, Gauner und Gaunerinnen und Heilspropheten beiderlei Geschlechts auf die Socken, um vertrauensselige Landleute ab 65 ein wenig oder auch mehr zu rupfen und über einen imaginären Tisch zu ziehen.

Auf Pollux war Verlass, nachdem Chef Karl ihn höchstselbt belobigt hatte, weil er einen Fahrraddieb so besprungen hatte, dass dieser unters Rad zu liegen kam und sich selbst beim Sturz einklemmte. Pollux hatte dann sein Windhund-Wolfsgeheul angestimmt und solange gehalten, bis Augustus aus dem Mittagsschlaf erwachte und herbeikam. Als Dank für diese Heldentat wurde Pollux von der Laufleine befreit und diese ganz abgeschafft. Erst jetzt entwickelte sich die Freundschaft zwischen Peter und Pollux zu einer epochemachenden Erscheinung. Beobachter und Beurteiler Augustus schildert dies in seinem Originalton:

„Ich ward verrückt, als ich die beiden Kontrahenten Arm in Arm oder Pfote in Pfote promenieren und paradieren sah wie Eva und Adam im Garten Eden, oder wie diese Anlage hieß. Wer war nun wer? Beide waren Männchen, aber nur Pollux pinkelte durch Beinchenheben, also wird er Adam sein. Sie wandelten wie frühere Hofinspektoren durch alle Ställe und Anlagen und wurden von allen Kreaturen, denen sie begegneten, als Chfs anerkannt: vom gesamten Federvieh einschließlich der Perlhühner und des Wassergeflügels, das, weil er nicht ins Wasser ging, Peter oft von der Teichmitte her verhöhnte und anblödete. Jetzt, wo Pollux als echter Ein-Drittel-Jagdhund = gleich Deutsch-Drahthaar, Erpel, Gänseriche und Teichrallen auf Trab bringen konnte, ruderten sie in Teichmitte zurück und schwiegen voller Ehrfurcht, wenn Peter und Pollux zum Trinken ans Ufer traten."

Freilich: Eine negative Erfahrung musste Peter machen, seitdem er sich mit Pollux liiert hatte: Wenn er mit ihm im Gefolge die Wohnung zu inspizieren gedachte, blieben alle Türen verschlossen.

„Es kann nicht angehen", sagte die Hausherrin, „dass zwei Vierbeiner täglich hier ihre Runden drehen, zumal der eine, (Name nicht genannt!), ein ziemlicher Tollpatsch ist und Flaschen, Töpfe und Kannen umstoßen kann.“

Das schönste Stillleben boten Peter und Pollux, wenn sie ihr Nachmittagsschläfchen machten. Dazu benutzten sie hauptsächlich die neue, von uns schon beschriebene Hundehütte. Vor ein paar Tagen noch, als Pollux Leinenhund war, konnte er ihr nicht viel abgewinnen, weil es ihn offensichtlich störte, an der Leine in sie hineinzugehen zu müssen. Jetzt war das anders. Als beide einvernehmlich auf das Häuschen zutraten und sich wohl nicht entscheiden konnten, wer wem den Vortritt zu lassen habe, sprang Peter aufs Dach und rollte sich dort so zusammen, dass er das Vorfeld der Hütte einsehen und überblicken konnte. Pollux kroch derweil hinein, drehte sich umständlich zwei- bis dreimal um seinen eigenen Körper und sackte dann in sich zusammen. Während Peter meistens die gleiche, schon geschilderte Schlafstellung einnahm, lag Pollux so, dass seine Vorderpfoten mit dem Kopf darauf aus dem Eingang ragten oder er sich ganz ins Innere zurückzog.

Nicht mit diesen Gepflogenheiten vertraute Hofbesucher hatten dann den Eindruck, nur die Katze dort auf dem Dach sei gegenwärtig. Dieser Irrtum kam Friedrich Stapelskötter, 36 und „Fitten der Klemmer“ genannt, teuer zu stehen. Er gab als Hauptberuf, so er einmal gestellt wurde, Landschaftsberater an. Das war jedoch eine nebenberufliche Fassade, denn hauptberuflich war er Katzenlocker und Hundestehler. Wenn er die heutzutage meist menschenarmen Höfe betrat, hielt er Ausschau nach vertrauensseligen Haustieren wie eben Peter und Pollux, um sie an sich zu gewöhnen, indem er ihnen Grill- und Knackwürste, Trockenfutter und auch nette Worte und Streicheleinheiten anbot.

Diese Vorarbeit zum späteren Mopsen und Klauen sollte nun stattfinden. Fitten tat gar nicht heimlich, obwohl es ihm natürlich wohler und lieber war, wenn kein Hofbe-

wohner aufkreuzen würde. Er besaß Tierkenntnisse genug zu wissen, dass man sich einer friedlich schlummernden Katze nicht unangemeldet nähern sollte, und demnach handelte er jetzt. Er hustete und räusperte sich leicht, setzte einen Fuß vor den anderen und hielt seine Rechte so, dass die Katze sich aufs Streicheln freuen und bald aufrichten könnte. Peter blinzelte ins Gegenlicht, Pollux sah zwar noch nichts vom Besucher, hörte ihn aber näherkommen. Zeugen des sich nun anbahnenden Dramas gibt es nicht, Augustus aber hat mit Nachdenken und mit den Klagen Fittens versucht, alles zu rekonstruieren. Hier das Ergebnis, das wohl den Tatsachen sehr nahe kommt:
„Weiß der Teufel, was in unseren Peter gefahren ist, dass er dem Fremden ohne Vorwarnung mit allen Vieren mitten in die Fresse gefahren ist! Das Schmerzensgeschrei war dann für Pollux das Signal, seine Beobachterrolle aufzugeben und dem Mann in die Beine zu fahren und dort bleibende Gebissabdrücke zu hinterlassen.“

So tief schlief auf Lohburg niemand, dass dieses Zeter-und-Mordio-Geschrei nicht vernommen worden wäre! Von Spaß konnte keine Rede mehr sein! Denn Fitten war schwer verletzt, so dass neben der Polizei der Notarzt hergebeten werden musste. Für ihn nichts als Routine, für die Polizei ein guter Fang, denn Fitten stand auf der Fahndungsliste und wurde nach dem üblichen Procedere im nächsten Knast für drei Jahre in Vollpension genommen. Irgendwie hatten auch Peter und Pollux aus dieser Affäre gelernt, denn in Zukunft schliefen beide gemeinsam und in kalten Zeiten eng aneinandergerollt im Hütteninneren und nicht mehr draußen.

Eine geniale Gemeinschaft bildeten Peter und Pollux bei der Gartenarbeit. Pollux besaß den richtigen Knochenbau zur schweren, Peter liebte mehr die feine Arbeit. Wenn Peter mit der besseren Nase einen bewohnten unterirdischen Mäusebau geortet hatte, bekratzte er mit Rechts

den Boden, worauf Pollux begriff und sich mit seinen kräftigen Vorderpranken an die Arbeit machte. Wozu Peter eine halbe Stunde benötigt hätte, falls es überhaupt so weit gekommen wäre, brauchte Pollux fünf Minuten und er war am Brutplatz der Mäuse angekommen. Peter übernahm dann die Bewachung der Arbeit und das Verhindern der flüchtigen Mäuse, indem er ihnen in den Nacken sprang. Hatte er eine Maus am Boden festgenagelt, kam Pollux flugs herbei und schlang sie in einem einzigen Happen hinunter. Er war ein notorischer Alles- und Vielfresser und es wäre hier unweigerlich zum Streit gekommen, wenn auch Peter ein Mäusefresser gewesen wäre. Noch zwei Unterschiede zwischen den beiden ungleichen Freunden gibt es original von Augustus zu berichten:
„Pollux kackt und pinkelt wo er gerade steht oder sich sonstwie aufhält, natürlich nicht in unseren Stuben und Zimmern, während Peter sich vornehmer benimmt und stets ihm bekannte Aufenthaltsorte für seine Geschäfte aufsucht - da haben wir eben den Unterschied zwischen Adel und gewöhnlichem Volk.“
Ziemlich gewagt ausgedrückt das, aber Augustus war nun einmal ein Mann des Volkes und nahm lieber „die Schnauze voll“ als zu schweigen. Mit Sorge beobachtete er die allgemeine Entfremdung zwischen Peter und Pollux und beurteilte in dieser Beziehung noch einmal etwas weltfremd:
„Adel und Volk können seit jeher zueinander nicht kommen.“

Was war geschehen? Nun, Pollux hatte einen Spielkameraden gefunden, einen losen Vierbeiner, der irgendwo entlaufen war und nach Augustus’ Aussagen auf den Namen Kastor hörte. Dieser Kastor sah Peter und konnte natürlich nichts anderes tun als ihn zu attackieren, wobei er eine bekrallte Ohrfeige kassieren musste. Aber immerhin, für Peter war es vorteilhafter und auch gesünder, auf den nächsten Apfelbaum zu springen und sich von zwei Hunden wütend bebellen zu lassen. Zwei Hunde? Jawohl, denn Pollux wurde zum Verräter und gesellte sich zu Kastor, dessen weit schallendes Zorngebell nun endlich Augustus herbeilockte.

„Immer muss ich der Nothelfer sein“, brummelte er verdrossen und begab sich in Franz’ Zimmer, dessen Luftgewehr auszuleihen. Er kannte noch die Luftgewehre des ausgehenden 20. Jahrhunderts, wusste aber, dass die modernen bereits eine Durchschlagskraft besaßen, die man nicht mehr mit Spaß und Ulk in Verbindung bringen konnte. Anlegen, Zielen und Abdrücken waren bei Augustus ein Vorgang, und so musste Kastor sein wütendes Gebell gegen Peter in ein Schmerzgeheul um sich selbst umfunktionieren. Ein zweites Geschoss traf sein Hinterteil, und jetzt erkannte er auch den Verursacher. Der befahl:

„Hau ab du Köter!“

Und gehorchen schien Kastor gewohnt zu sein. Pollux lief ihm nach und ward dann bis zum Abend nicht mehr gesehen. Augustus lehnte sich an den Apfelbaum, so dass Peter auf seine Schulter absteigen konnte und sich so ins Haus transportieren ließ.

Hat eine noch so enge Freundschaft erst einmal einen Knacks bekommen, lockert sie sich bald weiter. Denn es stellte sich für Augustus als Hundekenner heraus, dass dem Mischling Pollux die Unzuverlässigkeit und das Streunen wohl im Blut saßen, er lungerte immer öfter im nahen Dorf herum, wo er mit einem Gastwirt Bekanntschaft machte, der ihm aus dem Küchenfenster Koch- und Bratabfälle zuwarf, wenn er dafür vor Gästen Hokuspokus wie Männchen und Rolle rückwärts machte. Beim ersten Fortgang ein halbes Jahr nach dem Abenteuer mit Fitten versuchte Peter ihm hundert Meter zu folgen, dann blieb er unter einem Baum stehen und ließ Pollux am Horizont verschwinden. In der Familie entstand nun eine Diskussion um Pollux' Schicksal. Typen wie er, die nur Unruhe und Streit brachten, wollte man hier nicht verköstigen. Ehe in den nächten Tagen eine Entscheidung fiel, erübrigte sich diese: Denn Pollux war plötzlich nicht mehr gesehen! Hat ihn jemand heimlich mitgehen geheißen? Hat ihn ein Auto erwischt...?

Der Hausgenosse

Ehe in Nordwestdeutschland, dem Land der Sturköppe und Mundfaulen, aus einem Neu- ein Altbürger wird, muss er entweder hier schon lange gelebt oder sich außerordentlich bewährt haben. Unter den Zweibeinern ist damit Augustus besonders hervorzuheben, wie wir ja im Einzelnen und mehrfach erfahren haben.

„Mitmenschen wie er", sagte an seinem 50. Geburtstag anzüglich der Dorfbürgermeister, „sind für unsere Gesellschaft wertvoller als jeder Kanzler oder Präsident, die ja nur das Wahlvolk repräsentieren und in einer Partei durch Ellenbogenstoßen emporgeklettert sind."

Das war hochpolitisch gesprochen, kostete den Bürgermeister bei der nächsten Wahl den Posten – und, (man lese und staune!), entlockte Augustus ein müdes Lächeln und Peter, in seinen Armen, ein ebensolches!

Wir haben damit Augustus als Zweibeiner gebührend hervorgehoben. Doch der Hauptdarsteller dieser Abhandlung ist ein Vierbeiner, Peter der Große nämlich, der noch nicht lange gelebt aber sich besonders bewährt hat. Dass er als Einheimischer anerkannt ist, beweist Augustus selbst mit einigen seiner markanten und jeden Politiker beleidigenden Sarkasmen und Äußerungen:

„Gott schuf Katzen nicht, damit wir etwas zum Streicheln haben."

„Sitzt die Katze auf dem Dach, schlagen alle Schwalben Krach."

„Wenn die Katze ein Politiker wäre, würde sie keine Mäuse fangen."
„Die Katze ist das einzige Tier, das den Menschen überzeugt hat,
er könne nicht ohne sie sein."
„Katze oder Philosoph – wer ist weiser?"

Augustus war derjenige Hausbewohner, der Peter innerhalb eines halben Jahres zum Hausgenossen werden ließ. Warum dauerte dies ein halbes Jahr? Man weiß doch, dass junge Katzen, der Mutter entzogen, in ein paar Tagen sozusagen zur Familie gehören können,

Es lag einmal an Peters Charakter, der komplizierter schien als der anderer, „bürgerlicher" Katzen, und dann daran, dass Peters neuer Wirkungskreis nicht ein gewöhnlicher Stadthaushalt, sondern ein richtiges Katzenimperium war. Sich wirklich eingewöhnen? Das konnte nur in Wochen und Monaten geschehen.

Was denkt eine kluge Katze, der ein großes Reich zur Verfügung steht? Wir wagen eine Antwort:
„Das alles hier ringsum ist mein Reich! Nicht ich bin hier Gast, sondern alle anderen Mitbewohner!"
Peter musste sich daran gewöhnen, dass alles Leben auf Lohburg auf seine Wünsche und Vorstellungen kaum Rücksicht nahm. Beispiel Nummer Eins: Die drei Kinder Franz, Paul und Katharina. Was focht sie an, nachdem sie Peter am Sonntag Stunden des Spielens und Balgens gewidmet hatten, dies am Montag nicht fortzuführen? Sie schienen montags wenig Zeit zu haben, verschlangen ihr Frühstück hastiger als am Vortag, wurden von Carla ein wenig lieblos zur Eile getrieben und schwangen sich dann hektisch auf ihre Fahrräder, gerade noch ihm, Peter, ein paar Grüße zuzurufen:
„Tschüsch Peter" – „Peterle mach's gut" – „bis bald Katerle" und „gehab dich wohl, Peter!"

Und schon zischten sie durchs Hoftor davon.

Beispiel Nummer Zwei: Hausherr Karl, ebenso distinguiert wie Peter selbst, ließ ihn gestern noch höflich ins Auto steigen und auf dem Nebensitz Platz nehmen. Nun, nur einenTag später, marschierte er so rasch zum Auto, dass er Peter die Wagentür vorm Schnäuzchen zuschlagen und ohne Grußworte wegfahren konnte. Beispiel Nummer Drei: Hausherrin Carla, am Sonntag noch so katzenfreundlich, dass Peter ihr beim Wannenbad zuschauen durfte, telefonierte so nervös, dass Peter ausnahmsweise nicht dazwischenmiaute und nur konsterniert feststellen musste, dass sie den Zweitwagen aus der Remise holte und nicht wie sonst üblich durch sachtes Anfahren und Händewinken Peter grüßte, sondern laut gasgebend und staubaufwirbelnd das Hofgelände verließ.

Man sah Peter an, dass ihm dieses grobe Gebaren ganz und gar nicht gefiel. Und im Großen und Ganzen ging dies von Montag bis Freitag so daher. Samstags verlief alles schon moderater, um sonntags in für Peter ersehnte Gemütlichkeit überzugehen. Aber gab's denn nicht noch weitere Hofbewohner, denen sich Peter widmen, die sich Peter widmen konnten? Gab es, wir stellen sie aufsteigend nach Peters Empfindugen noch einmal vor: 1.) Großvater Klemens. Seine Gesinnung war katzenfreundlich genug, dass er nette Worte für Peter fand, ihm Häppchen seines Nachmittagkuchens hinbröckelte und seine greisigen Tatterhände über seinen Rücken wandern ließ.

2.) Großmutter Clementine. Sie sehnte sich insgeheim nach einer kapitalen Erkältung, die sie ins Bett zwingen und Peter dazu bringen würde, sich auf ihre Brust zu legen. Immerhin bestand eine gewisse Regelmäßigkeit darin, dass Peter sie im Bett besuchen und sich an ihren knochigen Rücken schmiegen durfte, um die rheumatischen Beschwerden dort lindern zu helfen.

3.) Tante Cilly. Auch sie war nun häuslicher geworden und freute sich, wenn Peter in ihr Zimmer kam, um Schach mit ihr zu spielen. Er wurde nie abgewiesen, nahm auf einem Hocker ihr gegenüber anmutig und gelehrig Platz und verfolgte in erster und zweiter Lehrstunde ihre Fingerfertigkeit im Umstellen der Figuren. Und beim dritten Spiel sagte Tante Cilly aus ihrer Spontanität heraus:
„Du bist dran, Peter."
Und Peter zog, beziehungsweise schob einen Bauern ein Feld weiter voran.
„Sehr gut, Peter. Jetzt bin ich wieder dran."
Peter wollte denselben Bauern noch einmal weiterschieben, doch da zuckte er zusammen und eilte vondannen. Was war plötzlich in ihn gefahren? Wir werden es sogleich erfahren...

4.) Haushälterin Frieda. Es war inzwischen 11 Uhr 55 geworden! Versuchen wir uns zu erinnern: um 12 Uhr **musste** Peter seine Kartoffel haben! Und damit sind wir bei der ersten und zuverlässigsten Konstante in Peters Leben auf Lohburg: Frieda! Solange er hier lebte und mittags in die Küche getrabt war, von wenigen Tagen als Ausnahmen abgesehen, hatte er seine Salz- oder Pellkartoffel von Frieda gereicht bekommen.

5.) Augustus. Auch er war, wir wissen es, ein Ausbund an Zuverlässigkeit und Peter hätte, besäße er sie, eine Uhr nach ihm stellen können. Was Peter an Augustus besonders gut gefiel war nicht nur seine Gutmütigkeit und Toleranz in allen Tierfragen, sondern auch, dass viele seiner handwerklichen Tätigkeiten auf Peter wie Spiele wirkten. Darauf kommen wir noch zurück.

Insgesamt dauerte Peters völlige Eingewöhnung als Hausgenosse Lohburgs ein halbes Jahr, also bis in den Winter hinein. Denn zu ihr, dieser Eingewöhnung, gehört auch das Kennenlernen der unmittelbaren und etwas weiteren

Umgebung des Hauses bis dahin, wo die Grenzen der Nachbargrundstücke verliefen. Es war wieder Augustus, der den Führer machte und einen Tag mit Peter verbrachte, um ihm den Umfang seines Reiches vorzuführen. Peter konnte nicht wie ein Jagdhund neben ihm herlaufen und bediente sich meistens der rechten Schulter Augustus'. Hier fühlte er sich sicher und geborgen.

Brotzeit machten sie jetzt an einem Fuchsbau. Peter und Augustus saßen auf einem Baumstamm und aßen und tranken, und es war wohl ihr Geschmatze, Geschlürfe und das Rascheln des Butterbrotpapiers, das fünf Jungsfüche aus dem Bau lockte. Da saßen sie nun, diese hübschen Kerlchen in hellbraunen Pelzen, stellten die Köpfe schief und waren ganz offensichtlich eine Rasselbande, die auf Muttern nicht mehr zu hören gedachte. Augustus warf eine Brotrinde unter sie, schon balgten sie sich wie Kindergartenkinder. Eines mit mehr Mut als die anderen tapste an Peter heran und wollte ihn beschnüffeln, kassierte dafür aber eine sachte Ohrfeige, die ihn auf den Rücken warf. Augustus wusste, dass diese Kinderstube in den nächsten Tagen ausgerottet werden würde, weil die Jägerschaft nicht damit einverstanden war, sie weiter existieren zu lassen.

Peter lernte Eichhörnchen kennen, die ihn von oben beschimpften, sah Hasen flüchten, Kaninchen im Erdreich verschwinden, hörte den Schrei der Fasanenhähne und stand zum ersten Mal an einem kleinen klaren Bach und sah das Wasser fließen. Fische gab es da und waren nicht so bunt wie die aus Franz' Aquarium. Als der Rundgang zum Ende kam, erkannte Peter Haus Lohburg wieder, sprang von der Schulter und lief Augustus voraus. Und lief Kathrin vor die Füße, wurde aufgehoben und mit allen Freudensbezeugungen, deren ein Kind fähig ist, willkommen geheißen. Ja, das war es, das er von Herzen liebte:

freudig empfangen zu werden! Wenn das immer und ewig klappte, konnte er mit der Welt zufrieden sein.

„Gegenseitige Gewöhnung“, sagt ein orientalisches Sprichwort, „ist die Grundlage für gegenseitiges Verständnis.“
Es dauerte fast drei Monate, bis Peter die geschilderten Tagesabläufe auf Haus Lohburg begriffen hatte. Begriffen? Wie sagen das so leicht dahin und wissen doch nicht Bescheid, ob es so ist bei unseren Haustieren. Hundehalter berichten eindeutig über ihre vierbeinigen Kameraden, welche sich nach Herrchens oder Frauchens Gewohnheiten richten und genau wissen, wann mit ihnen ausgegangen oder sonstwie etwas Freudiges angestellt wird. Zum Beispiel der zehnjährige Dackel „Schnucki“ des Nachbarn Kurt Kollenberg, der jeden Spätnachmittag spazierengeht: Nimmt Kurt seinen Hut vom Haken oder die Handschuhe aus der Schublade, weiß Schnucki, auch unabhängig von der Tages- und Nachtzeit, dass es losgeht. Peter scheint auf solche Kleinigkeiten nicht zu achten, jedenfalls zeigt er keine Reaktionen, wartet aber auf die Aufforderung „Komm mit Peterle, spazierengehen!“

Kathrin ist die einzige Person, welche Peter eine Katzenleine anlegen und damit führen kann – sie zeigt in diesem Sommer als sechsjährige Schülerin noch mehr Geduld mit ihm als die anderen Bewohner Lohburgs. Wenn die beiden auf dem Bauernweg etwa fünfhundert Meter spaziert sind, wobei Peter weniger Interesse bei Pferdeküttelп, Mauselöchern, Maulwurfshaufen und Warngeschrei der Singvögel zeigt als Hunde es tun, beginnt er anzuhalten und „sehnsuchtsvoll“ zurückzuschauen – er möchte nach Hause. Aber das soll spielerisch geschehen.

Peter fetzt dann im Blitzstart zwanzig Meter vor und duckt sich dann, Kathrin erwartend, tief auf den Asphalt nieder. Kathrins Aufgabe ist es nun, ihn zu rufen und das

Suchen zu simulieren, bis sie plötzlich „Peter, da bist du ja!“ ruft und auf ihn zustürzt. Ehe sie bei ihm ist, fetzt er erneut eine Strecke heimwärts, und so geht das Spiel munter weiter, bis man zu Hause angekommen ist. Dort lässt Peter sich in die Arme schließen und tut so, als wenn er außer Atem geraten sei.
„Er ist bei jungen Damen ein richtiger Charmeur“, kommentierte dann Augustus wohlwollend, denn er war amtlicher Kommentator des Hauses.

Bleiben wir bei jungen Damen. Peter hatte also schnell begriffen, dass Kathrin an fünf Tagen hintereinander morgens keine Zeit für ihn hatte, dann aber nachmittags viel davon und an zwei folgen Tagen jede Menge. Ihr Wohnzimmer war in einer genialen Unaufgeräumtheit schon eine Abenteuerraum, wenn aber ihre beiden Freundinnen Gisella und Arabella, kurz Sella oder Bella gerufen, auch noch mit von der Partie waren, gab es Theatervorstellungen ersten Ranges, „wie sie kein Bühnenfritze“, - (Originalton Augustus) -, je hätte auf die Bretter stellen können und auch in keinem der hier angeführten Bücher aufzufinden sind: Der gestiefelte Kater, Bob der Streuner, Ich bin hier bloß die Katze, Miau! Mio!, Kater Felix, Kater Isidor und Venedig, deine Katzen. Diese Katzenwerke begannen Kathrin und ihre Freundinnen nun zu lesen.

Augustus hatte noch keine Katze erlebt, die folgendes mit sich machen ließ: Verkleidungen von Unterwäsche bis Winterklamotten; vier hübsche kleine Lederstiefel anziehen; Auskämmen der Frisur; Ledergeschirr anlegen und sich wie ein Pferd anspannen lassen; föhnen; am Tisch vor Teller, Messer und Gabel Platz nehmen; klassische Katzenmusik anhören und mit den Kindern Mozart-Menuette tanzen – fürwahr eine Aufzählung und Versuchsreihe, wie sie Bernhard Grzimek auch nicht sinnvoller hätte durchführen können.

Peter verteilte seine Spielneigung freilich nicht nur unter Kathrin und ihren Freundinnen auf. Es gab ja noch Paul, nun 9 geworden und Franz, bald 16, welcher neben Old Shatterhand und Winnetou auch den erwähnten Grzimek las. Da gab es für Peter höhere Ansprüche als in Kathrins Kinderzimmer. Paul zum Beispiel machte Versuche, um festzustellen, wie Tiere in Sachen Geruch und Sehen zu täuschen seien. Also: Was fing Peter mit einer blechernen motorisierten Maus an, welche, ferngesteuert, vor seinen niedlichen Vordertatzen davonflitzen wollte? Was tat er mit einer Stoffmaus, die plötzlich unterm Schrank hervorguckte? Wie reagierte er, wenn das Smartphone unverhofft Laute wie Miau-Mio und Katzenschnurren von sich gab? Wir können diese Fragen beantworten!

Kurz und bündig: Peter drehte Paul eine lange Nase, was hier landläufig entweder „du kannst mich mal" oder „mit mir nicht, du Dussel" bedeuten kann.

„Jungkatzen", verkündete Augustus hierzu, „kann man eine kurze Weile derart täuschen, aber unseren Peter nicht."

Dafür tat Peter Paul den Gefallen, sein technisches Spielzeug „anzunehmen": Einen Stofftennisball, den er, wenn er auf ihn zurollte, mit mächtigem Prankenhieb, - stets seine Rechte! -, so zurückbeorderte, dass er weit über Lohburg hinaus in die Provinz geflogen wäre, wenn da nicht die Zimmerwand gewesen wäre. Plastiksachen nahm Peter nicht an. Die erwähnte Stoffmaus aber doch, wenn sie ihm, am Bindfaden hängend, aus der Luft heraus serviert wurde. Wenn Paul sie ihm noch so schnell wegziehen wollte – Peters Reaktionsvermögen war schneller als seine Gedanken.

Auch Franz wollte nicht zurückstehen, wenn Peter ihn aufsuchte und um Aufmerksamkeit bat. Er wollte später nach Abitur und Studium „etwas mit Viechern machen"

und hatte sich eine gehobene Reihe von Versuchen ausgedacht.:
„Wie kann man ein ‚Sehtier' wie Peter hinters Licht führen?"
Augustus half aus. Er konstruierte zwei leichte Sperrholzkisten, deren Deckel durch ein leichtgängiges Pedal angehoben werden konnte. Um Peter vorzuführen, worum es hier ging, taten er und Franz vor seinen Augen je einen Brocken des neuen und vielumworbenen Fertigfutters „Mizzis Vergnügen" in die Kisten, führten Peter heran und drückten seine Rechte aufs erste Pedal: Schwupp, der Deckel hob sich und Peter entdeckte und aß.

Nun konnte der Versuch ernsthaft starten. Peter begriff, dass man etwas mit ihm anstellen, ihn beschäftigen wollte und er schaltete ganz auf Aufmerksamkeit: den Kopf leicht geneigt, die Ohren auf Augustus gerichtet, der jetzt an den beiden Kisten hantierte und mit Augen, denen man anmerkte, dass ihnen nichts entgehen konnte. Mit Absicht fummelte Augustus mit der Futtertüte herum und nachdem er beide Kistendeckel nacheinander angehoben und wieder verschlossen hatte, ließ er in die linke Kiste einen Brocken verschwinden. Peter tat jetzt uninteressiert, was Franz bemängelte.
„Er wartet auf mein Kommando, er geht nicht von selbst los, um das Futter zu suchen."
Genauso war es.
„Peter, such das Leckerli!"
Peter schaute Augustus dankbar an, ging zur linken Kiste, bediente das Pedal und angelte sich mit seiner rechten Kralle das Futter.
„Er hat gerochen, wo es drinsteckte", sagte Franz.
„Nein", widersprach Augustus, „er hat haarklein beobachtet, wohin ich das Futter tat."
Um das zu beweisen, machten Augustus und Franz noch zehn Versuche mit echten Täuschungen, argen Tricks und

vielem Hin und Her – es nützte nichts: Peter „tippte“ immer richtig.
„Katzen sind“, erklärte Augustus, „im Gegensatz zu Hunden mehr Seh- als Riechtiere, jene verfolgen jeder Spur per Nase, Katzen verfolgen so gut wie gar nicht und beobachten und lauern lieber. Sie schleichen sich an und machen einen Überfall, Hunde als Abkömmlinge der Wölfe hetzen ihre Beute müde und fassen sie dann.“

Das Thema Wölfe! Augustus hatte schon früher „seinen“ Grzimek sorgsam gelesen und beschloss nun zum Abschluss von Peters Ausbildung eines der vielen Experimente dieses famosen Tierdoktors vor den drei Kindern nachzuvollziehen. Er verriet nur, dass es damals um Wölfe, nicht wie heute um Katzen ging.

Augustus baute in der Diele jene Versuchsanordnung nach, die Bernhard Grzimek vor Jahren benutzt hatte: Einen Tisch, auf den er eine Lampe stellte, deren Stromzuführung er von einem anderen Tisch aus einschalten oder unterbrechen konnte. Der Lampentisch war groß genug, dass Peter auf ihm Platz nehmen konnte. Um ihn einzugewöhnen, worum es ging, machte Augustus von anderen Tisch her die Lampe an und aus, indem er mit dem rechten Zeigefinger die Taste berührte. Peter schaute interessiert zu, aber, was Augustus und die Kinder nicht bemerkten, er schaute nicht die Lampe, sondern den Zeigefinger an.

Nun kam es anders, als es damals Bernhard Grzimek gedacht hatte. Peter hatte also begriffen, dass er ein Stück Leckerli neben sich nur aufnehmen durfte, wenn die Lampe aufleuchtete. Das klappte so gut, dass Augustus noch mehr Zuschauer herlockte, Frieda, Tante Cilly und Großmutter Clementine, um Zeugen zu haben. Dann platzierte er das Leckerli, drückte den Schalter und – das Licht ging nicht an; ein Kurzschluss vielleicht! Aber: Peter nahm das

Stück brav auf die Kralle und aß es auf! Eine Fehlleistung? Sein erstes Versagen?

Ehe Augustus seinen Zuschauern die Erklärung geben konnte, zeigte Tante Cilly wie ein Schulmädchen auf und sagte:

„Ich glaube, Peter hat nicht auf die Lampe geachtet sondern auf deine Pfote, Augustus, also die Bewegung deines Fingers verfolgt."

(Wir offenbaren hier, dass die Schlaumeierin Tante Cilly ihren Grzimek ebenfalls studiert hatte und diesen Versuch kannte). Augustus beäugte sie misstrauisch, sagte aber nichts. Die drei Kinder waren ebenfalls misstrauisch auf Augustus, der ja als ein Geschichtenerzähler erster Klasse bekannt war, dass er ihnen eben eine „Geschichte" serviert haben könnte. Franz schaut in Grzimeks Büchern nach und findet die Geschichte in „Wir Tiere sind ja gar nicht so!" wieder.

Ehe wir nun neuen interessanten Abenteuern folgen, die mit Liebe, Sexualität und Kinderkriegen zu tun haben, müssen wir daran erinnert werden, dass wir eine der Hauptpersonen Lohburgs fast und ganz und tatsächlich vergessen haben: den Hausherrn Karl! Beziehungsweise sein Verhältnis zu Peter. Es stimmt ja, dass er von allen Hausbewohnern am wenigsten Zeit für Peter erübrigen konnte, wie das nun einmal bei den „Hauptfinanzieren" einer Familie der Fall ist.

Er nahm viel Notiz von Peter und Peter registrierte genau, wann er gewöhnlich heimzukommen habe, und empfing ihn, wenn er sein Auto nahen hörte, schon vor der Garage. Beim zweiten Mal wusste Karl Bescheid, wie er sich zu verhalten habe: Er durfte nicht voreilig aussteigen, wie es eigentlich seine Art war, sondern er hatte die Wagentür zu öffnen und abzuwarten, bis Peter einstieg und es sich, wenn auch für eine Minute nur, auf seinem Schoß bequem machte. Dabei stieß er seinen mächtigen Kopf behutsam unter Karls Kinnlade: Jeder Kenner großer und kleiner Katzen, - vom Löwen über Tigern über Leoparden über Wildkatzen bis zu unseren Hauskatzen, - weiß, dass dies ein gern erlebtes angestammtes Begrüßungsritual ist. Nach dieser Zeremonie fing Peter an, das Auto zu untersuchen, so dass Karl aussteigen und ins Haus gehen konnte. Peter sprang auf den Rücksitz, beschnüffelte die Sachen dort, ob vielleicht Essbares dabei sei und verließ den Wagen. Damit war sein Interesse am fahrbaren Untersitz noch nicht erloschen. Brauchte Peter Wärme, dann stieg er auf die Motorhaube, brauchte er Übersicht, stieg er aufs Dach, wollte er jemanden wohlmeinend erschrecken, legte er sich unters Auto. Diesen seinen Trick kannte hier jeder, doch alle taten, als würden sie sich furchtbar erschrecken, wenn Peter unterm Auto hervorschoss. So jetzt auch Franz, der mit Papas Auto ein paar Meter hin und herfahren und es endgültig in der Garage abstellen durfte. Da kam, ehe Franz ausstieg, Peter noch einmal ins Auto und setzte sich auf Franz' Schoß.

„Da könnte man es“, sagte Franz, „einen Tag lang aushalten, wenn Peter nicht Pipi machen müsste.“

Ja, es galt als Auszeichnung dieser Hauskatze, Zeiten mit ihr verbringen zu dürfen.

Anschließend musste noch abschließend Karls Rückkehr von der Arbeit gefeiert werden: Indem Peter ihn im Büro besuchte, wo er sich im Opastuhl, (antiker Vorläufer des Fernsehsessels), von den Tages Mühen und Plagen auszuruhen gedachte. Früher war es ihm lästig, Peter auf dem Bauch liegen zu haben, als aber Dr. Nepomuk behauptete, ihm sogar verschrieb, „täglich einmal eine Stunde warmen Kater aufm Bauch, gegen Bauchgrimmerei, murrende Koliken und saurer Gastritis“,

da war Peter, der kein Honorar nahm, hochwillkommen.

„Es scheint“, wusste Augustus, „dass Peter durchaus weiß, wer Chef im Haus ist und sich wie ein Domestike darauf einrichtet.“
Es dauerte ein halbes Jahr, bis Peter sich seine Position als anerkannter Hausgenosse erarbeitet hatte. In dieses halbe Jahr fielen seine ersten Liebesabenteuer...

Kinder – Kinder! Teil Eins

Wir haben vorab mitgeteilt, dass Peter weder sterilisiert noch kastriert werden sollte. Er galt zwar nicht als Rassekater nach den strengen Regeln der Züchterclique, war aber ein Rassetier, dessen Gene unbedingt erhalten bleiben und weitergegeben werden sollten – war jedenfalls allgemeine Meinung und die privater Hobbykatzenfreunde im alten Dorf und in der nahen Stadt. Schon sammelten sich die Besitzer schwarzer Katzendamen, über welche Augustus Buch führte und auch Kassierer wurde.

Ort: Der Wintergarten neben dem Garten. Tageszeit: 15 bis 18 Uhr. Tag: Samstag. Anlass der Sitzung: Aufklärung über sexuelle Praktiken im Volk der Hauskatzen. Vortragender: Dr. i. e. V. (in eigener Vollmacht) Augustus I. Teilnehmer: Peter, Tante Cilly, Paul und Kathrin; Franz ließ sich entschuldigen, „er habe zur Zeit (wegen Lisbeth Schurriegel, 16,) genug am Hals“. Wer nun fragt, „wie kann es angehen, 6- und 9-jährigen Kindern öffentlich Unterricht in Katzensozialkunde zu geben“, weiß offensichtlich nichts oder wenig von Zuständen über Familien, die auf dem Land leben und deren Kinder von Kindesbeinen mitbekommen, wie Fortpflanzung funktioniert: Hahn steigt auf Henne, Ganter auf Gans, Mausbock auf Mäusin, Maikäferbock auf Maikäferin und Stubenfliegen-Chef auf Erst-, Zweit- und Drittfrau.

„Es soll Kinder mit 3 geben“, eröffnete Augustus sein Seminar, „die schon wissen, wie’s Papa und Mama mit ihnen gemacht haben.“
„Na-na“, murrte Tante Cilly, „nicht solche Kommentare, mein lieber Augustus. Reiß dich am Riemen!“
Das tat Augustus nun. Aus seinem umfangreichen Tierwissen entstand jrtzt ein Biologie-Unterricht, der an keinem Gymnasium, ob nun humanistisch oder katholisch, abgehalten werden könnte – ein Lehrer mit solch blumiger Sprache würde augenblicklich vom Pedell oder dem Schuldirektor suspendiert!
„Inne Katzen-Praxis isses so, dat de Liebe stets vonne Kätzin ausgeht. Sie is de Verführerin vonnen Kater, der, wie use Peter, noch nix weiß vonne Liebe und so...“
Aus Gründen besserer Lesbarkeit und um die deutsche Sprache, welche die ausdrucksstärkste der Welt sein soll, nicht weiter zu verhunzen, schalten wir jetzt auf „gepflegt“ um. Hier also in längeren Auszügen Augustus’ sonst leicht verständliche Betrachtungen und Informtionen über das Liebesleben der Katzen:
„Die Katzenhochzeit. Zur Brunftzeit – auch Brunstzeit genannt – unternehmen sowohl Kater als auch Kätzin weite Wanderungen von zu Hause weg, besonders wenn sie von anderen Unternehmungen wissen, wo Partner zu finden sind. Ihre Wege sind gut nachzuverfolgen, weil beide ihre Paarungsrufe in die Landschaft schallen lassen, dass allen nicht paarungswilligen Mithörenden die Ohren überquellen und jedes Lachen vergeht.“
Hier machte Augustus eine erwartungsvolle Pause, um dann plötzlich erst den Paarungsruf des Katers und dann den der Kätzin originalgetreu von sich zu geben. Darauf geschah folgendes: Tante Cillys beide Trommelfelle platzten beinahe; Paul und Kathrin erschraken erst bis zum Gehtnichtmehr, bis sie in Gelächter ausbrachen; Peter erschrak nicht, aber er kletterte jetzt auf den alten prächtigen

Kannenschrank aus dem 18. Jahrhundert und drehte seinen hübschen Kopf in alle Richtungen, in denen sich andere Katzen befinden könnten. Seine notorische Rede- und Mundfaulheit, die durchaus einen halben Tag anhalten konnte, unterbrach Peter jetzt, um Liebesgrüße in die erwähnten Richtungen aussenden können.
„Unser Peter“, sagte Augustus, „ist bereits über die Pubertät hinaus- und direkt ins Liebesleben hineingekommen. Wie gut“, fügte er mit Blick auf Tanta Cilly hinzu, „dass der Mensch nicht so herumbrüllt.“

Peter blieb oben sitzen, die anderen setzten sich wieder auf ihre angestammten Plätze. Augustus fuhr fort, wobei ihn Peter, wie er es immer tat, scharf beobachtete:
„Manchmal, nicht immer, ruft die Kätzin nach dem Kater, wälzt sich vor ihm auf der Erde und duldet erste Annäherungen und Zärtlichkeiten. Der Kater seinerseits wirbt um sie durch besondere Laute, die ich nicht wiederholen möchte, er schmeichelt viel und gibt Köpfchen, was unser Peter besonders beherrscht. Oft steigert sich die so genannte Hitze der Erregung derartig, dass beide Partner wie angestochene Teufel umherrennen, die Kätzin stets voran und, vor allem nachts, wenn sich andere Bewerber und Bewerberinnen einzumischen pflegen, eine Serenade oder Nocturno, das sind Abend- oder Nachtmusiken, anstimmen, dass passiven Hörern der Ohrenschmalz schmilzt.“
Hier machte Augustus wieder seine Pause, um Kaffee zu trinken und Kuchen zu essen. Das wollten die anderen auch tun und Peter stieg vom Schrank herab und ließ sich von Tante Cilly versorgen. Augustus fügte derweil ein, dass hier und anderswo während dieser Nachtkonzerte von erbosten und „mordgierigen“ Bürgern aus Fenstern heraus das Gewehrfeuer auf die brunftigen Katzen eröffnet worden sei.

„Heute“, kommentierte er, „wo die meisten städtischen Katzen sterilisiert seien, gibt es diese Konzerte kaum noch.“
„In den nächsten Tagen“, verkündete Tante Cilly und streichelte Peter langsam in den Schlaf, „wird meine Schwester Cosima herkommen und ihre Katze bei uns abgeben, weil sie nach Mallorca zum letzten Versuch möchte, sich einen Kerl zu angeln.“
Augustus ließ sich vorläufig davon nicht beeinflussen und setzte seinen Vortrag fort:
„Auch wenn der Paarungsantrieb einmal vom Kater ausgehen sollte, wird die Kätzin aktiver und fordert ihn zur Paarung auf. Die meisten von uns Menschen“, sagte Augustus verschmitzt, „glauben immer noch, der Akt der körperlichen Vereinigung“, - (welch einen Wortschatz hat dieser Schatz!) -, „sei auch bei Säugetieren ein lustvoller. Bei unseren Katzen jedenfalls ist er ein Akt der Vergewaltigung des Stärkeren gegen Schwächere. Denn der Kater packt seine Kätzin grob im Nacken, und nach Ende der Besamung kreischt sie boshaft auf und scheint sich zu besinnen, dass ihr Gewalt angetan wird: Sie wendet sich dann fauchend und mit ihren Tatzen nach ihm schlagend um, so dass er vor ihr ablässt.“

Pause! Zum Wortefinden und Nachdenken. Paul und Kathrin schauten ihn stumm an und mussten wohl das Gehörte richtig einordnen.
„Liebe Tante Cilly“, fuhr Augustus fort, „es tut mir leid, Katzen und Menschen noch einmal miteinander zu vergleichen. Also: Kaum hat sich der Kater von der Kätzin abgewandt, um ihren Ohrfeigen zu entgehen, da umschmeichelt sie ihn wieder und bittet um Wiederholung. Geschieht so etwas, ich vergleiche, nicht auch in unserer Gesellschaft?“

Tante Cilly war in dieser Beziehung unerfahren, Cilly wusste, dass Augustus dies wusste und sie nur provozieren wollte. Augustus setzte zum Abschluss seines Unterrichts noch eins drauf:
„Manchmal finden diese Hochzeiten in Gesellschaft statt, weil mehrere Kater-Kandidaten zum Zug kommen wollen. Sie kämpfen dann um die Rangordnung und schlagen sich ihre Krallen um die Ohren, während die Kätzin von einem heimlich anwesenden schwächeren Kater noch einmal hergenommen wird. So weiß niemand später genau anzugeben, wer der Vater der Jungen ist – das nennt man dann Vielmännerei; bei uns Menschen gibt es eher die Vielweiberei."
„Bei uns in der Schule", berichtete Kathrin angeregt, „gibt es eine Schülerin, die erzählt, ihren Vater nicht zu kennen."
„Tierkinder", erklärte Augustus, „wissen nichts von Vater und Mutter und wollen nur gut versorgt und geschützt werden – da habt ihr es doch besser, nicht wahr!"

„Ja", rief Paul begeistert, „darum beschützen wir auch unseren lieben Peter, als wäre er ein Geschwisterchen..."
Hier beenden wir den Aufklärungsunterricht und wechseln von der Theorie zur Praxis. Niemand auf Haus Lohburg konnte sich vorstellen, wie hoch es hier in den nächsten Monaten in Sachen „Kinder" hergehen würde.

Es war Peter höchstpersönlich, der noch vor der Ankunft Tante Cosimas den Kindersegen einleitete. Er hatte sich seit einiger Zeit angewöhnt, gefangene Beute vor der Dielentür abzulegen. Erinnern wir uns: Er aß ja seine Fänge nicht und tötete sie darum sehr selten, höchstens in Unglücksfällen, wo die Beute sich gewehrt hatte. Man hatte ihm eine Kiste hingestellt, um seine lebende Beute nicht entkommen zu lassen und sie vorm Freilassen einer Sichtung zu unterziehen: Feld- und Hausmäuse waren des Todes, Wald- und Spitzmäuse wurden wieder ausgesetzt, auch Maulwürfe, wenn sie nicht vor Aufregung vorher verschieden waren. Natürlich wurden auch alle Erdkröten und Waldeidechsen ausgesetzt. An klebrige Gras- und Wasserfrösche ging Peter gar nicht erst heran.

Und was hatte er jetzt in die Kiste gesetzt? Eine junge Katze, im Wald gefunden? Fast uns beinahe, denn ein Kind war's ja, das dort unbeholfen herumhopste und so klägliche Töne von sich gab, dass Frieda und Tante Cilly sogleich antanzten: ein junges Eichhörnchen! Augustus wurde gerufen. Er wusste Bescheid, fragte sich aber:
„Wie ein Eichhörnchen aus dem Nest fallen kann, ist mir in der Tat unverständlich. Das sind doch von Geburt her die besten Klettertiere der Welt."
Kathrin, die just aus der Schule heimkam, brach in Jubel aus:
„Das ist Peters erstes Kind, es ist fast so schwarz wie er."
Und da kam auch Katharina heran. Seit sie unfruchtbar gemacht worden war, hatte sie ihre Zickigkeit abgelegt und dafür eine Mütterlichkeit und Liebesfähigkeit gegen alle Lohburger an den Tag gelegt, die man nicht für möglich gehalten hatte. Sie stand mit allen Neugierigen Lohburgs um die Kiste herum und sprang dann entschlossen hinein. Sie war vielleicht selbst überrascht, plötzlich Mutter geworden zu sein, jedenfalls beschnupperte sie das Eichhörnchen und beschloss, seine Mutter zu sein.

Kathrin unterstützte sie. So kam es, dass Katharina sich in ein Körbchen platzieren und das Eichhörnchen neben sich legen ließ, welches natürlich nicht anderes als Zitzen suchte. Oh ach – oh weh: sie waren aus früheren Zeiten noch andeutungsweise vorhanden, aber leer! Und wieder hatte Kathrin die Idee der Stunde: Aus ihrem Sortiment an Spielwaren nahm sie eine Mini-Babyflasche und füllte sie mit immer vorrätiger Katzenmilch, leicht angewärmt und

verdünnt, und während Eichy, - so schon kuzerhand getauft -, noch verzweifelt nach einer Zitze suchte, schob Kathrin ihm den Gumminuckel ins Mäulchen.
„Hurra und dunnerlüttken, er trinkt!"
Das ganze Fläschchen leer. Und Katharina kannte ihre Mutterpflicht: Diesem Baby den Bauch zu lecken, denn ohne diese Prozedur zur Verdauung und Anregung des Blutkreislaufes würde Eichy nicht überleben. Augustus schlug vor:
„Misch etwas Kraftfutter unter die Milch, zum Beispiel fein geriebene Haselnüsse und du kannst ihm schon in seine Pfötchen, die mir ganz gelungen aussehen, wenn er nach dem Trinken wach geworden ist, eine geschälte Nuss geben. Eifriges Nagen und Knabbern wird seine Hauptbeschäftigung werden."

Wir können hier nicht Eichys Werdegang komplett vorstellen. Wenn wir es täten, würden wir mit Spitzbübereien und tierisch-jungen Schurkereien ein ganzes Buch füllen müssen. Hier nur ein paar Originalitäten Eichys seines kurzen Lebenslaufes auf Haus Lohburg: Er war erst vierzehn Tage Pensionsgast und hatte doch die gesamte Freizeitgestaltung an sich gerissen. Als einer der fähigsten Kletterfritzen des heimischen Tierreiches, als genialer Komiker, der jeden Fernseh-Fritzen und schnellster Reagierer, der jeden Turn- und Olympiafritzen als Amateur erscheinen ließ, turnte, fetzte, wieselte und wuselte er über Tische und Stühle, auf Katerrücken und Pfauenfedern, durch Toiletten-, Bade-, Schlaf- und Chefzimmer. Dabei war er ein Stinktier, das heißt nicht stubenrein und hinterließ überall Küttel und Bächlein.

Nachdem er es auch mit Peter, Katharina, Augustus, Kathrin, Maunzi und Paul verdorben hatte, nahm Augustus ihn mit „in den finsteren und düsteren Forst" und ließ ihn „wie Eichkatz" eine Uraltеiche mit vielen Astabzweigungen emporfetzen und fetzte selbst wie ein vom Schinderhannes Verfolgter davon und heim – „und wenn Eichy nicht gestorben ist“, fetzt er noch heute munter von Ast zu Ast und Stamm zu Stamm...

„Tante Cosima ist angekommen!“
Alle freuten sich.
„Und ihre Katze auch!“
Alle freuten sich außer Tante Cilly. Sie kannte „Micki“ als eine über alles penetrante Schmuserin, welche nur eine Tierart links liegen ließ und mit Verachtung strafte: Katzen!
„...sie ist die Richtige für euch“, hatte sie per Email geschrieben, „denn euer galanter Peter wird sie vor geilen Katern und vierbeinigen Verführern schützen und ihre Unschuld sichern. Noch nie hat sie sich für Männer interessiert und so habe ich sie nicht sterilisieren lassen oder wie das heißt...“
Wir erinnern nur beiläufig daran, dass Tante Cosima, 41, selbst die letzte Chance auf einen Ehemann wahrzunehmen gedachte.

Mercedes-Autos waren Peters Leidenschaft. Er saß gern vorne so auf, dass ihn der allbekannte Stern bestrahlen konnte, und dieses Mal so früh, ehe das Auto endgültig vor der Haustür anhielt. Wer von den Lohburgern just unbeschäftigt war, kam herbei und ließ sich von Cosima verkünden, „nur eine halbe Stunde hier, mein Flugzeug geht in drei Stunden“. Tante Cilly atmete daraufhin auf, aber Augustus, Cosima als erster galant begrüßend, hatte sein Jägerauge bereits wohlwollend über sie und ihre Figur streichen lassen und sich selbst klammheimlich gefragt: „Warum fährt die denn nach Mallorca, dieser schrecklichen Hurenbockinsel?“

Doch auch er musste seine Aufmerksamkeit Micki zuwenden, die nun stolzierend das Auto verließ, Peter entdeckte und zu ihm hochsprang.
„Gnädige Frau“, verkündete er, „die beiden sehen aus wie ein Ehepaar auf Hochzeitsreise.“
Wenn Cosima Worte hörte, welche etwas mit „Hochzeit“ zu tun hatten, klopfte ihr einsames Herz auf Galopp, und so ruhten ihre Augen auf Augustus länger als sonst bei Angestellten üblich.
„Nicht schlecht der Mann“, funkten ihre Augen ins Gehirn.

Doch lassen wir die beiden Ehestandskandidaten jetzt links oder rechts liegen und wenden wir uns den beiden Hauptpersonen zu. Ob auch ihre Herzen bereits beieinanderschlugen wäre nur mit einem Blutdruckmessgerät zu erkunden gewesen. Cosima verabschiedete sich festen Glaubens, Micki so unschuldig wie jetzt wiederzusehen. Wir greifen vor und teilen mit, dass ihr Mallorca-Besuch ergebnislos verlief.

Nachdem Peter und Micki vom anfahrenden Auto gesprungen waren, bestimmte Peter, ohne es recht zu wollen, die folgenden Spaziergänge durch Haus und über Hof und auch die Aktivitäten. Micki kannte als geborene Stadtkatze kaum andere Lebewesen wie Hunde, Spatzen, Kanarienvögel und Stubenfliegen. Diese fing sie gekonnt mit Links und führte sie dann mit Rechts „sehr vornehm zum Munde“. Ihre zweite eigene Aktivität bestand darin, dass sie Pollux’ verwaiste Hütte beschlagnahmte und die darin brütende Perlhuhnhenne verjagte. Augustus rettete die auszubrütenden Küken, indem er die Eier von einer Hühnerhuhnhenne ausbrüten ließ.

Cosima hatte eine dicke Ladung städtisches Katzenfutter dagelassen, das nun, zur Mittagstischzeit, Micki serviert wurde. Inzwischen aber, es war 11 Uhr 59 geworden, folgte sie lieber Peter in Friedas Küche, wo eine Salzkartoffel bereitlag – Peters Salzkartoffel! Schlapp – Micki wischte sie vom Tisch und aß sie unten auf. Klacks – Frieda musste für Peter eine neue bereitlegen. Weil daraufhin beide Katzen auf den Hof zurückkehrten, konnte die Lohburger Familie ihr Mittagessen unbehindert zu Ende führen.

Am Nachmittag. Peter und Micki kannten sich bereits ein paar Stunden, aber selbst Augustus' scharfe Augen konnten nicht einen einzigen winzigen Ansatz zu einem erotischen Techtelmechtel erkennen.

„Ist Peter vielleicht einer ‚von jenseits der Grenze', wie man hier sagt?", fragte Augustus Tante Cilly.

Cilly kannte solche Fragen nicht. Wie bei Eichhörnchen Eichy sollte Micki nicht Dauergast auf Lohburg werden, so dass wir uns hier nicht seitenlang mit ihr befassen können. Man wunderte sich auf Lohburg ein wenig, dass Cosimas Behauptung, „Micki wird sich gegen jede fremde Katze aufsässig, arrogant und rabiat erweisen", nicht zutraf. Aber Schmusereien, wie Augustus argwöhnte, kamen nicht vor, denn Peter und Micki benahmen sich wie ein menschliches Ehepaar zehn Jahre nach der Goldenen Hochzeit: eingefleischten Ritualen gemäß.

Doch eines war einigen Schläfern, die gern bei offenen Fenstern schlafen, nicht entgangen: ein Schrei in der Vollmondnacht! So, wie Augustus ihn beschrieb, als wäre ein stummer Mensch von Satanas selbst umarmt worden. Tante Cilly beschrieb ihn so:

„Als hätte ein stummer Delinquent seinen letzten Ton unter der Gulliotine ausgestoßen."

Franz beschrieb ihn so:

„Als erführe ein Lottowetter, dass er doch keine sechs Richtigen getiptt hatte."

Und Großmutter Clementine, welche just den Spüler ihres Lokus gedrückt hatte, beschrieb ihn so:

„Er klang wie eine ungeölte Bandscheibe Klemens'!"

Wie auch immer: Nur Peter und Micki wussten, wie er entstanden sei. Alle anderen mussten raten und warten, bis Cosima vom Urlaub zurück war und eines Morgens eine Überraschung erlebte...

Bis dahin ist Zeit, Peters zweite Vaterschaft vorzustellen. Sie hängt mit dem Verhaltensforscher Konrad Lorenz zusammen, der behauptete, dass bei allen Neugeborenen, die aus einem Ei zu kriechen hätten, der- oder diejenige Vater- oder Mutterrolle zu übernehmen habe, den eben jenes Neugeborene zuerst erblickt.
„Warum?“, fragte Augustus aus aktuellem Anlass, „haben Schöpfung und Evolution sich diesen Trick einfallen lassen?“
„Heureka!“, rief Franz antwortend, „ich hab’s! Weil es in freier Natur oft genug vorkommen mag, dass vom einen, nehmen wir Entengelege, von zehn schlüpfenden Küken eines oder auch zwei und mehr, im Gewusel der Geburt ein anderes erwachsenes Wesen sehen, das Vater- oder Mutterstelle annehmen könnte – und wenn’s ein Elefant, Gorilla, Katze oder Mensch wäre.“
„Unser Ältester“, flüsterte Carla ergriffen, „ist doch ein einmaliger Deubelmordskerl!“
„Also“, warnte Augustus, „Vater werden ist leicht, Vater sein dagegen schwer.“

Genau das war Peter passiert! Weil er gegen Wassergeflügel nichts einzuwenden hatte und dieses ihn hier sogar gern mochte, blieb er einen Meter neben dem Daunennest von Ente „Felizitas“ stehen, als ein Dutzend Enteneier sich in Entenküken zu verwandeln begann. Er schaute sogar interessiert zu, wie die Eischalen von innen angeknabbert wurden, Schnäbelchen in der Öffnung erschienen und dann bald ihre Besitzer auf die Erde purzelten.

„Na“, hätte jeder andere unerzogene Kater gedacht, „das scheinen ja schmackhafte Happen zu sein.“
Ein Küken rollte Richtung Teich und Peter, der vom Verhalten solcher Neulinge nichts wissen konnte, hielt seine Rechte bremsend vor. Das schon trockene Küken reagierte wie schon zigbillionen Küken vor ihm: Es suchte Unterschlupf und Sicherheit an seinem warmen, trockenen Fell, sagte Piep und Pieps und schlief ein, während Felizitas mit ihren elf Kindern auf den Teich zog, um ihnen schwimmen und essen beizubringen.

Weil nun Tante Cilly hinzutrat und sich hinter Peter auf der Teichbank niederließ, blieb auch er. Beide vereinte Ruhebedürfnis und das Beschauliche eines belebten Wassers. Peters neues Kind piepste zwar zwischendurch, aber Tante Cilly hatte noch nicht bemerkt, dass es zwischen seinen Füßen hockte. Nach einer Stunde wurde es kühl am Teich, die Mücken schwärmten aus, und Tante Cilly erhob sich zum Heimgang. Als Peter ihr folgte, sah sie „die Bescherung“: Jung-Felizitas lief sozusagen unter Peters Körper mit. Wir benutzen noch einmal einen schon erwähnten Begriff:
„Ein Bild für die Götter.“
So ging es bis auf den Platz vor der Diele weiter, wo Augustus aus dem Staunen nicht herauskam und sagte:
„So geht’s nicht weiter, wie sollen wir das Kleine ernähren!“
Da wurde nicht lange gefackelt. Augustus nahm es auf und ließ Peter zum Teich mitgehen. Dort war Mutter Felizitas an Land gegangen und huderte ihre elf Kinder. Sie war handzahm gegen Augustus und ließ es zu, dass er das Küken unter ihre Fittiche schob, dort eine Weile festhielt und dann mit Peter im Geschwindschritt die Umgebung des Teiches verließ. Es klappte: Noch am Abend schwamm Felizitas mit ihrem Dutzend zur Teichmitte, wo eine Insel

aus dem Wasser ragte und eine Übernachtungshütte zum Nächtigen einlud.

Peter konnte es nicht lassen. Seine Fangerfolge zwangen ihn nach draußen in Feld und Flur, wo er einer Fasanenhenne ein Küken wegnahm und in die bekannte Kiste legte. Hier in der Mark waren diese Hennen nicht sonderlich scheu, weil man sie im April aus Zuchten ausgesetzt hatte. Wie päppelt man ein solches Tier auf? Es konnte zwar schon picken, aber wovon lebte es in freier Natur? Es war diesmal Großmutter Clementine, die Hühnersachverständige, welche früher das gesamte Geflügel eines großen Bauern betreut hatte:
„Augustus, du Alleskönner, leg es einfach einer Henne unter, die gerade am Eierlegen ist. Wir werden sehen, dass man sie hereinlegen und ihr ein Kind unterlegen kann."
Peter interessierte sich stets für das Schicksal seiner Fänge und ging mit. Und tatsächlich: Eine Henne hockte im Legekasten und sträubte sich nur leicht empört gackernd, als Augustus ihr das frische Ei fortnahm und das Fasanenküken unterschob. So gab es eine Viertelstunde wieder ein Bild für die Götter, als die Henne „ihr einziges Kind" spazierenführte. Nach vierzehn Tagen, das Küken konnte entgegen echten Hühnerküken schon nach acht Tagen fliegen, sah man, das es ein stolzer bunter Hahn werde würde.
„Den haben wir vor den Herbstjägern gerettet", sagte Großmutter zufrieden, „und in unsere Pfanne gerät er auch nicht."
Nichts Genaues wusste man dann nach einem Monat, denn der Junghahn kehrte von einem Aus-„Flug" nicht zurück.

Und Tante Cosimas Ausflug?
„In Mallorca gibt's nur Macker", schrieb sie empört, „die nichts anderes wollen als nur das Eine."

Sie war deswegen verdreht, weil ihr Sinnen und Trachten sich ganz und gar auf Augustus ausgerichtet hatte, und im Vergleich mit diesem wackeren Deutschen konnte kein Hispanier und Mallorciner mithalten. Ihr Herz schlug wunderlich, wenn sie an die Heimfahrt, an Augustus und an Micky dachte. Würde Peter ihr etwas angetan, würde Augustus gut für sie gesorgt haben? Überhaupt, kam ihr plötzlich zum Bewusstsein, dass ihre gute Micky mehr verdiene als ihre, Cosimas, frivole und kaum tiergerechte Etagenwohnung der Stadt, in der es weder Mäuse noch andere Katzen gab und Micky Tierfilme im Fernsehen anschauen musste, um etwas von ihrer Welt verstehen zu können?
„Ich möchte auch auf dem Land wohnen!“, rief Cosima in ihr leeres Appartement hinein, als sie zum Flugplatz aufbrach, um nie mehr nach Mallorca, wenigstens als Single nicht, zurückzukehren, „ich habe Knete genug, mir dort ein Haus zu kaufen oder bauen zu lassen.“

Zum Stichwort „Wunder“ schreibt ein Internet-Lexikon folgendes:
„Als Wunder (griechisch thauma) gilt umgangssprachlich ein Ereignis, dessen Zustandekommen man sich nicht erklären kann, so dass es Verwunderung und Erstaunen auslöst. Es bezeichnet demnach allgemein etwas Erstaunliches und Außergewöhnliches.“
Solche Worterklärungen waren auf Lohburg selbst Augustus unbekannt. Aber Lohburg sollte für ihn und Cosima bald ein Wunderort werden, wenn man auch jetzt, als Cosimas Auto anrollte, davon noch nichts bemerken konnte. Peter und Micky hockten eng beieinander auf dem Hinrichtungs-Hauklotz, verzogen keine Miene und machten auch keine Miene, Cosima zu empfangen. So musste das Hausherrin Carla unternehmen, welche wir in unserer Abhandlung sträflich etwas vernachlässigt haben – und doch

war sie es, die mit ihren internen Vermutungen dem baldigen Geschehen am nächsten kam.

Denn war es nicht sonderlich, dass Augustus sie in der letzten Woche zweimal gefragt hatte, „wann kommt denn Tante Cosima vom Urlaub zurück?“ und dabei ein unbeteiligtes Gesicht aufsetzte. Also Cosima stieg aus und ging nach Carlas Begrüßung zum Hauklotz, um ihre Micky zu begrüßen. Peter und Micki aber flüchteten, und zwar ins offen gelassene Auto hinein. Inzwischen hatte sich die Bevölkerung Lohburgs, weil heute Sonntag war, rundum versammelt. Kathrin folgte den Katzen, die anderen der Aufforderung Friedas, sich zum Nachmittagskaffee zu versammeln und Katzen Katzen und Kathrin Kathrin sein zu lassen.

Am Tisch teilte sich die Unterhaltung in Erleichterung, der spanischen Insel heil entkommen zu sein, Micky wiederzusehen, Cosima wiederzusehen und Augustus wiederzusehen. Nur Carla sah wieder die hin und herzischenden Blicke der beiden letztgenannten Personen. Um keine Verlegenheiten aufkommen zu lassen, brachte sie das Gespräch immer wieder auf Micki und Peter, „die zusammenpassen wie Pech und Schwefel, Tristan und Isolde, Roméo und Julia und herumgluckten wie ein echtes Ehepaar“.

„Peter hat sich wie ein Gentleman benommen“, ergänzte Augustus, „und sogar andere Katzen davon abgehalten, sich Micky unzüchtig zu nähern.“

Der Gelobte erschien nun zu Tisch, um sich ein Stück des „furchtlosen Butterkuchens“ abzuholen, den Carla „weltweit am besten“ zubereiten konnte. Er verzehrte die eine, Micky die andere Hälfte.

„Eigentlich“, gab Franz zu bedenken, „ist es grausam, die beiden jetzt wieder zu trennen. Sie haben sich wie zwei Verlobte so einander genähert, dass eine Hochzeit anstehen müsste.“

„Ja“, stimmte Paul zu, „und ich schlage vor, dass Micky hier wieder antanzen darf, wenn sie es will.“
„Ja“, warf Kathrin dazwischen, „und Tante Cosima ist hier auch gern gesehen, nicht wahr, Augustus?“
Augustus stimmte zu und Kathrin schob nach:
„Willst du nicht mit Micki nicht zu uns ziehen, Tante Cosima?“

Wir wollen hier das sich anbahnende Techtelmechtel nicht weiter ausarbeiten und auf den Abschied kommen. Peter und Micky mussten wohl sowas wie Lunte gerochen haben, denn schnurrdiburr fegten die zwei Mäusejäger ins Auto und verkrochen sich in den Kissen des Rücksitzes. Augustus, der Herr und Kommandant Peters, befahl ihm im Zivilton, herauszukommen – Peter war zum ersten Mal ungehorsam! Nun ließ er Cosima Platz nehmen und die Vordertüren schließen, er selbst kroch hinten ins Auto und nahm Peter sanft von Micky fort, beide wehrten sich nicht.
„Ich habe lange nicht mehr, Herr Augustus“, fuhr es Cosima von den Lippen, „einen attraktiven Mann im Auto gehabt.“
„Ich bin schon lange nicht mehr“, antwortete Augustus, „mit einer attraktiven Frau in einem Auto gesessen.“
„Ich komme bald mal wieder vorbei“, sagte Cosima, „wenn Micky hierhin Heimweh hat.“
„Auch Menschen können Heimweh haben“, dozierte Augustus, stieg aus und hielt Peter fest, als das Auto anfuhr und hinterm Hoftor verschwand.
„Ich möchte wetten“, sagte Großvater Klemens, „die haben sich nicht nur über Katzen unterhalten.“
Niemand wollte mit ihm wetten...

Bevor wir etwas später mit unserer Erzählung in Cosimas und Mickys Behausung abschwenken, müssen wir einer Anklage folgen, die Peter und Karl ins Gesicht geschleudert wurde:

„Ihr Kater wildert!“
Jagdrevierinhaber Philip Graf von Philipsburg, 46, war hergekommen, um einmal richtig Rabatz „mit diesen idiotischen Katzenhaltern“ zu machen, welche ihre Viecher nicht zu Hause halten können und die abgeschossen gehören. Jetzt ließen zwei Erscheinungen seinen Groll in fast Nichts zerrinnen.

Die eine: Als Karl den Begriff „Wildern“ vernahm, zuckte sein Gesicht zusammen, als hätte er eine unreife Zitrone geschluckt, und dieses Zucken legte der Graf, - der kein Graf war, sondern nur diesen Titel als Teil seines Namens tragen durfte -, als Folge seiner Anschuldigung aus; das wollte er gar nicht, denn eine gute Nachbarschaft war ihm lieber als Rabatz. Karl jedoch war zusammengezuckt, weil seine Fantasie ihn um ein paar Generationen zurückversetzt hatte: Als Wilderer noch entweder einen Kopf kürzer gemacht oder mit Blei gespickt wurden.

Die andere: Philip gegenüber, mitten auf dem Tisch, hatte Peter seine bekannte Habachtstellung bezogen, bei der er seine voll ausgefüllten Pupillen den Sprecher gedanklich so in die Knie zwangen, dass dieser, wie hier, alle Vorhaben, die schwierig erschienen, vergaß und in der Hosentasche verschwinden ließ.
„Unser Peter wildert nicht“, sagte Karl gepresst, „er hat einen einsamen Junghasen behutsam zu uns nach Hause gebracht und wie ein leiblicher Vater behütet. Ich habe den kleinen Meister Lampe Ihrem Revieraufseher übergeben, der ihn von Frau und Tochter hochpäppeln und dann der Natur zurückgeben wird.“
Wenn Karl einmal gefordert wurde, war er nicht leicht zu stoppen:
„In dieser Art und Weise hat das Junge sogar eine größere Chance zum Überleben als draußen bei Füchsen und Habichten – unser Peter hat ihm sozusagen im voraus das Leben gerettet.“

Das war so treffend formuliert, dass Philip schwieg und Peter Karl auf den Rücken kletterte, als wolle er mit ihm Front gegen einen imaginären Gegner machen.

Der Besucher vermochte noch immer nicht den Blicken Peters widerstehen und schaltete um:

„Schon gut, ich bin aus einem anderen Grund gekommen."

Lügen haben lange Beine, sagt ein Sprichwort, und Notlügen sogar Stelzbeine.

„Ich bin hergekommen", schwindelte Philip, „vielmehr von meiner Frau hergeschickt worden, um mit Ihnen über ihn sprechen zu können."

Bei „ihn" zeigte er auf Peter und versuchte ihn herzulocken, er ließ sich locken und nahm auf seinem Schoß Platz.

„Sie ist eine Katzennärrin sondergleichen und hat von ihm gehört, dass er edler Abstammung sein soll."

„Das stimmt", sagte Karl, „alter Katzenadel seit 1500, aber ohne Papiere und dergleichen Schnickschnack."

„Wir besitzen eine gleichschwarze Kätzin und nach der Mendelschen Erblehre kann aus Schwarz nur Schwarz entstehen."

So wurde wörtlich über Peters Kopf hinweg beschlossen, dass die schwarze Schöne namens „Bettina von Philipsburg" für eine Woche auf Haus Lohburg in Pension „mit vollem Familienanschluss" gehen solle.

„Wir können für nichts garantieren", sagte Karl und ließ Augustus, der herangekommen war, den Satz vollenden:

„Wir wissen nämlich nicht genau, ob Peter schon irgendwo irgendwann eine Kätzin gedeckt hat – er ist so schrecklich zurückhaltend."

Peter miaute anerkennend, stieg ab, ging davon und kam nach fünf Minuten mit einer Waldmaus zurück, die er Philip in die Jackentasche stecken wollte.

„Unser Peter ist die zuvorkommenste und dankbarste Katze der Welt", sagte Augustus und fügte hinzu: „Ich möchte als Bräutigamsvater mit Peter zu Ihnen kommen, damit er und Bettina sich beschnuppern können, ob sie zueinander passen."

Sie passten wohl, denn drei Tage später wurde Bettina auf Lohburg ausgeladen und von allem, was Flügel oder Beine hatte, in Augenschein genommen. Drei Tage und Nächte lang zogen sie und Peter durch die Gefilde Lohburgs, hetzten ein paar Köter im Wald und auf der Heide und schwiegen so beharrlich, dass niemand wusste, ob es zwischen ihnen gefunkt hatte. Am vierten Tag wurde Bettina so unleidlich, dass man beschloss, sie heimzubringen.

Junge Mädchen, ganz klar, kann jede besorgte Mutter fragen, „ob du etwas mit einem Kerl gehabt hast oder nicht", aber Bettina zu fragen war, ganz klar, aussichtslos. Da musste man abwarten. Nicht mehr abwarten mochte Tante Cosima, die ihre Schwester telefonisch herbat oder noch besser „du schickst mir einen Katzenfachmann herüber". Sie hoffte, dass Tante Cillys Wahl auf Augustus fallen würde.

„Fahr rüber, Augustus und sieh nach, was mit Micky los ist."

Also das Navi her, Daten eingegeben, „Peter rin inne Karre" und ab ging der Amateur-Notarztwagen in die Stadt!

Peter hatte schon einige PKWs bestiegen und von allen Seiten innen und außen untersucht, ihr Duft und ihre Aura gefielen ihm, aber mitgefahren? Nein! Nun saß er brav neben Augustus im Kindersitz und vorschriftsmäßig angeschnallt, betrachtete fasziniert die vorbeiziehende Landschaft und sagte Miau, wenn ein Hund in sein Blickfeld geriet. Es war ganz kar: Er genoss die Fahrt im Beisein seines besten Freundes.

Wie das normale Leben so spielt: Augustus geriet in eine Ein-Mann-Verkehrskontrolle. Der Polizist, schwarz wie Peter gekleidet, wollte wie üblich zur Fahrertür gehen, da sah er Peter und marschierte zur anderen Seite. Augustus ließ dort das Fenster herunter und ahnte nicht nur Schwierigkeiten, sondern auch Übles. Peter tat das nicht. Wohl von der Uniform inspiriert senkte er seinen Klassekopf, sagte Miau und Mio und wartete. Es stellte sich heraus, dass Polizeiobermeister Lukas Möller, 34, entweder ein Katzenkenner oder wenigstens –besitzer sein musste, denn seine Rechte, gewohnt Strafmandate aufzunehmen, folgte Peters Aufforderung zum Kraulen im Nacken. Dann folgte Augustus Möllers Aufforderung zum Andieseitefahren.

Dort machten sich die Männer gegenseitig bekannt.

„Ich habe ja schon", sagte Möller, „manche schöne und herrliche Katze gesehen, aber diese hier...? Ist es ein Kater?"

„Ein Kater", antwortete Augustus.

„Ist er sterilisiert oder kastriert?"

„Adelige macht man nicht unfruchtbar, Herr Kommissar", antwortete Augustus pikiert.

Peter schmuste derweil mit der Polizei derart, dass erste Zuschauer sich einfanden.

„Meine Frau", sagte Möller vertraulich, „besitzt eine reinweiße Kätzin und möchte das Experiment wagen, welche Kinder dabei herauskommen, wenn sie sich mit einem reinschwarzen Kater vermählt."

„Da gibt's dann", erklärte Augustus, „allerlei weiße, schwarze und schwarzweiße oder weißschwarze Kätzchen, aber keine grauen."

Lange Rede – kurzer Sinn: Man tauschte Adressen aus und vereinbarte, dass Herr und Frau Möller nebst ihrer weißen Katze Haus Lohburg zwecks Ehestiftung bald besuchen durften...

Vor Cosimas Häuschen nahm Augustus Peter auf den Arm, weil hier viel Verkehr herrschte und Peter verwirrt

werden könnte. Ehe Augustus die Türklingel betätigte, schoss ihm ein explosiver Sofortgedanke durchs Gehirn, den er später, als alles mit Cosima in sicheren Tüchern war, so formulierte:
„Wie kann man hier nur wohnen!“
Eine Frage mit einem Ausrufungszeichen! Cosima kam selbst zur Tür und öffnete sie – hätte jetzt ein exzellenter Beobachter dabeigestanden, so hätte dieser folgendes bemerken können: dass nämlich drei Herzen spontan und gleichtzeitig höher schlugen! Zählen wir sie der Größe nach auf.
1.) Peters Herz. Hinge es an einer EKG, würde die Nadel nichts als wirren Irrsinn aufzuzeichnen, wohl sogar das Papier zerkratzt haben. Kein Kardiologe wäre daraus schlau geworden!
2.) Cosimas Herz. Es war, als sie die Zusage des Besuchs erhalten hatte, schon ein paar Stunden lang munter leicht erhöht dahingetrabt und hatte Cosimas Kreislauf angeregt wie ein „Schluck aus der Pulle“.
3.) Augustus’ Herz. „Es ist“, hatte Dr. Nepomuk schon einmal diagnostiziert, „sowieso ein Wunder von Schöpfung und Evolution, wie es unter Milliarden Erdbewohnern nur einmal vorkommen mag.“ Es zeiget nun Springreiterqualitäten, soll heißen, es hüpfte von Hürde zu Hürde, denn Augustus’ Augen, stets allen Naturschönheiten zugewandt, sahen nun ein Persönchen, das jeder Berliner voll überzeugend als „schnieke Puppe“ klassifiziert hätte.

Wenn es nach diesen drei Herzbesitzern allein gegangen wäre, ständen sie noch heute als Denkmäler da auf dem Bürgersteig, aber aus dem geöffneten Haus drangen dringende Mahnrufe: Sie stammten von Micky!
„Wir dürfen sie nicht lange allein lassen“, sagte Cosima und schritt voran, das heißt, Peter flutschte Augustus vom Arm und stürmte treppauf als erster ins Haus. Ob Peters Herz noch einmal einen Takt zulegte und Mickys dazu, als

sie sich wiedersahen, ist nicht überliefert. Tierbesitzer wissen ja, dass Tiere zwar höchste Aufregungen auch vorm EKG nicht verbergen, aber für den normalen menschlichen Betrachter unsichtbar machen können.

Augustus und Cosima behaupteten später, es hätte keine Orgie voller Wiedersehensfreude und Wiedererkennen gegeben. Auch keine sexuellen Annäherungsversuche von Micki, wie sie Cosima erwartet hatte, „sie sind beide einfach ins Schlafkörbchen losgezogen und haben eine Stunde lang miteinander geschlafen".

„Und was fehlt der guten Micky denn", fragte Augustus, „ist sie vielleicht unpässlich wie eine Jungfer nach dem Schützenfest."

„Das ist gut hinterfragt", antwortete Cosima, „manchmal glaube ich mir vorstellen zu können, sie lege das Gebaren einer schwangeren Jungfrau an den Tag."

Augustus nahm Micky hoch, konnte aber keine Zitzen und einen strammeren Bauch erfühlen.

„Wie lange ist es her?", fragte er, „dass sie bei uns in Lohburg war?"

„Vierzig Tage jetzt. – Glauben Sie, dass sie schwanger ist?"

„Fahren wir zu Dr. Nepomuk", sagte Augustus, „der wird's uns sagen können."

So besuchten sie zu viert diesen netten Tierarzt. Dort machte Peter erst einmal seine Inspektion, beroch und betrachtet im Wartezimmer malide und halbkranke Patienten wie Rottweiler „Markus", Edelpudel „Hinz vom Barkhof", Meerschweinchen „Muffi" und Blaupapagei „Eduard von Schwätzler", die alle an irgendwelchen Zipperlein litten und nicht wagten, Peter anzufauchen, anzubellen oder anzuquatschen.

Dr. Nepomuk, in der Literatur bewandert wie andere Mitmenschen in Bars, schritt auf Cosima zu und verkündete:

„Und man sah, oh Wüstenei, dass das Weibsbild schwanger sei!“

„Also doch“, sagte Augustus, „unser Peter, dieser Schlingel.“

„Also doch“, sagte Cosima, „meine Micky, diese Schlingelin.“

Sie sah ihn so bevölkerungspolitisch an, dass ihm das Herz überlief, (medizinisch unmöglich!), und er sagte:

„Wir sollten diese Kätzchen gemeinsam aufziehen.“

„Hier, in meiner Wohnung?“, fragte sie unschuldig lächelnd.

„Nein“, sagte er, „auf Haus Lohburg.“

„Darauf lassen Sie uns, lass uns einen trinken.“

Und wie so vieles, das in einer trauten Zweisamkeitsrunde ausbaldowert wurde, hatte auch dieses Hand und Fuß und eine gute Zukunft: Augustus und Cosima bildeten von nun ab ein Paar, ein Pärchen erst noch, das rasch gute Formen annahm und in einem schmucken Einfamilienhaus auf dem Gelände Lohburgs sein vorläufiges Ende fand.

Bild 1: Peters Vater, von einer Kamera überrascht

Bild 2: Peter und Rattenkönig Birlibi

Bild 3: Peter betrachtet das Aquarium

Bild 4: Eines von Peters niedlichen Kindern

Bild 5: Peter mit seinem Freund vor der Hundehütte

Bild 6: Peter mit seiner weißen Freundin

Bild 7: In Stiefeln kann man gut ruhen

Bild 8: Die Kinder haben Peter ein Lätzchen umgebunden

Bild 9: Peter turnt mit einem Fußball

Bild 10: Peter hält, kein Tor!

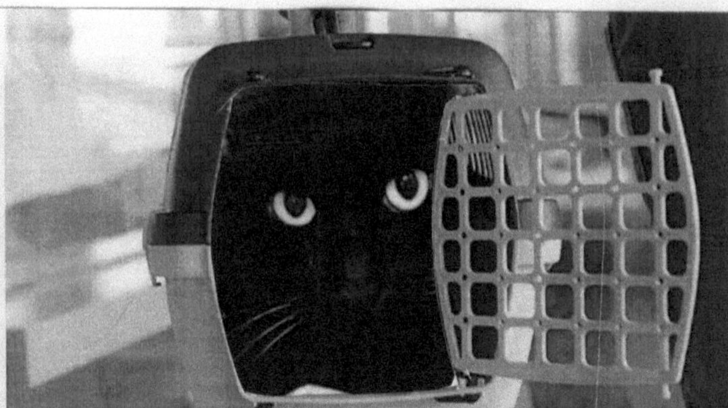

Bild 11 und 12: Peter bestaunt das Klavier
Peter im Transportkäfig, er blieb nur drinnen, wenn die Tür offen war

Bild 13: Peter schaut interessiert aus dem Flugzeug

Bild 14: Peter auf dem Katzenhof in Florida

Bild 15 und 16: Peter mit Freundin zwischen Hasen
Peter als großer Springer

Kinder – Kinder! Teil Zwei

Als Bräutigam Augustus nun seine Braut Cosima verließ, nahm er Micky, in einem Käfig verstaut und von Peter hinten auf dem Rücksitz bewacht, schnurstracks nach Haus Lohburg mit. Während Cosima daheim blieb und mit der Auflösung ihres Haushaltes begann.

Aber wir lesen hier keine Liebes-, sondern eine Katzengeschichte! Augustus glaubte Micky ansehen zu können, dass sie sich beim Freilassen auf Lohburgs Hof „wie ein Schneekönig freue". Von allen Mitgliedern wurde sie geherzt und betütelt, als sie mit Peter ihre Erinnerungen hier durch Spazier- und Kontrollgänge auffrischte. Eine Debatte „sollen wir ihr ein feines Nest für ihre Kinder machen oder nicht?" wurde von Tante Cilly abgeschmettert mit dem wohl richtigen Argument, „und wenn wir Micky zehn Vorschläge unterbreiten, wird sie sich den elften selbst beantworten". Sie, Tante Cilly, blühte richtig auf unter der Vorstellung, dass ihre Schwester demnächst herkomme, um das weibliche Geschlecht auf Lohburg zu verstärken.

Dieses weibliche Geschlecht unter Carlas Führung und Friedas Beihilfe ließ den guten Augustus im Glauben, er habe die neue Liaison eingefädelt und dann ins Rollen gebracht. Wir erwähnen nur beiläufig, weil es eine beiläufige Geschichte ist, dass die Fäden des Eros und Amor schon seit Wochen von Carla und Tante Cilly gesponnen wurden. Als Karl nun eingeweiht wurde, stimmte er zu und gab auch das Grundstück zum Bau eines Einfamilienhauses her. Augustus und Cosima wurden sich rasch einig, dass es eins der ganz modernen Fertighäuser im hier ländlichen Stil sein sollte...

Wir haben in letzter Zeit eine Persönlichkeit Lohburgs sozusagen sträflich vernachlässigt: Katzen-Oldie-Mutter Katharina. Nichts deutete mehr darauf hin, dass sie einmal

„die geilste Kätzin Lohburgs“ gewesen war, doch eine ihrer damaligen guten Eigenschaften hatte sie beibehalten: ihre Mutterliebe. Als Micky hier ihren zweiten Einzug hielt, nahm Katharina sie freundlich in Empfang und zeigte ihr viele geheimnisvolle und geheime Ecken, in denen man Katzenkinder unterbringen konnte. Aber eines sah jeder Kenner: Katharina war alt geworden, eine alte Matrone sogar, um es verständlich und menschlich auszudrücken, und so begann ihr Sohn sie ausnehmend höflich zu behandeln: Ihr den Vortritt zum Fressnapf lassend; ihr eine Maus zu Füßen legend, die sie wegen Karies nicht anrührte; ihr den schwarzen Kopf leckend, weil sie wegen Rheuma dort mit ihren Pfoten nicht hinkam; und sie auch zu striegeln und zu kämmen, wenn er ihr Fell unordentlich fand – summa summarum war Peter seiner Mutter gegenüber ein Sohn, den sich jede zweibeinige Mutter von Herzen wünschen mochte. Wir verkünden jetzt schon vorab, dass Katharina im folgenden Winter „irgendwo verschütt gegangen ist“, vielleicht dort in finsteren Wald, wo sie einst Peters Vater kennen- und liebengelernt hat.

„Auf einem Katzengrab, da blühen keine Rosen,
auf einem Katzengrab, da blüht kein Blümelein!
Der einzig Schmuck, das sind die frohen Nager...“

Augustus kam erst jetzt dazu, sein Abenteuer mit dem Polizeimann Lukas Möller zum besten zu geben. Man lachte, feixte und spottete und Franz schlug sein Leptop auf und zitierte aus dem Internet:
„Weiß ist die hellste aller Farben. Es ist, wie Schwarz und Grau, eine unbunte Farbe. Weiß ist keine Spektralfarbe, sondern entsteht durch ein Gemisch aus Einzelfarben, das den gleichen Farbeindruck hervorruft wie Sonnenlicht.“
Er fügt hinzu, wofür Weiß steht und gilt: Königlich, für Hochzeit und Reinheit, Unschuld und Jungfräulichkeit.

„Mit Weiß“, weiß Großvater Klemens, „wird am meisten gemogelt.“

So erwartete man diese Reinweißkätzin auf Lohburg und mutmaßte, dass Peter mit solch einer Dame wenig anzufangen wüsste. Sie steckte im allseits bekannten Katzenkasten und war während der Anreise höchst ungeduldig und reizbar geworden, dass Lukas und Lucia Möller rieten, den Kasten einfach wie unbeachtet oder vergessen eine Weile neben dem Auto stehen zu lassen.

„So hat Ihr Kater“, sagte Lucia, „Zeit und Gelegenheit, unsere Charlotte zu beschnüffeln und kennenzulernen, ohne dass es sofort zu einer Keilerei kommt.“

„Keilerei?“, fragte Augustus zurück.

„Ja, Charlotte ist eine feine hochadelige Dame, die sich normalerweise nicht mit einfachen Hauskatern abgibt.“

„Einfacher Hauskater?“, schalt Augustus böse, „es ist wohl das beste, Madame, Sie hauen mit Ihrer Katzentöle wieder ab!“

Ehe es Streit gab, kam Peter angeschlendert und baute sich vor dem Drahtgitter des Kastens auf. Charlotte beendete augenblicklich ihr Murren, Maunzen, Meckern und Giften und streckte ihre rechte Pfote nach draußen. Nun geschah etwas, das noch nie je ein Mensch, vom ersten Homo sapiens bis heute, gesehen, jedenfalls nicht berichtet hat: „Peter küsste Charlotte die Hand.“

Da schwiegen alle, die es sahen! Und da gab’s nichts Eiligeres, als den Käfig zu öffnen. Wer nun erwartet hatte, Charlotte würde wie eine Dame von Welt herausstolzieren, wurde bitter enttäuscht, denn profaner konnte die Äußerung „Hallo Liebling, wie wär’s mit uns beiden“, nicht ausfallen: Charlotte schrie all ihren Schmerz einer vereinsamten Frau hinaus ins All um Haus Lohburg, und alle, die es hörten, schwiegen nicht: das Geflügel wild und zahm, Schafe und Ziegen auf der Wiese, fremde Rindviecher nebst Bulle Arnold von Nachbars Weide, ferne Pferde wieherten auf und einige Spaziergänger schrien spontan nach einem Krankenwagen.

Charlotte störte dies natürlich wenig, denn nach dem sexuellen Erlösungsschrei folgte die erste sexuelle Handlung ihres bisherigen Daseins: „In eindeutiger Poese", wie Kenner zu sagen pflegen, machte sie Peter das Angebot ihres Lebens. Und dieser genierte sich nicht. So sahen alle hier anwesenden Lohburger, von der jüngsten wie Kathrin bis zum ältesten wie Großvater Klemens, zum ersten Mal einen Katzenbeischlaf erster Garnitur – ohne dass jemand schlief!

„Eine gewaltige Urform des Lebens", philosophierte jemand im Hintergrund, „archaisch und modern in einem."

Und dann noch einmal Charlottes Schrei, - nachdem sie Peters brutalen Nackenbiss klaglos hingenommen hatte -, als dieser den Akt beendete. Dazu ihr zischelndes, rasselndes und knarrendes giftiges Fauchen, aus dem kein Funke Dankbarkeit zu springen schien. Wie bei vielen zeugenden männlichen Wesen üblich kroch Peter nun jene Müdigkeit an, die wenig Rücksichten kennt: Er kroch auch und zwar in Charlottes Käfig, eine Tat, der sie folgte und wenn beide Menschen gewesen wären, würde jetzt Lohburgs Landluft voller Schnarchen sein...

Nun meldete sich Franz zu Wort, der sich entschlossen hatte, ein Stammbuch Peters anzulegen, in dem er, seine Geliebten und ihre gemeinsamen Kinder für alle Zeiten, - genau wie in den Deutschen Bibliotheken zu Frankfurt und Leipzig -, nachzulesen sein würden.

„Herr Polizeirat", sagte er, „ich werde ein Foto von Charlotte machen und Sie geben mir ihre Lebensdaten, dann die der Geburt ihrer Kätzchen und auch diese werde ich fotografieren. Einverstanden?"

Waren die Möllers natürlich.

Als Frieda zu Kaffee und Kuchen rief, saß zwei Minuten später eine lustige Gesellschaft im Wintergarten und feierte einen Nachmittag, welcher lehrreicher und unterhaltsamer nicht hätte sein können. Besonders die Kinder staunten, mit wie einfachen Mitteln so etwas hinzukriegen war.
„Wer mit netten Tieren arbeitet“, dozierte Augustus, „braucht sich über nette Unterhaltung keine Sorgen zu machen – für Menschen stimmt das nicht immer.“ Als nun auch das frischgebackene Ehepaar hinzukam und in seinem Gefolge Katharina, Micky, Maunzi und ihr derweiliger Freund Altdackel Spezi, da entstand die Vollkommenheit seligen Glücks – bei dem nur Cosima fehlte, (meinte Augustus insgeheim). Wenn Charlotte im Sonnenlicht als Gegenlicht saß, konnte man tatsächlich vom Weiß der Reinkarnation von Unschuld denken! Desto attraktiver stachen Peter und seine Mutter ab: Dieses im gleichen Sonnenlicht mattglänzende Schwarz!
„Schwarz“, belehrt uns das erwähnte Lexikon, „ist die Bezeichnung für eine Farb- und Helligkeitsempfindung, die beim Fehlen eines visuellen Reizes entsteht, also wenn die Netzhaut keine Lichtwellen oder nur Lichtwellen geringer Intensität im sichtbaren Spektrum rezipiert... Schwarz gehört, wie Weiß und Grau, zu den unbunten Farben...“
Also insgesamt drei unbunte Katzen beim Kaffeekränzchen! Scharmeur Peter ging einmal kurz fort und kam mit einer halbtoten Maus zurück, die er Charlotte vor die Füße legte, und ging sofort wieder los, um eine zweite zu fangen, die er Katharina vor die Füße legte. Wer zur selben Zeit, als die beiden beschenkten Katzen ihre Mäuse zwischen den Zähnen zerknirschten, seinen knusprigen Bienenstich aß, der wartete ab, weiterzukauen, bis die Zerknirschgeräusche abgeklungen waren.
„Früher“, sagte Großvater Klemens und meinte damit 1960 bis 1970, „früher, das saßen wir während unserer

Mahlzeiten auf der Diele und während wir schmatzten und schluckten, da kackten, pupten, rülpsten und pinkelten alle Viehzeucher vor sich hin – ‚wohl bekomms' sagte man trotzdem."

Als erste von Peters Gespielinnen würde also Micky niederkommen. Da war Cosima schon auf Lohburg eingezogen und schlief mit ihrer Schwester zusammen in einem Zimmer. Zwischen 60 und 70 Tagen beträgt die Tragzeit einer Katze, und weil man die genaue Deckzeit nicht wusste und auch nicht, ob Micky ein Geheimnis mit ihren Kindern machte, kümmerte man sich kaum um sie. Einzig Augustus pirschte ihr heimlich nach und stellte fest, dass sie drei Orte besonders häufig aufsuchte: die Kutsche Berline, den Hühnerstall und den Dachboden der Scheune, wo die Schleiereulen mit ihrer Brut längst fertig waren und den Ort verlassen hatten.

Amateur-Tierarzt Augustus nahm sich, obwohl er mit dem Bau seines Hauses genug zu tun hatte, Micky täglich vor und untersuchte sie. Ja, der Bauch verdickte sich, er konnte die Kinder richtig erfühlen und die Zitzen tropften. Micky gefielen diese Untersuchungen sehr, zumal wenn Peter wie ein medizinischer Azubi zuschaute und miauende Kommentare abgab. Augustus kam auf die Idee, Peter als Suchhund abzurichten. Zu diesem Zweck fragte er ihn am ersten Tag intensiv „wo ist Micky?" , befahl „such die Micky", bis Peter begriff und sich auf leisen Pfoten auf die Suche machte. Es klappte! Klar, dass bei Erfolg die Belohnung nicht ausbleiben konnte.

Alle drei Kinder wollten in ihrer freien Zeit bei Augustus in die Lehre gehen, denn sie erkannten mehr denn je den Erfolg seiner vielen Arbeiten, die er auf Lohburg verrichtete. Das betraf auch den Aufbau des Fertighauses, nachdem die Bodenplatte gegossen und gehärtet war. Bei aller Tier- und Naturliebe, welche in den Kindern schlummerte und wohl lebenslang schlummern würde, interessierte sie Technik und Mechanik sehr. Peter, der sich mit den Bauarbeitern, welche die Bodenplatte vorbereiteten und ausgossen, angefreundet hatte und ihnen regelmäßig Geschenke in Form von KO-Mäusen (betäubte) überreichte, durfte sogar auf dem noch feuchten Beton herumspazieren und so seine Pfotenabdrücke für alle Zeiten konservieren.

Nach Erhärtung dieses tragenden Teils des Hauses rückte die Firma an, welche die Wände setzte, das Dach errichtete und in einem imposanten Hauruckverfahren das Haus bewohnbar machte. Dreimal täglich machte eine Kommission aus Augustus, Cosima und Peter ihre Kontrollgänge, Micky am Anfang auch dabei, bis auffiel, dass sie wegblieb.

„Micky, liebe Micky, wo bist du?“, rief der Chor der Kinder.

„Peter!“, rief Augustus, „such die Micky!“

Und Peter trabte los. Und was nun geschah, ist allen Augen- und Ohrenzeugen des Tages für immer im Gedächtnis geblieben und soll hier für die Ewigkeit niedergeschrieben werden.

Mitten im Raum, welcher das Wohnzimmer werden sollte, saßen Augustus, Cosima, Tante Cilly, Kathrin und die Hausmonteure im trauten Kreis beisammen, um das zweite Frühstück zu verzehren, als Peter, von der Remise kommend, zu ihnen stieß und mit einem halblauten Miau-Mio Cosima etwas auf die Stiefel legte und dabei ein Gesicht machte, das „hier hast du etwas“ bedeuten konnte: eine junge Katze, kaum einen Tag alt! Peter wartete den fälligen Dank nicht ab und ging wieder davon. Kathrin nahm das Junge sofort auf, um es zu wärmen. Noch ehe die Debatte voll in Gang kam, tauchte Peter auf und wiederholte seine Geschenkaktion – wir teilen sofort mit, dass sie sich noch viermal wiederholte, bis jeder anwesende Mensch je ein Kätzchen in Händen hielt.

Und die Mutter dieses Segens? Sie folgte Peter wie eine Sklavin ihrem Herrn und forderte maunzend, ihre Kinder herauszugeben. Das tat man natürlich, denn wer der Anwesenden würde diese Mutter ersetzen können! Kathrin besorgte einen flachen geflochtenen Weidenkorb, staffierte ihn mit Mutters feinsten Servietten aus und legte das halbe Dutzend Kinder hinein. Es waren: ein pechschwarzes Baby, zwei schwarze mit weißen Lätzchen, zwei braunschwarze und ein braunes – also war die Erbmasse der Eltern ziemlich gerecht verteilt. Es war klar, dass Kathrin unter Anleitung Friedas Stiefmutter spielen und Franz den Stammbaum Peters verwalten würde.

Es wurde dann Winter, Peters erster Winter auf der Lohburg, als seine Zweit- und Drittfrau niederkamen. Das geschah ja außerhalb und Peter, Kathrin und Augustus fuhren hin, um Patendienste zu leisten und Fotos für Franz zu machen. Die weiße Charlotte Möller gebar halbe-halbe, nämlich je drei weiße und schwarze Babies, die, nachdem sie flott heranwuchsen, ein Sextett bildeten, dass Lukas Möller drauf und dran war, seinen pensionsberechtigten Beruf aufzugeben, also die Uniform auszuziehen und nur noch Katzen berufsmäßig aufzuziehen.

Die schwarze Kätzin Bettina von Philipsburg gebar nur total schwarz, wie es den Eltern der Babies anstand und das echte Eheadelspaar beschloss daraufhin, auf jegliches Kindergeld zu verzichten und die Firma „Black-Cats-GmbH“ zu gründen. Als Vorsitzender h.c. wurde Peter, der schon jetzt den Beinamen „der Große“ erhielt, einstimmig gewählt und in Franz’ Stammbaum so eingetragen. Wir werden jetzt in den Winter eintreten, früher die Jahreszeit der Märchen, und diese löbliche Hobby wurde nun auf lohager weitergeführt, weil es mit Tanta Cilly als erste und mit Tante Cosima als zweite nun eine Märchenerzählerin mehr gab als im vorigen Winter.

Wintermärchen

Érase una vez – C'era una volta – Det var en gang – Once upon a time – Il état une fois – Es war einmal…

Es geschah schon im vorigen Winter, als die Kinder 14, 7 und 4 waren: das Erzählen, Vorlesen und Erfinden von Märchen. In Standardberichten über diesen heute selten gewordenen Vorgang ist es immer Großmutter, Großmama, Oma oder Omi, welche vorliest, erzählt und stets eine altmodische Brille auf der Nase hängen hat. Hier auf Lohburg ist es jeder oder jede, der oder die sprechen und zuhören und das Fernsehen nicht mehr ertragen kann. Seit diesem Winter hört auch Peter zu, er redet selten dazwischen, lobt nicht und klatscht auch keinen Beifall und wenn er einschläft, weil er zum Beispiel der Handlung über den gestiefelten Kater nicht mehr folgen kann, schnarcht er wenigstens nicht.

Der gestiefelte Kater hat in Großmutter Clementines Fassung einiges durchzustehen, seit er ein Strunzer und Stenz geworden ist und nicht mehr nackend durch die Gegend wandern möchte.

„Doch er kann keine Mäuse mehr fangen", erklärte sie und übersah, dass Peter bei dem Wort „Mäuse" mit den Augen gezuckt hat und dann diese auf sie richtete, „und eine Katze, die keine Mäuse mehr fangen kann, muss verhungern."

„Und warum konnte er keine Mäuse mehr fangen?", fragte Kathrin.

„Ja, warum nicht? Denkt mal nach, Leute!"

Man dachte nach, laut und leise, tuschelte wie im Bundestag, und es war ein Hinterbänkler, der sich jetzt meldete.

„Ich hab's", sagte Paul, „ein gestiefelter Kater kann nicht mehr leise auftreten, seine Lederstiefel knarren und die

Sporen daran klirren – das kann auch eine etwas schwerhörige Maus mitkriegen und dann rechtzeitig verduften."
„Du hast eine Eins verdient", lobte Hausherr Karl, „und den Jugend-Nobelpreis dazu."

Im Lauf des Winters gehen hier folgende Katzengeschichten über die Bühne, welche wir natürlich nicht näher vorstellen können: Hauffs „Der kleine Muck", „Der alte Sultan" der Gebrüder Grimm, „Katze und Maus in Gesellschaft" und „Der arme Müllerbursche und das Kätzchen", beide der Gebrüder Grimm und natürlich deren „Bremer Stadtmusikanten". Doch dann hatte Tante Cosima, deren Bibliothek mit nach hier gekommen war, sich eines Märchens erinnert, das eine Ratte zum König hatte: „Rattenkönig Birlibi." Bei den drei Is zuckte Peter wieder zusammen und suchte Verstärkung bei Augustus, wie immer, wenn ihm etwas nicht geheuer war. Das Wort Birlibi inspirierte auch Kathrin zu echten Hüpfkapriolen, welche durch ihre Lautstärke den echten Birlibi, der tatsächlich zur Zeit auf Lohburg hauste, veranlassten, mit dem abendlichen Ausgang noch ein wenig abzuwarten. Er verschob ihn sogar bis auf den übernächsten Abend, und das sollte sein Verderben werden! Nachdem Tante Cosima den „Rattenkönig Birlibi" von Ernst Moritz Arndt in Auszügen vorgelesen hatte und alle zu Bett gehen wollten, hatte Augustus seinem Peter zugeflüstert:
„Such den Birlibi, Peterle, such und fang ihn!"
Das war gar nicht ganz ernst gemeint, aber Peter befolgte den Befehl und führte ihn aus. Somit wird es Zeit, Tante Cosima zuzuhören.

In dem Dorf Altenkamp hat vormals ein reicher Bauer gelebt, der hieß Hans Burwitz. Das war ein kluger Mann, dem alles gut geriet, was er anpackte. Er hatte sechzehn Kühe, vierzig Schafe, acht Pferde im Stall. Dazu hatte er sechs hübsche Kinder, Söhne und Töchter – dieser Mann ist durch nächtliche Gänge im Wald um sein Vermögen gekommen.

Hans Burwitz war auch ein starker Jäger. Da hat er im Dunkeln der Dämmerung viel Wunderliches gesehen und die Geschichte vom Rattenkönig Birlibi hat man vom ihm erfahren. In seiner Kindheit hat er vom Rattenkönig reden gehört, der eine goldene Krone auf dem Kopfe trage und ein gewaltiger Waldkönig sei. Nun ging Hans Burwitz wieder einmal nach Mitternacht in den Wald und hörte plötzlich kreischendes vielstimmiges Getöse, aus der eine Stimme klang: *Birlibi – Birlibi – Birlibi!* Da erinnerte sich Hans Burwitz des Märchens vom Rattenkönig, das er oft gehört hatte, und er dachte mutig: „Willst mal hingehen und zusehen, was es ist.“ Denn er war ja ein beherzter Mann. Doch da bedachte er: „Bleib weg, wo du nichts zu tun hast, so behälst du deine Nase.“ Und er blieb weg, die erste Nacht, die zweite und die dritte. In der Walpurgisnacht war er soweit, nicht auf seine Frau zu hören, die vor gerade dieser Nacht warnte.

Dann, als es zwölf geschlagen hatte, tönte der ganze Wald wie voll Trommeln, Pauken, Trompeten und Flöten und viele tausend Kerzen und Lampen schienen zu leuchten. Tiere krächzten und schrien und plötz stand Hans Burwitz mitten im grauslichen Geschehen und wusste nicht ein noch aus. Aus dem grauslichen Gesang schallte eine Stimme, die ihm das Herz zum Beben brachte:

„Macht auf! Macht auf! Macht auf die Pforten!
Und wallet her von allen Orten!
Geladen seid ihr allzugleich;
Der König ziehet durch sein Reich.
Ich bin der große Rattenkönig.
Komm her zu mir, hast du zu wenig!
Von Gold und Silber ist mein Haus,
das Geld mess ich mit Scheffeln aus.“

Hier wäre Hans Burwitz beinahe umgekommen, und jetzt, wo er den Rattenkönig und die Rattenkönigin und die Wölfe, Kater und Hasen so miteinander sah, da schauderte ihm die Haut auf dem ganzen Leibe und sein sonst so tapferes Herz wollte fast versagen, aber er sprach doch bei sich: „Hier mag der Henker länger bleiben, wo alles so gegen die Natur geht! Ich habe auch wohl von Wundern gelesen und gehört, aber sie gingen doch immer etwas natürlich zu. Dass dies aber ein ein buntes Teufelsspiel ist und teuflisches Pack, sieht man wohl!"

„Damit", fügte Tante Cosima hinzu, „ist die Geschichte vom Rattenkönig Birlibi zu Ende."

„Und wenn er jetzt bei uns auf Lohburg ist?", fragte Kathrin.

„Dann wird", antwortete Augustus, „unser Peter ihn hernehmen und ordentlich durchbeuteln."

„Was ist durchbeuteln, Onkel Augustus?"

„Jemanden ins Maul nehmen und solange schütteln, bis er mausetot ist."

„Können Ratten denn?", fragte Kathrin besorgt dagegen, „mausetot sein?"

„Klar doch, mein Kind, alle können das sein."

Ihr Bruder Franz fühlte sich zum Abschluss der Märchenstunde bemüßigt, Kathrin den Unterschied zwischen Ratten und Mäusen zu erklären:

„Wenn du Mäuse gern hast, verstehen wir das, aber Ratten sind vergrößerte Mäuse und meist sehr hässlich und gemein aussehend und können viele Krankheiten übertragen. Jedenfalls haben sie das früher, als es bei uns noch Könige und Kaiser gab, fleißig getan."

„Gute Nacht allerseits!"

Derzeitiger Rattenherrscher auf Lohburg, kurz Birlibi genannt, war ein Klotz von Tier mit 500 Gramm Gewicht und einer Gesamtlänge von 60 Zentimetern: also eine kapitale Hausratte *Rattus rattus*. Die Vorgänger der jetzigen Lohburg-Besitzer haben von ihr seit hundert Jahren „geschwärmt“ und Schauergeschichten erzählt: „Birlibi hat Säuglinge angenagt und ihnen Nase und Ohren abgebissen“; „Birlibi geht nur bei Vollmond aus und schreit und fiept dabei wie der Rattenfänger von Hameln“; „der Rattenfänger von Hameln hat ihn schon gehabt, er ist ihm aber entkommen“; „Birlibi besitzt einen Harem von hundert Rattenweibern, welche ihm jährlich mehr als fünftausend Kinder gebären“; „Birlibi hat Giftzähne wie eine schwarze Höllenotter und kann damit den stärksten Bullen totbeißen“; „Birlibi kann trotz seiner Größe durch jedes Ratten- oder Mäuseloch kommen, bevorzugt aber für seine Streifzüge Katzenlöcher in Dielentüren...“

Nun, dachte Augustus, der trotz seiner kürzlichen Verehelichung mit Cosima sein Hauptarbeitsgebiet auf Lohburg beibehielt, nun, dachte er also mit Peter auf der Schulter, das ist ja schon mal was:

„Nur wer seinen Feind kennt kann ihn auch besiegen!“

Birlibis Kontrahent konnte sich natürlich auch sehen lassen: Er war inzwischen fünf Kilogramm schwer und 80 Zentimeter gesamtlang geworden. Im Gegensatz zu Birlibi, der praktisch waffenlos durchs Leben pirschte, besaß Peter vier krallenbesetzte Pfoten und ein Gebiss gesünder als jeder Zahnarzt es wünschen konnte, mit dem er Birlibi, wollte er es, in einem Happs zerknirschen konnte. Inzwischen hatte sich Peter voll und ganz in einen positiven Katzenlebenslauf eingependelt: Sein Schafbedarf betrug 15 Stunden, welche natürlich nicht immer, an interessanten Tagen zum Beispiel, eingehalten werden konnten. Sein Charakter hatte sich so gefestigt, dass er Feriengast Rudolf Detering, just 14 geworden und ein Piesacker (Quäler) ersten Grades, eine Viertelstunde seinen quälerischen Unfug an ihm gestattete, bis er ihm seine Rechte über die Backe zog – freilich nur mit einer ausgefahrenen Kralle! So bekam Rudolf seinen Schmiss, ehe er nur eine Minute in einer schlagenden Verbindung verbrachte. Bis jetzt waren diejenigen Menschen, welche mit Peter nicht zurechtkamen, an einer Hand abzuzählen.

Augustus, welcher beschwor, Birlibi schon in nächtlicher Stunde im Strahl der Taschenlampe gesehen zu haben, machte Peter in ein paar Übungsstunden scharf auf Birlibi. Dabei half ihm Kathrin, die eins ihrer Bücher herholte, in dem Birlibi als Herrscher des Waldes abgebildet und natürlich schon für menschliche Babyaugen ab 1 erkennbar war – aber Peters Augen? Wir haben schon über Versuche, ihm künstliche Mäuse jeder Art vorzuführen, gelesen. An ausgestopften Tieren, die man Peter vorführte, zeigte er jenes Interesse, das nicht mehr als Höflichkeit darstellte. Aber Bilder? Kathrin und Augustus waren überzeugt, dass Peter auf ihnen seinen Gegner nicht zu erkennen vermochte.

Birlibi Peters Gegner? Das Feindbild versuchten Augustus und Kathrin ihm anzuerziehen. Sie zeigten auf alle Durch- und Einschlüpfe, die Birlibi passieren müsste, um ins Haus zu kommen, und knurrten dabei und piepten und zischelten, bis Peter begriff und den Namen Birlibi in Beziehung zu Abenteuern brachte. Leider gelang es nicht, irgendwo eine Ratte zu packen, denn die kalte Jahreszeit verbrachten diese tagsüber in warmen Verstecken. Und eine Verwandte, die besonders unsympathische stärkere Wanderratte *Rattus norvegicus* ließ sich zwar jetzt draußen mit Fallen leicht fangen, wollte man Peter aber nicht zumuten. Aber man hatte ihn soweit, dass er bei „Birlibi“ sofort alle einstudierten Wege und Verstecke ablief – „auf in den Kampf!“

Peters Mutter Katharina war dahingegangen, eine Mutter, mit der er seine interessantesten nächtlichen Safaris gemacht hatte. Ganz unabhängig von Birlibis Verfolgung hatte Peter es sich angewöhnt, das schöne neue gemauerte Katzenloch in der Dielentür von innen her zu bewachen, nachdem er einige wenn auch nur neugierige Besucher entweder angefaucht oder mit Ohrfeigen versorgt hatte: Igel, Hausmarder, einen harmlosen Hasen, dessen Vetter Karnickel, einen verirrten Hund auf der Suche nach neuer Bleibe, Meister Reineke auf Hühnersuche und gar Meister Grimbart, den notorischen nächtlichen Strolcher und Schwärmer.

23 Uhr. Der Vollmond schüttete sein geisterhaftes Licht auf das Hofpflaster, so dass man es durchs „romanische“ Katzenloch leuchten sah und jede Bewegung draußen wahrnehmen konnte. Peter hatte sich so hingehockt, dass das Mondlicht ihn nicht treffen konnte. Im Gegensatz zu anderen Königen war Rattenkönig Birlibi ein Alleinunternehmer und am liebsten ohne Thronfolger, Kronprinzen und Adjutanten unterwegs. Er konnte mit seinen nackten Sohlen so geräuschlos auftreten, dass selbst Peter sein Erscheinen nicht hörte, aber erst seinen königlichen Rattengeruch und seine Schatten im Dielentüreingang wahrnahm. Natürlich erschnüffelte Birlibi den durch ständiges Hin und Herlaufen typischen Katzengeruch an den Steinen, Haare blieben hängen und fremde Katzen markierten trotz Peters strenger Kontrolle häufig diese Stelle mit dem Hinweis „Achtung, ich bin hiergewesen“, aber für einen feinnasigen König wie Birlibi konnte es gar keine Welt ohne Katzenduft geben. So schöpfte er keinen Verdacht. Er fühlte sich aus einem anderen Grund unbehaglich: Eine Schleiereule war über ihm auf einem Vorsprung des alten Balkens gelandet und war dabei, durch schief gestellten Kopf und Augenverdrehen abzuschätzen, ob die Beute da unten sich lohne oder gar eine Nummer zu groß für sie sei.

Zu groß zum Verschlingen war sie allemal, denn bekanntlich würgen alle Eulen ihre Beute in einem Stück in den Hals.

Nun denn: Wer zu lange nachdenkt, wird selten satt! Birlibi dachte und wachte nun genug, er schob seinen haarigen Körper ins Loch hinein und achtete streng darauf, dass seine langen Schnurrhaare Kontakt mit den Mauersteinen hielten. Die innen wärmere Luft lockte ihn zusätzlich, den Hausbesuch nicht länger aufzuschieben. Sein Schwanz war noch draußen, als eine alle Sinne verwirrende, sogar narkotisierende Maulschelle all seinem Denken ein Ende setzte. Es war ihm, als wären Blitz und Donner wie eine Doublette gleichzeitig in ihn eingeschlagen. Der automatisch einsetzende Todesschrei erschreckte sogar Peter, aber seine beiden Pfoten hatten ihre Krallen tief ins königliche Fleisch gebohrt. Wie zischend und aufseufzend entschwand das Leben aus Birlibis Leib.

Gegenüber stand das neue Einfamilienhaus, in welchem Augustus und Cosima in trautem Schlaf versunken war.

„Augustus?“

„Wat is denn?”

„Ich glaub, ich hab nen Schrei gehört.“

„Eulen schreien nachts immer, das ist ihr Beruf.“

„Na, dann gute Nacht!“

Am anderen Morgen gegen 7 Uhr.

„Mama, ich glaub, ich hab heut Nacht einen Schrei gehört und jetzt wieder einen. Morgens um sieben jagen doch keine Eulen mehr.“

Sagte Kathrin, die pünktlich zur Schule musste. Ihre Mutter ging der Sache nach und nach draußen, wo sie Augustus fand, der seine Cosima wie tröstend in den starken Armen hielt. Kathrin tauchte auch auf und sah sofort, wo des Kummers Ursprung war: Er lag vor der Tür des Neubaus und hieß Birlibi, König Birlibi persönlich und mausetot. Kein schöner Anblick vorm Frühstück, ganz klar, für Menschen gar nicht appetitanregend, aber nicht bös gemeint, wenn – ja, wenn er Peters Arbeit war! War es. Sein Charakter war nun einmal derart gestaltet, dass er jede gute Tat an die große Glocke hängen musste.

Und Wunder über Wunder: Vier Wochen später hockte der Rattenkönig auf einem Ehrenplatz in der Diele, wo früher der Deckbulle Jordanus gestanden hatte, und schaute mit zwei herrlichen Glasaugen aufs Geschehen. Seine Präparation war so gut gelungen, dass Peter noch Jahre später auf ihn hereinfiel, wenn er bei spätem Sonnenlicht die Diele betrat, weil dann die Sonne durch diese Glasaugen fuhr und sie besser zum Leuchten brachte als echte Augen lebender Wesen. Dann machte Peter seinen berühmten Katzenbuckel, den er sich seit den Fernsehaufnahmen angewöhnt hatte und ging fauchend vorbei nach draußen.

„Es war eimal", sagte Großmutter Clementine vorlesend und ein wenig kurzatmig, „eine hübsche weiße Prinzessin ganz in Weiß, die alles besaß, was sich junge Mädchen aus reichen Häusern, gar berühmten Königshäusern, nur wünschen mögen."

Peter, der auf ihrem Schoß in tiefen Atemzügen schlief und so ruhig dalag, dass Großmutter das Märchenbuch auf seinen Körper legte, damit sie die Buchstaben besser erkennen könnte.

„Aber was fehlte ihr denn?", fragte Kathrin im Namen ihrer drei gleichalten Freundinnen, „besaß sie keine Katze, mit der sie spielen konnte?"

„Wartet es ab, ihr neugierigen Puten", antwortete Großmutter, „ich lese jetzt weiter vor, - Ihr fehlte nämlich ein Mensch, an dessen Schultern sie sich lehnen und notfalls auheulen konnte, ein Mann natürlich, ein junger natürlich doch, aber ein Tickchen älter als sie selbst war. Verkleidete Prinzen der Nachbarländer näherten sich ihr, weil sie näher mit ihr bekannt werden wollten. Aber weil Prinzesschens Stiefvater ein Rabauke, Despot und Sklavenhalter war, der Sklaven nur des Prügelns wegen hielt, mussten sie sich verkleiden. Als Wasserfrösche *Rana esculenta*, Erdkröten *Bufo bufo*, Smaragdeidechsen *Lacerta viridis*, Rotfüchse *Canis vulpes* und, - nicht alle können genannt werden -, Wölfe *Canis lupus.*"

Großmutter machte eine Pause, um den Kindern zu erklären, dass damals im Mittelalter Katzen nicht gut angesehen waren und mit Hexen und Teufeln in Verbindung gebracht wurden.

„Als wenn unser Peter ein Teufel sein könnte", warf Kathrin ein.

„Ja eben", antwortete Großmutter, „gut formuliert. – Und da stelzte eines Tages ein schwarzer Kater, aufrecht gehend wie der bekannte gestiefelte, galant heran und sagte der sehr verwunderten und leicht pikierten Prinzessin:

„Küss mich!"

„Einfach so?"

„Einfach so."

„Wer bis du denn?"

„Ich bin Peter der Große."

„Und was besitzt du?"

„Ein großes Reich Hyperborea."

„Dann küss ich dich."

Man merkte, dass beide noch nie geküsst hatten, aber ihre Münder klebten wie Kletten aufeinander. Da plötzlich wuchs aus dem Kater ein Prinz, schwarz wie um Mitternacht, vier Jahre älter als Prinzesschen und einen halben Kopf größer. Und weil sie hier nichts zu verlieren, er aber alles zu gewinnen hatte, packten sie ihre Hände zusammen und gingen fort, gen Mitternacht. Und seit diesem Tag

ziehen sich Bräute weiß, Bräutigams aber schwarz an. Und wenn sie nicht gestorben sind..."
„...leben sie noch immer", klang es im Kinderchor.

Großmutter klappte das Buch zusammen, aus dem sie gar nicht vorgelesen, sondern die ganze schöne Geschichte flugs erfunden hatte, legte das Buch beiseite und die Hände gefaltet auf Peters warmen Rücken und klappte die Augen zu – für immer! Die Kinder bemerkten nichts und tobten fröhlich nach draußen dem baldigen Abendessen entgegen.

Kurz bevor zu dem gerufen und geläutet wurde ertönte ein Gesang durch Lohburg, der bisher nie gehört wurde und in geschichtlich bekannter Zeit wohl niemals ertönt war: Trauermusik auf einem bisher unbekannten Instrument voller Leidenschaft und Intensität, eindringlicher als Beethovens *marcia funebre* und Wagners Trauermarsch *Siegfrieds Tod*. Die sechs Ohren Carlas, Friedas und Großvater Clemens' richteten sich sozusagen auf und ihre sechs Augen weiteten sich vor Angst: Was ist geschehen, dass Peter Trauerlieder anzustimmen beginnt?

Wir haben hier schon des öfteren von „Bildern für die Götter" geschrieben und eigentlich nicht die Absicht, weitere vorzustellen, aber jetzt geht es nicht anders: Großmutter Clementine saß nach wie vor in ihrem Märchen-Erzählstuhl mit Peter auf dem Schoß, der natürlich der Gesangskünstler war!
„Seit wann können Kater singen?", fragte Großvater Klemens.
Er trat als erster heran und stellte fest, dass er seiner Clementine nicht die Augen zu schließen brauchte. Immerhin – denn das ist nicht jedermanns Sache! Frieda nahm Peter auf, der sich in ihren wohligen Armen sofort beruhigte, dann nach draußen ging und, - man glaube dem Berichter-

statter -, schnurstracks den „frithof“ (althochdeutsch für „eingefriedeter Bereich um eine Kirche) aufsuchte und sich auf das höchste sandsteinerne Grabmal setzte. Den hatte er sich seit ein paar Monaten zur besten Aussicht erkoren, weil ihn erstens auch große Hunde dort nicht anspringen konnten und er selbst, zweitens, dicken Wanderratten ins Genick springen konnte.

Es liegt ein altes Schreiben vor, das wir ins neue Deutsch übersetzt haben und besagt, dass die Lohburger ihre Toten „privat“ hier beisetzen dürfen. Wer diesem kleinen Friedhof hinterm Garten einen Besuch abstatten möchte und alte Buchstaben entziffern kann, wandert mit ihnen, diesen Buchstaben durch die Geschichte Lohburgs:

„Bis hierher hat uns Gott gebracht anno 1525...“
„den drithen Mars anno 1560 von den Sweden gemortet...“
„eine Kugel kam geflogen... im Jahr des Herrn 1806.“
„Einen Tag nach der Goldenen Hochzeit die Hochwohlgeborene Radfelgenfabrikbesitzersgattin Karin von Fokker 1879.“
Nur als Gedenktafel: „Mit Mann und Maus vor den Falklands für Gott und Vaterland untergegangen: Graf Spee und seine Söhne 1914.“
„Von Hitlers Schergen gehängt am 20. August 1944 – Gott sei dessen Helfern ungnädig!“

Klemens und Clementine waren nur deswegen auf Lohburg gezogen, um hier auf diesem exklusiven traditionsreichen Gottesacker beigesetzt zu werden. Nun gab es erst einmal „Zoff“, wie es neudeutsch heißt, natürlich von weltlichen und klerikalen Behörden her, die einen sorgten sich um ausfallende Gebühren, die anderen um Gottes Wort, das nicht gepredigt werden sollte. Hier ist nicht der Platz, darüber ausführlich zu berichten. Einen Kompromiss mit den Sitten und Gebräuchen der Anwohner,

Nachbarn, Verwandten und Bekannten der Verstorbenen musste man schließen: die Aufbahrung. Sie ist meist ein Graus für die Familie, aber manchmal ein Zeichen innerer Anteilnahme der stumm und tränenreich Vorbeidefilierenden. (Defilieren ist ein militärischer Ausdruck und meint meistens „Defiliermarsch, Vorbeimarsch.) Und es sollte jemand vorhanden sein, der diesen Marsch abnimmt. Das waren jetzt, auf der großen Diele, wo König Birlibi ums Leben gekommen war, Großvater Klemens und Kater Peter, beide in Schwarz. Großvater, der nicht lange stehen konnte, neben dem offenen Sarg im Lehnstuhl sitzend, Peter, dem das Stehen und das Sitzen nichts ausmachte, am Kopfende thronend und die Fliegen wegfangend, die sich auf Clementines Gesicht niederlassen wollten. (Wieder ein Bild für die...!) Künstliche Tulpen, Rosen und Narzissen häuften sich im Sarg und würden sich unterirdisch länger frischhalten als Clementine selbst.

Dann fand der Totenfestschmaus auf dieser Diele statt: Bohnenkaffee oder schwarzer Tee, Tee- oder Butterkuchen, tristes Schweigen oder lebhaftes Erinnern an frühere Zeiten – Peter hockte auf Klemens' Schoß und tröstste ihn durch Kopf-an-Kopf-Stoßen. (Wieder ein Bild für...!)

Kurz ein Rückblick auf den vorigen Tag. Als der Kleinbagger seine Aushubarbeiten begann, knirschten irgendwo natürliche und künstliche Gebisse, deren Inhaber nicht zur Beisetzung erschienen, aber niemand vermisste sie. Peter schon gar nicht, der von einem Grabmal aus die Erdarbeiten kontrollierte und nach der Beisetzung mit Großvater Klemens bis zur Dunkelheit die Totenwache hielt.

„So haben's die alten Cherusker auch gemacht", erklärte Augustus den Kindern, „die hier einst gehaust haben und deren Reste man hier noch ausklauben könnte."

„Komm ich da auch mal hin?", fragte Kathrin unerschrocken.

„Ja, in vielen vielen Jahren erst, wenn du deine Milchsuppe nicht mehr beißen kannst. Dann wirst du sowieso gern abtreten."
„Und sitzt Peter dann auch auf meinem Grab?"
„Deser Peter nicht, mein Kind, denn er kann so alt wie du nicht werden. Aber wenn du immer nett zu Katzen bist, wird ein anderer Peter hier auf dir hocken."
„Fein, dann bin ich beruhigt, Onkel Augustus."

Peter weinte nicht mehr, als er drei Tage und Nächte lang -, mit Schlaf-und Arbeitspausen freilich -, auf dem Friedhof Wache schob und dabei fünf Mäuse und eine Wanderatte erlegte. Dann ließ auch er den Alltag wieder einkehren und hielt sich viel draußen auf, seitdem ein leichter Schneefall, für ihn etwas Neues, sein Reich rund um Lohburg verändert und Gräber, Friedhof und Garten scheinbar gleichgemacht hat.

Ins zweite Jahr hinein

Spuren im Schnee!

„Der Schnee ist weiß, wo nicht Menschen sind.
Der Schnee ist weiß für jedes Kind.
Und im Frühling, wenn die Schneeglöckchen blühn,
wird der Schnee wieder grün."

Joachim Ringelnatz

„Herbstsonnenschein. Des Winters Näh'
verrät ein Flockenpaar;
es gleicht das erste Flöckchen Schnee
dem ersten weißen Haar."

Theodor Fontane

Spuren im Schnee: Peter tappst im Weißen! Das in der Nacht gefallen ist, während er ausnahmsweise einmal innen schlief. Kalt ist das Zeug und klebt in den Pfoten. Und es blendet im Sonnenschein. Im Haus zeigte der Kalender den 31. Dezember an. Peter hatte in letzter Zeit seine Ausflüge immer weiter ausgedehnt und setzte nun, trotz des Schnees, zu einem längeren in die Umgebung an. Die Schneekälte, von der wir sprachen, machte ihm natürlich nichts aus, denn er hatte bereits seinen Wintermantel angezogen: Ein prachtvoll, von Gesundheit strotzendes Winterfell mit dichtem Unterpelz, das ihn in dieser Jahreszeit größer erscheinen ließ, als er war.

Das kam ihm nun zustatten. Denn als er langsam die verschneite Anweide, welche von Obstbäumen gesäumt war, entlangschnürte und die im Schnee gut sichtbaren Spuren untersuchte, stand vier Bäume weiter ein Fuchs, der ihn eindringlich beobachtete. Starke Fuchsrüden (Männchen) sind in der Lage, mit mittelgroßen und kleineren Katzen fertigzuwerden, scheuen jedoch jeden Kampf und schonen ihre Kräfte, indem sie täuschen und irritieren. Peter, der nun zwei Bäume zurück seine Krallen am Stamm erprobte, stieg gelassen bis zum untersten Ast auf, machte einen Rundumblick und bekam den Fuchs in die Augen – sein erster Rotrock und Reineke, wie er in Märchen heißt.

Der Fuchs wusste aus Erfahrung, dass Katzen, - Wildkatzen gibt es hier nicht -, zu Menschen und deren Wohnungen gehören, so dass es aufzupassen hieß. Aber die Nacht war erfolglos, Mäuse lebten jetzt unterm Schnee und die eigene Tarnung wurde durch diesen gemindert. Peter glitt mit einen Kratzern vom Baum und setzte seinen Weg auf den Fuchs zu fort. Nur noch zehn menschliche Schritte und Peter blieb am letzten Obstbaum halten – so hielt er sich den Fluchtweg nach oben offen. Der Fuchs rückte weiter vor, seine Schleichfüße sachte durch den

Schnee setzend, bis er glaubte, die Entfernung reiche für einen unverhofften Angriff in drei bis vier mächtigen Sprüngen aus. Peter fauchte ihn an. Diese Sprache verstehen auch Tiere jeder Art, von Insekten, Fischen und Reptilien einmal abgesehen.

Um zu erklären, in welcher Gefahr sich Peter tatsächlich befand, zitieren wir ein Abenteuer, das Großvater Klemens kürzlich aus eigener Anschauung erzählte:

„...sah ich bei der Gartenarbeit, wie ein starker ausgebildeter Jagdhund, welcher seinem Jäger vorgelaufen war und der Gefahren nicht kannte oder sie immer missachtet, eine Hauskatze aufstöberte, welche im Feld ein wenig nach Mäusen jagen wollte. Sie erkannte sogleich die tödliche Gefahr, die ihr im deckungslosen Feld drohte und setzte zu einem Lauf an, der gewiss jeden bestehenden Geschwindigkeitsrekord gebrochen hat, auf einen Eichbaum zu, der ihr Leben retten sollte. Doch ein Jagdhund der Rasse Deutsch-Kurzhaar gehört zu den schnellsten und ausdauernsten Rennern der Tierwelt und kann glatt einen afrikanischen Gepard einholen. Die Katze erreichte in letzter Anstrengung den Baum und setzte zum Sprung an, krallte sich in einem Meter Höhe in die harte Baumrinde und brauchte sich nur noch ein Stückchen weiter hochzuziehen. Da flog, ja tatsächlich flog der Hund heran und fasste sie mit dem mächtigen Gebiss mitten in den Rücken inklusive der Wirbelsäule. Die arme Katze schrie, dass alle draußen arbeitenden Landleute aufblickten und zuschauten: Wie sie sich mit letzter Kraft an den Baum klammerte und der nicht loslassende Hund an ihr hing und hin und herbaumelte. Dazu das immerwährende Todesgeschrei, das langsam wie letzter Orgelklang in der Kirche erstarb – sie starb und fiel zu Boden, wo der außer sich geratene Hund sie noch einmal durchbeutelte, bis sie ein formlose Masse war...“

Soweit Großvaters Bericht, der alle Zuhörer erschütterte.

Der Fuchs verstand und zuckte zurück, Peter verstärkte sein Fauchen und riss seinen Rachen auf, der durchaus mit dem des Fuchses konkurrieren konnte. Doch bis hierhin blieb ungewiss, ob Peter noch gefährdet war oder nicht – da knallte bei einem Haus an der Landesstraße der erste Kanonenschlag des Silvestertages. Peter kannte so etwas noch gar nicht, aber jeder Fuchs, selbst wenn er ein Jagdgewehr noch nie gehört hat, weiß aus tausend Jahren Evolution und instinktiv von dieser tödlichen Gefahr: Reineke zögerte keine Sekunde und stob durch den lockeren Schnee davon, dass ihn der Schneestaub unsichtbar machte. Auch Peter hatte von der Schönheit des Winters genug, vielleicht doch bereits kalte Füße und lief in gemessenem Tempo, sich einige Male umdrehend, nach Hause. Ohne dass er es merkte verriegelte Frieda den Durchschlupf in der Dielentür, schloss auch alle Fenster und Türen und „befahl", alle hätten achtzugeben, dass Peter nicht ins Freie gelangen könne.

Dieses ihr Verhalten erklärte sie selbst den Kindern:
„Voriges Jahr Silvester hatten wir hier ein Katzenpärchen aus der Stadt in Pension genommen, weil seine Besitzer Silvester und Neujahr auf Mallorca verleben wollten. Wir selbst machen hier seit Jahren kein Feuerwerk und keine Knallerei, weil sie eine Beleidigung und Zumutung für jedes tierische Gehör und Gemüt darstellen. Aber ansehen und mithören – ja, das wollen wir jedes Jahr. So öffneten wir Punkt Null Uhr die Haustür und traten ins Freie – da fetzten Muschi und Luschi, die beiden Pensionskatzen, aus der Tür und rannten nach draußen: Sie sind nie wiedergesehen worden und es gab Zoff mit den Besitzern..."

Irgendwo in einer unsichtbaren Ecke hatte Peter die Zeit bis 23 Uhr 45 verschlafen und die wenigen verfrüht abgegebenen Böller wohl überhört. Als die Knallerei losging, kam er in die Veranda, hinter deren großem Fenster man das Schauspiel der Raketen und Feuerräder gut beobachten konnte. Peter strich jedem Anwesenden an den Beinen entlang und blieb unter Kathrin stehen, die ihn aufhob und auf den Arm nahm. Von dort verfolgte er die Spur der aufsteigenden Raketen und ihre sternförmigen Explosionen am Himmel, wobei seine Augen volle Begeisterung auszudrücken schienen. Seit diesem Silvester/Neujahr fürchtete sich Peter nicht mehr vor solch törichten Unternehmungen der Menschheit.

Am nächsten Morgen, nachdem Muschi und Luschi nicht heimgekehrt waren, bestellte man den Revieraufseher mit seinem Suchhund her. Dieser nahm die Witterung der beiden Ausreißer auf, indem er ihr Schlafkörbchen ausgiebig beschnupperte und dessen Duft tief eingesogen hatte. Dann schmuste er etwas mit Peter, bellte sein Herrchen an und stürmte zur Tür hinaus, genau in jene Richtung, wo man Muschi und Luschi verschwinden gesehen hatte. Es war alles vergeblich: Am zwei Kilometer entfernten Bullerbach, der mittleres Hochwasser führte, endete die Spur...

Eine Fundsache. Franz' Peter-Stammbuch gab Auskunft darüber, wo seine schon zahlreichen Kinder abgeblieben waren: Sie gingen „alle weg wie die warmen Semmeln" von Bäckermeister Georg Fahrenhorst am Dorfplatz. Dennoch wurde Peter im März Vater, aber Stiefvater nur! Das kam so. Wieder einmal wanderte er wachsam durch die Gefillde Lohburgs in Richtung Dorfplatz, seine Kreise immer weiter ausdehnend, denn vom Dorfplatz wehten Gerücher herüber, die einen starken Kater schwach machen konnten, als er aus einem niederen Gebüsch zartes Fiepen und Klagen vernahm. Er hatte nun genug Katzenkinder erlebt um beurteilen zu können, was hier vor sich ging: da jammerten welche um Erbarmen von harten Menschenherzen! Peter stieg durchs Gras vorsichtig ins Gebüsch ein und stans plötzlich vor einem Wurf von vier etwa zehntägigen Katzen, die in einem Karton lagen und wohl Angst und Schmacht wie vierzig hatten.

Klar, dass Peter nicht begriff, welche Untat und Gemeinheit, - volkstümlich lokal Schofelei genannt -, hier stattgefunden hatte, wo es doch so leicht gewesen wäre, weiterzugehen und die Kinder auf Lohburg abzugeben. Peter nahm das munterste Kätzchen zwischen die Zähne, wodurch es sofort in Starre verfiel, und marschierte, - ja, so sah es wegen seines emporgerichteten Kopfes aus! -, in Richtung Lohburg davon. Zufällig wartete Franz mit einem Amateurfotografen, der Aufnahmem machen wollte, vor der Dielentür, und Peter setzte mit einem lauten, erschöpft klingenden Miau das Kätzchen vor Franz' Schuhen ab. Ungeduldig ließ er sich kosen und loben, bevor er den gekommenen Weg zurückging.

„Dem müssen wir nachgehen", sagte Franz.

Und Peter erwartete dies sogar und schaute immer wieder mit besorgten Miaus und Mios zurück. Derweil hatte Kathrin ein Nest hergerichtet und herumtelefoniert, wo es eine „Kätzin mit Milch" gäbe, sie „kriegt von mir satte fünfzig Piepen!" Nach einer halben Stunde war sie bei „Familie Karl und Jutta Piepenstein, Dorfplatz 10", fündig geworden, „die gern ihre Kätzin, die aus unerklärlichen Gründen ihre vier Kinder verloren hat", gegen Gebühr ausleihen würde, sie müsste freilich abgeholt werden. Das tat Kathrin sofort, nachdem sie den Käfig auf dem Gepäckträger des Fahrrades festgeschnallt hatte.

Noch bevor sie zurückkam, trafen Franz und Fotograf Hellmuth mit Peter und den drei Katzen im Karton auf dem Platz vor der Diele ein. „Wenn ich die Leute erwische", drohte Hellmuth wütend und gab dem leeren Karton einen Fußtritt, „kann ich zum Mörder werden."

„Dann sitz'te", antwortete Franz, „fünfzehn Jahre im Knast und frisst Müsli aus Wasser und Brot."
Er nahm den Karton auf, um ihn zu entsorgen und entdeckte auf der Unterseite die Postanschrift eines ehemaligen Pakets: „Karl Piepenstein, Dorfplatz 10, (es folgen Postleitzahl und Name der Gemeinde, zu der auch Lohburg gehört.)
„Kiek di dat an", sagte Franz.
„Da sleiht doch de Dübel drin", sagte Hellmuth.

Nun kam Kathrin mit der Katzenmutter zurück und prahlte, „welch Deubelmordswicht" sie doch sei. Ihr Kindergesicht strahlte wie das eines Wahlkandidaten bei einer siegreichen Stimmenauszählung, und Peter strahlte um die Wette mit, wie er er es immer tat, wenn Menschen sich freuten. So hielten es Franz und Hellmuth für angebracht, ihre neueste kriminelle Entdeckung vorläufig zu verschweigen. Peter begrüßte Petra, die Kindsmutter, mit manierlichem Respekt und folgte der Gesellschaft auf die Diele, wo die Kinderstube eingerichtet wurde.

Kathrin, Franz und Hellmuth waren ein wenig enttäuscht, dass es gar keine sichtbare Wiedersehensfreude zwischen Mutter und Kindern gab und die Jungen ohne Verzug über das mütterliche Gesäuge herfielen wie junge Wölfe das in Alaska tun. So kam Hellmuth zu seinen ersten brauchbaren Katzenfotos, die ihm ein paar Euro einbrachten. Den Fall „Katzenaussetzung" besprach Franz mit seinem Vater und Augustus. Dieser wollte in plötzlich ausbrechender rabiater Stimmung „sofort die ganze Familie", (immerhin sechs Personen), „mit Stumpf und Stiel ausrotten", wenigstens aus dem Dorf jagen. Karl riet, eine solche nach Religiösität aussehende Gewalttat erst einmal aufzuschieben, als Kathrin auftrat und vom ihm „die fünfzig Piepen" einverlangte, die sie bei den Piepensteins aus „meiner Taschengeldbörse" hingeblättert habe. Ihr Vater

hielt es nun für angemessen, ihr den ganzen Sachverhalt zu erzählen.
„Oh diese Schufte von Tierquälern!“, rief sie empört und stürzte aus dem Zimmer.
„Ja“, sagte Karl, „so ist sie, unsere zarte Tochter, sie kann niemandem ernstlich böse sein.“

Diese zarte Tochter saß bereits auf ihrem Fahrrad und brauste zum Dorfplatz 10 hinüber. Dort lümmelte man sich bei Kaffee und Kuchen um den Tisch herum und ließ den Fünfziger von Hand zu Hand und wieder zurückgehen. Kathrin lehnte ihr Fahrrad so an die Hauswand, dass sie mit einem Sprung aufsitzen und losfahren konnte. Wenn Herr Piepenstein den Schein wie geplant jetzt in seine Hosentasche gesteckt hätte statt ihn platt auf den Tisch zwischen Butter und Marmelade zu knallen, besäße er ihn vielleicht noch, wenn er ihn nicht zur Bank gebracht oder in der Dorfkneipe versoffen hätte. Jetzt brach eine bald siebenjährige Furie mit dem Ruf, „ihr Tierquäler, ihr blöden!“ in den Raum, grapschte den Schein, steckte ihn blitzschnell in die Unterhose und saß bereits auf dem Fahrrad, als alle sechs Mäuler noch offenstanden und ihre Gehirne nicht begriffen, was vorgefallen war. Zehn Minuten später ruhte der 50er-Schein dort, wo Kathrin ihn vor kurzem hergeholt hatte: im Sparschwein der örtlichen Spar- und Darlehns-Kasse, das auf ihrem Nachttisch stand. In Familie Piepenstein schwiegen alle Mäuler über diesen höchst peinlichen Vorgang und auch die Lohburger meinten, der Gerechtigkeit Genüge getan zu haben. Schließlich hatten sie eine Katzenmutter nebst vier Kindern gewonnen, die ein paar Monate später lukrativ an den Mann gebracht werden konnten. Und Peter? Er hat mit den heranwachsenden Jungen viel Freude und Spaß gehabt, als wenn er ihr leiblicher Vater gewesen wäre.

Wanderungen ins Dorf. Peters Drang zum Dorfplatz wurde immer unausstehlicher. Was wohl mit seinem Freiheitsdrang zu tun hatte. Dieser wiederum „litt“ unter der tageszeitfüllenden Aufmerksamkeit, die er auf Lohburg früher sehr genoss, jetzt jedoch ziemlich beengend empfand. Aber weil Peter auf seinen bisherigen Streifzügen in die Umgebung Lohburgs teils gefährliche Begegnungen mit potentiellen Feinden wie Füchsen, Wildschweinmüttern, Brunftrehböcken und streunenden Hunden gemacht hatte, entschied er sich zur Wanderung auf dem Schwarzen Weg, der gut begehbar, mit einem Radweg und von Bäumen beiderseits versehen war. Autos, landwirtschaftliche Fahrzeuge, Radfahrer und Fußgänger kannte er nur von ihren guten Seiten her.

Hier im Dorf gab es noch einen echten, ausgelernten Metzger und Schlachtermeister, dessen Kittel, Hände und Schuhe so nachhaltig und appetitanregend nach Würstchen, Rouladen und Bouletten roch. Nach einem Fußmarsch von fünfundvierzig Minuten mit vielen herzlichen Grüßen von bekannten Auto- und Radfahrern sowie wandernden Touristen war Peter vom Schwarzen Weg in den Grünen Grund abgebogen und folgte einer Hausfrau, welche dasselbe Ziel wie er zu haben schien. Sie sprach ihn sogar an und sagte, er möge vor dem Laden stehenbleiben, wenn er ein Häppchen gebratenes paniertes Schnitzel möge. Er wartete und beobachtete die Spatzen, welche sich im frische Pferdeküttel stritten und ließ eine Dohle, welche hier im Dorf richtig frech geworden waren, mit seinem Schwanz fangen spielen. Die Einkaufsfrau von vorhin kam aus dem Laden, setzte sich zu Peter auf die Treppe und versuchte ihn mit vorgebratenem Geschnetzelten zu füttern, das sie ihm zu Füßen legte. Doch Peter wollte lieber aus ihrer Hand essen.

„So ein manierliches Essen“, sagte die Frau zum hinzugetretenen Fleischermeister Alfons Krakowiak, „habe ich selbst bei meinen Kindern nicht erlebt.“
Der Meister machte einen Geschmackstest und reichte Peter kleine Happen Kalbsleber, Schollenfilets, Leberwurst, Frankfurter und Krabben. Diese kleinen Stücke nahm Peter von der Hand auf, indem er seine berühmte Mittelkralle der rechten Pfote ausfuhr und in das Stück bohrte. Dann brachte er die Pfote äußerst manierlich zum Mund und aß ohne zu schmatzen und zu schlürfen. Danach bekam er eine Untertasse mit klarem Wasser gereicht, das er mit seiner rosa aufleuchtenden Zunge ebenso manierlich aufschlabberte. Ein paar Passanten und Kunden des Ladens blieben stehen und sahen entzückt zu.
„Wo mag er herkommen?“, fragten einige Leute.
„Wenn man wüsste, wie er heißt“, sinnierte ein Kunde.
„Ich kenne ihn“, verriet eine Frau, „er gehört zur Lohburg und heißt Peter der Große.“
Als Peter seinen Namen hörte, sah er die Frau an und ging zu ihr, um sich Kopf und Rücken streicheln zu lassen. Die Verzückung der Leute fand kein Ende.
„Ich habe eine Kätzin“, sagte eine feine Dame, „die ich eigentlich sterilisieren möchte, weil ich ihr dauerndes sexuelles Gemaunze und Gebaren nicht ertragen kann. Aber wenn sie von diesem Peter Kinder bekäme, wäre ich sehr zufrieden.“
„Das lässt sich doch machen“, sagte der Metzger, „ich liefere regelmäßig Fleisch und Fisch zur Lohburg und könnte Sie und Ihre Katze mitnehmen. Manchmal dauert das Kennenlernen zwischen Kater und Kätzin nur Minuten, dann sind sich die beiden einig und ruckzuck, die Sache ist gelaufen.“
„Oh danke, Herr Krakowiak, das ist ein guter Kundendienst.“

Die feine Dame hieß Conchita Pellengahr und führte ein Modegeschäft inmitten dieses ländlichen Dorfes, wo es keine Parkplatzprobleme gab und feine Kunden aus der Stadt ein gemütliches, fast privates Ambiente fanden. Als sie nun ging und ihre spitzhackigen Schuhe aufs Pflaster klapperten, folgte ihr Peter an ihrer rechten Seite bis in den Laden hinein, wo die feinnervige „Bastet", - frühere ägyptische Katzengöttin -, welche auf einem goldenen Hocker saß, Peter mit dem Aufschrei entfesselter, lang aufgestauter Begierde empfing und sich so schamlos anbot, dass Conchita schamhaft rot wurde und losschimpfen wollte. Das das Schauspiel „uralten Werdens und Vergehens", nach dem sie sich selbst ganz zweifellos sehnte, fesselte sie zum stummen Zusehen und Bewundern: Peter packte die paarungsbereite Bastet zwischen seine kraftvollen Vorderpfoten, kniff sein Gebiss in ihren Nacken und stellte im Ruckzuck, wie vom Metzger vorhergesagt, die Verbindung her. Wie ein echter Gentleman stieg er dann von Bastet ab, die nicht einmal den obligaten Erlösungsschrei ausstieß und sich hinter einem modischen Stoffballen zurückzog.

Als auch Peter auf einem Rokokokissen ruhen wollte, nahm Conchita ihn kurzerhand hoch, verließ ihren Laden, schloss ab und stieg mit Peter in ihren Beetle, um gemeinsam mit ihm zur Lohburg zu fahren. Er saß dabei unangeschnallt auf dem Beifahrersitz und betrachtete die ihm durchaus bekannte Landschaft.

„Ich habe Ihren Peter beim Metzger aufgelesen", sagte Conchita zu Carla, die sie an Hofauffahrt empfing, „ihn zu mir ins Geschäft mitgenommen und dort hat er, ehe ich eingreifen konnte, meine Kätzin Bastet gedeckt, dass mir und ihr die Ohren zitterten. Was bin ich Ihnen schuldig?"

„Normalerweise", antwortete Kathrin dazwischen, „macht das 100 Europiepen, aber Sie können mir aus Ihrem Laden ein paar neue Schuhe vermachen und müssen Ihre Katze bei uns in Peters Stammbuch eintragen lassen. Das mache ich für Sie, denn mein Bruder Franz, der die Buchführung macht, ist nicht da. Einverstanden?"

„Na klar, junge Frau."

So wurde eine neue Freundschaft geschlossen und bald mehr, denn Conchita fragte Kathrin so nebenbei, ob sie sonst noch Tiere liebe und habe:

„Mein Bruder führt eine Pferdefarm für Islandponys und Zwergpferde und könnte Dir, könnte Ihnen ein paar Pferde in Pension geben - wo Sie doch", ihr Arm umschloss halb Lohburg, „soviel Weideflächen zur Verfügung haben."

Kathrin und Carla schauten sich an, als ob sie nicht ganz verstanden hätten.

Das muss näher erklärt werden. Vor Weihnachten ging auf Lohburg eine Debatte los, was zu schenken sei und ob überhaupt. Kathrin und Paul waren sich einmal einig und wollten jetzt nichts geschenkt haben, - die Betonung lag auf „jetzt" -, aber dafür im Frühjahr „zu den vereinten Geburtstagen zum 7. und 9. ein Islandpony und ein Minishetlandpony.

„Für heranwachsende Menschen", sagte Paul, „erklärte unser Biologie-Lehrer, seien Kleinpferde das ideale Arbeitstier zugunsten Wachstum und Persönlichkeit, nicht nur Katzen und Hunde."

Na, wer mochte da widersprechen? Peter vielleicht. Franz unterstützte den Vorstoß und wollte später, wenn er 17 war, ein „richtiges" Pferd verlangen. Die Eltern taten zweifelnd, hatten aber schon Vorbereitungen zur Wiederherstellung des etwas maroden hölzernen Unterstands auf der Weide veranlasst. Aber wir können den Fortgang der Arbeiten dort und das Anschaffen der Pferde über Conchitas Bruder Anton Pellengahr nur dann schildern, wenn Peter der Hauptdarsteller bleibt.

Vorher aber kurz etwas über den erwähnten Unterstand. Er stand „seit altersher" auf der Weide, die jetzt für die Hühner eingezäunt war, dami der Fuchs diese leckere Beute nicht allzu leicht holen konnte. Sie besaß immerhin einen Betonsockel, so dass die eichenen Pfosten sie nach wie vor aufrecht hielten. Die Bretterwände sollten erneuert werden ebenso das Dach, was alles noch einigermaßen trocken hielt. Sollten sich hier wetterfeste Pferde unterstellen müssen, so dürften sie keiner Zugluft ausgesetzt sein und sie müssten sich hier gern unterstellen wollen, wenn ihnen Stechfliegen und Pferdebremsen zu sehr an den Wickel wollten. Das alles war so vor Weihnachten besprochen worden. Nur Augustus hatte beobachtet, dass Peter diese Unterkunft ein paar Mal zu Mittags- und Frühmorgensschläfchen benutzte hatte. Auch ein Paar Gartenschläfer, (schlafen nicht nur in Gärten), soll hier einmal eine Familiengründung versucht haben.

Überspringen wir die Renovierungsarbeiten soweit, wie Peter an ihnen nicht beteiligt war. Dann, als er eines Morgens im April die Hütte inspizieren wollte, fand er dort eine Rotte Männer, die eben, die Dorfkirchturmuhr hatte soeben 10 Uhr geschlagen, ihr zweites Frühstück aufaßen. Es roch nach Schweizer Käse, Butter, Schinken und Bier, alles Sachen, die Peter kannte und nur nebensächlich schätzte.

„Hier, Katze!“, rief eine Art von Vorarbeiter, „nimm und friss!“

Eine Scheibe Schinken segelte durch die Luft und blieb vor Peter liegen. Er reagierte nicht und blickte interessiert den Störchen nach, die aus Afrika kommend durchzogen.

„Das ist eine Edelkatze“, sagte ein Arbeiter rügend, „die kannst du nicht wie deine Frau behandeln. Sie her, so macht man das!“

Er erhob sich und reichte, sich niederbeugend, Peter ein anderes Stück Schinken. Peter spießte es wie bekannt auf und aß es stückweise direkt von der Kralle weg. Dann stellte er sich unter die noch immer dargereichte Hand und wuchtete seinen Kopf in sie hinein. Er wäre gern hier bei den Männern geblieben, aber für das mörderische Geschrei einer Flex war sein Trommelfell zu empfindlich. Später bei ruhigen Arbeiten, schaute Peter noch manchmal zu: Als die schmucken vierkantigen Eichenpfähle gesetzt wurden, als der grün ummantelte Draht, kein Stachel- und kein E-Draht, dreifach gezogen mit Krampen an diese Pfähle genagelt wurde, als man danach den alten Brunnen zur Tränke renovierte und schließlich als man am 1. Mai, ein Sonnabend, ein Richtfest für den Unterstand zelebrierte und dabei für Groß und Klein, behaart und befiedert, Zwei- und Vierbeinige grillte, dass die Schwarten krachten und die Feuerwehr wegen des Qualms alarmiert anreiste und mitfeierte. Hier trank Peter zum ersten Mal Bier, alkoholfreies natürlich, aß Pommes ohne Majo und schlabberte beim Zapfenstreich Kartoffeln mit Stippe. Ehe er sich in den Neubau verzog, dort die Leiter hinaufging, um im warmen trockenen Heu sein Dauernickerchen bis morgens um 10 zu machen. So bekam er nicht mit, dass Conchita Pellengahr unter ihm im Pferdestroh mit „ihrem Neuen“ und Letzten Zukunftspläne schmiedete.

Zwei neue Freunde. Sie heißen „Pippilotta“ und „Viktualia“ und sind von Beruf Island- und Shetlandpony.

„Wer einen Tag lang glücklich sein will, der betrinke sich!
Wer eine Woche lang glücklich sein will,
der schlachte ein Schwein und esse es auf.
Wer einen Monat lang glücklich sein will, der heirate!
Wer sein Leben lang glücklich sein will, der werde Reiter!“

Solche kruden Empfehlungen in einer Katzen-Biografie? Gemach – gemach! Wer schon einmal eine Katze auf dem Rücken eines Pferdes gesehen hat, wird jetzt nicht ungeduldig werden. Einen Viehtransport hat Peter noch nicht gesehen. Darum wunderte er sich, als aus dem Anhänger des Transporters, der jetzt am Sonntag, den 2. Mai auf den Hof rollte, zweistimmiges Wiehern ertönte. Auch donnerten Hufe gegen Türen. Pferdekacke war Peter auch neu, beleidigte aber seine Riechnerven nicht. Ein Mann, den er gestern schon gesehen und gehört hatte, nämlich Anton Pellengahr, begrüßte ihn kurz und schloss nun die Hintertür des Anhängers auf. Zwei unterschiedlich große Pferdepopos zeigten sich und entluden jetzt die zu lange aufgesparten Pferdeäpfel. Danach ergossen sich zwei Pipiablässe noch in den Anhänger und spülten die Küttel auf den Hof – Sauberkeit ist bei Pferden ein Lebenselixier!

Zuerst betrat Pippilotta, 4, Stockmaß 140 Zentimeter, Gewicht 320 Kilogramm und Leihgabe an Paul den Lohburger Boden. Ihr folgt Viktualia, 4, Stockmaß 87 Zentimeter, Gewicht 120 Kilogramm und Leihgabe an Kathrin. So war's also nichts mit eigenen Pferden, mit denen man, so das Argument, im Winter schwerlich würde fertigwerden können. Peter war inzwischen des besseren Überblicks wegen auf den Tiertransporter geklettert und sprang von dort in einem kühnen Bogen auf Pippilottas Rücken. Doch Islandpferde lassen sich nicht einmal bei Vulkanausbrüchen aus der Ruhe bringen und Pippilotta schien also Reiter zu kennen und zu akzeptieren. Auf dem Weg zur neuen Weide wechselte Peter auf den Rücken Viktualias über, die ob solchen Spaßes fröhlich aufwieherte.

Paul und Kathrin führten ihre neuen Gefährten an das Hecktor der Weide, gaben ihnen dort auf Anraten des Augustus ein Stück Lakritzstange zum Lutschen, machten das Tor auf und geleiteten sie ein Stück Wegs weiter, ehe sie die Pferdchen freiließen, ohne ihnen das Kopfgeschirr abzunehmen. Nachdem sie dann noch ein paar Streicheleinheiten verteilt hatten, wussten die Tiere, wer ihr neuer Chef war. Sie gingen zuerst zur Tränke, Peter übrigens noch immer auf Viktualias Rücken, den er dort verließ und in die komfortable Hütte voranging. Er wurde von einem aufgeregten Schwalbenpaar empfangen, das angefangen hatte, an einen Tragbalken sein napfartiges Nest anzukleben. Es musste sich entweder beruhigen oder woanders neu anfangen.

Die beiden Kinder wussten nicht, dass ihre Eltern mit den Pellengahrs eine Probezeit vereinbart hatten: Die Erfahrung lehrte diese Fachleute, dass Erstbegeisterung kurzfristig sein kann, aber die Arbeit der Versorgung, Fütterung und Fellpflege garantiert langfristig ist und in knapper Freizeit zur Schule nebenher gemacht werden muss. So kam's, wir machen wieder einen Vorgriff, dass es Peter war, der die meiste Zeit mit den beiden Ponys verbrachte. Ein altes Sprichwort warnt:

„Reiten, oh weh, tut dem Hintern weh!“

Nur eben bei Peter nicht. Wenn Pippilotta und Viktualia bei schwülem Wetter des kommenden Sommers weideten, konnte man ein Schauspiel beobachten, das man vergaß filmen zu lassen: Peter hockte nicht tatenlos auf den Pferderücken, Er fing den beiden die Viehbremsen weg, die heutzutage bei weitem nicht mehr so zahlreich wie vor fünfzig und mehr Jahren sind, weil alle fliegenden Insekten dem Fortschritt in der Landwirtschaft zu mehr als 90% zum Opfer gefallen sind, aber solche Werte zählen nicht, wenn das Vieh von ihnen befallen wird.

Peters feines Gehör, - er hätte im Krieg sicher feindliche Flugzeuge eher wahrgenommen als die Bevölkerung -, hörte die Blutsauger herankommen, und wenn sie in Greifnähe waren, fing er sie aus der Luft und steckte sie ins Mäulchen – „morte est!“ Hatten sie sich bereits im Pferderücken oder am Hals festgesaugt, langte er herüber, riss sie aus der Haut und ließ die so Schwerverwundeten zu Boden fallen. So machte er es abwechselnd, indem er immer wieder, in der Stunde wohl zwanzigmal, vom einen

Rücken auf den anderen sprang. Diese tierische Symbiose währte nicht eine Jahreszeit lang, da begannen die großen Ferien und so weiter... Pippilotta und Viktualia – eine Liebesromanze für Peter und sonst nichts auf Lohburg, als sie wieder bei den Pellengahrs auf der Weide standen und täglich ausgeritten wurden...

Nach den bekannten 63 Tagen wurde Peter erneut Vater: Denn Bastet kam in Conchitas Laden unter der Theke nieder und gebar Sechslinge, welche so niedlich ausfielen, dass sie noch vor der Entwöhnung verkauft waren. Nachdem die beiden Ponys Lohburg verlassen hatten, meldete sich ein Interessent, die Weide zu pachten und auf eigene Kosten so herrichten zu lassen, dass zwei erwachsene und wahrscheinlich trächtige Damtiere (weibliche Damhirsche) und ein Spießer (männlicher Junghirsch) dort existieren könnten. Das passte ganz gut, denn man hatte auf Lohburg keine Lust, das rasch nachwachsende Gras der Weide zu mähen. Noch vor der sommerlichen „Großveranstaltung" Lohburgs standen die drei hübschen und zutraulichen, mit hellen Flecken und Punkten versehenen Tiere auf der Weide.

Ein Kultur- und Sommerfest auf der Lohburg

Es gab dieses Sommerfest schon einmal, nämlich „bevor das Fernsehen die Leute von sinnvoller kultureller Beschäftigung abhielt". Dieses vernichtende Urteil traf die Fernsehmacher, ob öffentlich-rechtliche oder kommerzielle, in Mark und Bein, änderte aber nichts. Nun entschlossen sich die Eheleute Karl und Carla zu einem Neuversuch. Wir schildern hier nicht den Auf- und Abbau in den zwei Tagen Sonnabend und Sonntag innerhalb der großen Ferien, sondern nur jene Veranstaltungen und „Events", an und auf denen Peter der Große Akteur oder sogar Hauptdarsteller war. Petrus, einer der ersten Fernseher überhaupt, hatte Einsehen oder Verständnis und verbot jeder Regen- oder Gewitterwolke den Kurs auf Lohburg zu nehmen. Es erübrigt sich eigentlich zu erwähnen, dass professionell nicht nur fürs Trink- und Essbare gesorgt wurde, sondern auch für „die Reziglierung“ (schwyzerdütsch für Entsorgung oder Wiederverwertung) des Getrunkenen und Gegessenen.

„Eine Modenschau für Landleute?“
„Warum eigentlich nicht?“
So hatte Conchita ihre Konfektion durchsucht und ein paar Klamotten gefunden, welche von begabten ländlichen Schönheiten den Besuchern und Besucherinnen Lohburgs angepriesen wurden: Röcke fürs Melken, Hosen fürs Erbsenpuhlen, Schuhe am Kochherd zu tragen, Handschuhe beim Holzhacken und „Schlafer“ für die Nacht. Es wurde höflich geklatscht und „vielleicht“ gekauft, bis das nächste Model alle Aufmerksamkeit auf sich zog: Peter der Große. Er folgte Conchita selbst, die das gar nicht merkte, bis „standing ovations“ aufklangen, welche sie gar nicht auf sich beziehen konnte. Peter verneigte sich und suchte die Souvenirs zu fangen, die ihm zugeworfen wurden. Da verneigte sich Conchita und erklärte:
„Mein neuestes Model Peter der Große, der neulich in meinem Laden Hochzeit gefeiert hat. Er kennt Modeschauen.“
Sie nahm ihn mit in ihr Wohnzelt und ließ die Dreimannkapelle eine Katzenpolka spielen, bis sie Peter auf den Laufsteg schickte. Er trug jetzt eine Babyhose, ein passendes Jäckchen dazu und sah so allerliebst aus, dass bei den Zuschauern Tränen der Begeisterung und Entzückung flossen „wie’s Brünnlein auf der Wies’n“.

„Darf's ein bisschen Klassik sein?"
„Warum eigentlich nicht?"
In der Kutschenremise, wegen des besseren Schalls mit einer provisorischen Wand im Hintergrund versehen, saßen fünf Musiker des städtischen Orchesters und stimmten ihre Instrumente: vier Streicher und ein Klavier, so dass von einem Quintett gesprochen werden konnte. (Forellen gab's hundert Schritt weiter neben der Würstchenbude.) Eine Fünfergruppe benötigte keinen Dirigenten, ein Teilnehmer musste den Einsatz mit Kopfnicken geben, den nun der Pianist gab:
„An einem Bächlein helle..." (Hier ohne Text natürlich.)
Doch ein Todesschrei kam ihm zuvor: Einer der vielen Nachkommen König Birlibis stieß ihn aus, weil ihm Peters Eckzähne so ins Hinterteil fuhren, dass er vorerst noch nicht starb und einen Meter weiter unter einen der Notenständer flüchten und sich im Dreieck verbergen konnte, das durch zwei lackierte Schuhe und dem Ende des Cellos gebildet wurde. Die Ratte schwieg, Peter ebenfalls und „Die muntere Forelle..." konnte beginnen und weitergehen. Peter war mehr als life dabei, denn er war auf den Flügel gesprungen und verfolgte dort die Auf- und Abbewegungen der stoffbezogenen Hammer. Er schien auch den Tönen und der Melodie zu lauschen. Nach dem Ende der Forellen-Varitionen, als der Pianist sich erhob, schritt Peter nach vorne und setzte sich vorsichtig, natürlich doch einen Anschlag verursachend, auf die Tastatur – der schon abebbende Applaus brandete noch einmal auf. Für die Tierkörperbeseitigung war Augustus verantwortlich...

Den letzten musikalischen Bubenstreich teilen wir mit, weil Peters neuer Freund „Pfauhahn II.", ihn verursachte. Es ging noch einmal um Franz Schubert, den Schöpfer jener Melodien und Gesänge, „die auch Tieren zu Herzen gehen": „Am Brunnen vor dem Tore" und „Das Wandern ist des Müllers Lust...". Bariton Karlos Klauber, 46, wollte sie und andere zu Gehör bringen und öffnete derart den Mund, dass beinahe der Höhlenbrüter *Parus major,* die Kohlmeise, zum Füttern hineingeflogen

wäre, als rechtzeitig Pfauhahn II. seinen Schnabel aufriss und sein weitschallendes „Miiiiimiauau“, das ist der Ruf seiner Art, hören ließ – Peter war nämlich zu ihm hinauf auf den Ast gesprungen!
„Naja“, sagte Karlos und lachte, „Natur und Musik passen immer zueinander.“

Im übrigen war es an diesen beiden Tagen so, dass Peter voll beschäftigt war. Er fuhr mit auf dem Karussell, brachte Kindern, die nett zu ihm gewesen waren, frischtote Mäuse als Gegengeschenk, durfte zwischen dem Kinder-Schützenkönig und seiner Frau sitzen und aus dem Ehrenpokal nippen, bekam die Goldene Kette umgehängt und sollte vom Ehrenkuchen, Marmorkuchen mit Schlagsahne probieren – was er verweigerte. Beim Tauziehen und Sackhüpfen schaute er ohne Anteilnahme zu, aber der Minigolfplatz interessierte ihn sehr, wenn die Bälle übers Ziel schossen und auf die Wiese flogen. Beim Tischtennis-Zugucken verrenkte er sich beinahe des Hals, weil er seinen Kopf auch bei einer langen Ballfolge immer mitgehen ließ.
„Der will auch mal spielen“, sagte ein Spieler.
Und tatsächlich, als der Ball am Tisch vorbei und auf ihn zuflog, da knallte ihn Peter mit einer „Handbewegung“, die niemand mitbekommen hatte, zurück und an den Kopf eines Zuschauers. Damit wurde das Spielzeug des Tages gefunden: der kleine weiße Tennisball, und mit ihm **das Spiel** des restlichen ersten Tages.
„Wer wagt es, gegen Peter den Großen anzutreten?“
Kathrin rief’s, setzte als Preis eines ihrer neuen Kaninchen aus und erklärte die Spielregeln:
„Der Spieler oder die Spielerin muss immer auf gleichem Platz stehen und Peter den Ball in einem aufsteigenden Bogen und ohne alle Tricks sachte zuwerfen. Es gilt, Peters Gegenwurf aufzufangen. Jedes Spiel läuft mit zehn Würfen. Wenn Peter keine Lust mehr hat, müssen wir aufhören. Wer seine Gegenwürfe am meisten auffängt, hat gewonnen.“
Da zogen natürlich kulturelle Veranstaltungen nicht mehr!

Ebenso natürlich war, dass Peter Tricks nicht kannte. Er reagierte einfach auf seine Art und Weise: Die Rechte vorgeschnellt, die Krallen eingezogen und dem ankommenden Ball eins pfeffern, dass er bald Macken bekam und unregelmäßig zurückflog. Das Spieltempo bestimmte allein sein Gegenspieler, denn dieser musste, wenn ihm nicht die Spontanabwehr des Balles gelang, diesen wieder heranschaffen oder von einem Gehilfen heranschaffen lassen. Bei den ersten drei Kindern gelang Peter je ein 10 zu 0, dann kam ein flotter Handballspieler des örtlichen Jugendverbandes heran und schaffte vier Fänge von Peters zehn Abwehrwürfen, doch dann war Peter ka-o und ging zur abgestellten Cocacola-Tasse eines Spielers und löschte seinen brennenden Durst – eine Held des Tages darf sich alle erlauben.

Der Rest des Tages endete für die meisten Kinder und Jugendlichen, die mit ihren Eltern oder Verwandten hier waren, am Lager- und Grillfeuer. Noch immer war das Stockbrot bei Kindern beliebt und alle wollten Peter oder Maunzi und die mitgebrachten Kleinhunde füttern, doch diese hielten sich lieber bei den Grillständen auf. Hunde? Wenn auch kleine? Ja, waren erlaubt und es zeigte sich, dass alle mit Peter gut auskamen, wenn auch die Kläffer unter ihnen erst eine leichte Maulschelle kassieren mussten. Etwas abseits hockte eine kleine Sängergruppe mit untereinander geschlagenen Beinen auf dem Grasboden und sang unter Anleitung Tante Cillys alte Lieder von Liebesleid und Tod. Über allem schwebten Carla und Karl als Gastgeber und Spender und sahen als einzige teilnehmer, dass Peter sich endlich verdrückte und zur Damwildwiese und deren Hütte schnürte – „Ruhe sanft!“

Ehe am anderen Morgen der Rummel wieder losging, konnten die Lohburger eine Steigerung von „Bild für die Götter“ bewundern; (kann es so etwas überhaupt geben?): Vor der Übernachtungshütte standen zwei Damwildkälber, richtige kindliche Persönlichkeiten das, auf wackeligen vier Beinen und Peter als eine Art Aufseher zwischen ihnen! Die drei erwachsenen Tiere grasten das feuchte Grün ab und nur die beiden Mütter äugten mal herüber und schienen sich um den schwarzen Kater nicht zu kümmern. Die wohl erst seit Minuten trockenen Kälber stupsten

Peter auffordernd an, um, wie Augustus sagte, „ihnen endlich sein Euter zum Saugen zu zeigen“.
„Das kann nicht gutgehen“, kommentierte Paul, „denn er kann ihnen ja nicht die lebenswichtige Erstmilch bieten.“ Nun bequemten sich endlich die beiden Mütter herbei und nach einer kurzen Verwechslung hatte jedes Kalb seine passende Mutter gefunden.

Die ersten Schausteller und Budenbesitzer rückten an. Inzwischen hatte das komplette Lohburger Federvieh vom Platz Beschlag genommen, suchte nach essbaren Überresten von gestern und hielt damit den Platz sauber, küttelte jedoch fleißig herum. Peter kam herbei und mischte sich unter sie. Heute stand ein Programm an, bei dem Peters Dabeisein problematisch werden konnte: Hunde-Agility. Aber es waren nur kleine Hunde zugelassen. Wir vermelden vorab, dass es zwischen ihnen und Peter keine Probleme gab, weil Peter von einem erhöhten Standpunkt zuschaute und die überaus eifrigen Hunde nur Augen und Ohren für ihre Herrchen und Frauchen und ihre Aufgabe hatten.

Etwas ganz Neues bannte Peters Aufmerksamkeit: eine Gulaschkanone! Bekanntlich wird in ihr mehr Erbsen- und Bohnensuppe gekocht als Gulasch zubereitet. Der Betreiber, Exchefkoch Bruno Abramowski, 50, hatte zu Hause schon die Erbsensuppe aufgefüllt und brauchte nun noch nur anzuheizen - schon nach dreißig Minuten begann leckerer Duft durch die Gegend zu ziehen. Peter hielt sich in der Nähe und sog ihn tief ein. Neben ihm saß sein neuer Freund Zwergpudel Freddy, 2, pechschwarz wie er und ein Ausbund von Lebhaftigkeit, der zu seinem Spitznamen „Hüpfdohle“ führte. Besitzerin Roswitha Wippermann, 50 und Hundenärrin bis zur Selbstaufgabe, hatte zwar gewarnt, dass Freddy ein unverbesserlicher Katzenhasser sei, der jedem Kater, und sei er doppelt groß, an die Gurgel fahren würde, aber vor Peter hatte er den Kotau, (chinesische Verbeugung, auch Diener genannt), gemacht und sich damit als Untergebener erklärt.

Augustus hatte von Karl Vollmacht erhalten, für Ordnung und Sicherheit der Betreiber zu sorgen, damit kein Unfall pas-

sieren könne. Augustus machte also seinen Rundgang und blieb an der sich erwärmenden Gulaschkanone stehen.
„Passen Sie auf", sagte er zu Bruno und wies auf den offenen Kochtopf, „Dass Ihnen kein Tier hineinspringt."
„Okay", war die Antwort, „Fleisch ist genug in der Suppe."
Doch Augustus war nicht zum Spaß zumute, wenn er die vielen zappeligen Hunde ansah, die auf dem Hof wimmelten und jetzt eine Arbeitspause hatten, „kommen Sie mit in unsere Werkstatt, da können Sie Maschendraht finden und ihn so herrichten, dass Sie ihn über den Suppenpott legen können."
Damit glaubte Augustus einem etwaigen Unglück vorgebeugt zu haben.

Es wäre auch alles gutgegangen, wenn in diesem Augenblick nicht der Damwildbesitzer Kunibert Zimmerling, der auf den Hof gekommen war, um seine Tiere zu versorgen, mit den beiden Kälbern unterm Arm auf die Bühne getreten wäre. Er glaubte, den inzwischen zahlreich erschienenen Kindern und Jugendlichen und auch den Kälbern einen Gefallen zu tun, um diese an Menschen zu gewöhnen und die jungen Menschen zu verwöhnen: sanfte Streicheleinheiten auszuteilen ist mindestens so angenehm wie sie zu empfangen. So wandten sich aller Augen hier auf diese Szenerie, während Bruno in der Werkstatt dabei war, sich den erwähnten Maschendraht zurechtzubiegen. Als er zurückkam und ihn auflegte war er froh, dass sowohl Peter als auch Freddy nicht mehr vor der Gulaschkanone hockten und sich wohl unters Volk gemischt hatten.

Als Peter, der sich tatsächlich zu den ihm bereits bekannten Kälbern gesellt hatte und diese an Hals und Mäulchen zu belecken begann, blieb kein Auge trocken und gehauchte, gestöhnte und gemurmelte „Ah" und „Oh" und „Wie niedlich" ertönten und einten die Zuschauer schlagartig in eine Gemeinschaft echter Tierfreunde und –liebhaber. „Tutti" und „Frutti", wie die Kälber spontan getauft wurden, und Peter natürlich mussten schwerste Kaliber von Liebkosungen über sich ergehen lassen, denen nur Peter sich entziehen konnte, indem er seinen Freund Freddy aufsuchte – aufsuchen wollte!
„Freddy ist nicht mehr hier", sagte der zurückgekehrte Bruno zu ihm und stellte Peter einen Napf Erbsesuppe vor die Füße.

Peter aß manierlich ein paar Hapen außer der versalzenen und noch mit Pelle versehenen Mettwurst und hörte nur halblaut hin, als Roswitha Wippermann schrill und hysterisch „Freddy-F r e d d y-F r e d d y“ zu schreien anfing.
Freddy antwortete nicht, Augustus aber spürte so etwa wie einen Stich ins Herz, zuckte zusammen und sah zum Bruno hinüber. Dieser füllte und verkaufte einen Becher Suppe nach dem anderen, denn es war inzwischen 12 Uhr geworden. Um 13 Uhr sollte der zweite Durchgang für die Hunde stattfinden. Augustus ging zu seiner Cosima, welche im 8. Monat stand, und meldete ihr seine Sorge:
„Es scheint, dass der vermisste Freddy in der Erbsensuppe mitgekocht wird.“
„Und warum glaubst du das?“
„Eben weil er auf seinen Namen nicht antwortet, ein vorwitziges Kerlchen ist und Bruno für ein paar Minuten die Kanone alleingelassen hat. Nur einer weiß genau Bescheid.“
„Und wer ist dieser eine?“
„Peter der Große. Er war mit dem Hund allein am Kochpott.“
Tante Cilly beobachtete von weitem das sorgenvolle Gespräch, trat heran und wurde eingeweiht. Zu dritt sahen sie nun, dass der Ausschank der Suppe wohl zu Ende ging und Bruno offenbar, sich verstohlen und bleichen Gesichts umsehend, keine zweite Portion anzusetzen gedachte. Denn er schloss die Gulaschkanone mit dem Deckel und verkündete:
„Bedaure, liebe Leute, die Tischzeit ist um, ich muss um 16 Uhr auf anderen Party sein!“
„Freddy!“, klang es weinerlich, klagend und empört zugleich, „Freddy, so melde dich doch!“
Einige Hundebesitzer riefen und suchten mit. Augustus ging los und sprach zuerst Roswitha an: „Ihr Freddy wird die Ohren vollgehabt haben von diesem Rummel hier und wird sich wieder einfinden.“ Und zu Bruno sagte er: „Haste den Freddy inne Suppe mitgekocht?“ „Ja, Chef.“
Das Triumvirat (Dreierdiktatur) Augustus, Cosima und Tante Cilly beschloss, alle drei Lippenpare strengverschlossen zu halten und vielleicht später einmal, wenn Witzeerzählen auf dem häuslichen Programm stand, die Lippen zu öffnen...

Wir haben während der bisherigen Ereignisse unsere drei Kinder ziemlich außer acht gelassen, so, als wären sie gar nicht mit von der Partie gewesen. Kathrin war hauptsächlich damit beschäftigt, gleichaltrigen Kindern und interessierten Erwachsenen die vielen Jungtiere vorzustellen und namentlich zu nennen. Sie war weniger an Kinderspielen beteiligt, führte am liebsten Peter in einigen Kunststücken vor, die sie als eigene Erfindungen darstellen konnte. Paul war meist sportlich beschäftigt, machte Kinderboxen mit Ka-O-Siegen mit, siegte auch beim Kutschenrein- und Kutschenrausklettern und demonstrierte mit Peter das „Killen von Mäusen“, welche er vorher in seinen Fallen gefangen hatte. Franz tat sehr erwachsen und ließ nicht zu, dass wirkungsvolle Motive mit Peter, Maunzi und Pfauhahn II. aufgenommen wurden. Denn er hatte einem freien Mitarbeiter der Kreiszeitung einen Wink gegeben, dass hier am Sonntag eines geschehe, was eine Lokalredaktion interessieren müsste.

Und dieser freie Mitarbeiter namens Hermann Wulff, 21, stand nun unentschlossen im Tor und wurde von Augustus empfangen. Er und Franz hatten beschlossen, in allen Berichten Peter den Großen in den Vordergrund zu rücken. Und das gelang ihnen so gut, dass in der nächsten Mittwochausgabe der Zeitung Peter in Wort und Bild so herausgestellt wurde, als wäre er der kommende Bundestagskandidat einer neu zu gründenden Partei: Peter als Schützenkönig; Peter als Modegeck; Peter auf der Gulaschkanone wie ein Feldherr posierend; schwarzer Peter auf schwarzem Flügel der Musik unter ihm lauschend; und schwarzer Peter mit hellbunten Hirschkälbern kalbernd. Alle Fotos hatte Franz geschossen!

Sommer-Abenteuer

Als Haus Lohburg gegen 22 Uhr von allen Fremdkörpern A wie Automobile bis Z wie Zigarettenkippen gereinigt war und man noch bis zur vollkommenen Dunkelheit in der Veranda beisammen saß, zog die Familie einschließlich Peter Bilanz:

„Nie wieder solchen Mumpitz!“

„Papa, was ist Mumpitz?“, fragte Kathrin.

Franz eilte zum Bücherschrank, holte das Lexikon heraus und antwortete für seinen Vater:
„Nicht beachtenswerter Blödsinn."
Das war den meisten Anwesenden zu hart geurteilt. Vor allem im Hinblick auf Peter, der, wie alle übereinstimmten, eine hervorragende Figur gemacht und Lohburg wirkungsvoll vertreten hat.

Nach dem Artikel in der Lokalpresse kam auch das Lokalfernsehen auf den Geschmack: Tiere kommen immer gut an! Aber Franz, der solche Projekte jetzt allein in die Hand nahm, war gebranntes Kind, seit ihm ein Landwirt erzählt hatte, „die haben bei mir fast einen ganzen Tag lang gedreht, wie man immer noch sagt, und herausgekommen ist eine Sendung von fünf Minuten".
„Das wird Peter sich nicht gefallen lassen", sagte Franz und meinte natürlich sich selbst.
„Für jede Minute", erklärte er den Fernsehleuten, „die Sie ihn fürs Vorbereiten, für die Maske, für die Versuche und Voreinstellungen und endlich fürs Filmen beanspruchen, berechnet er Ihnen durch mich 15 Euro bar auf die Hand."

Das wollten sie nicht zahlen und sie zogen ab. Damit war der Weg frei fürs ZDF, das anfragte, ob schon andere Fernsehsender Aufnahmen gemacht hätten. Franz wiederholte seine Forderung, erhöhte aber den Preis auf 50 Euro.
„Abgelehnt!"
„An der Spitze der Sender", mokierte sich Augustus und strich dem schlafenden Peter sachte über den Rücken, „sitzen Herrschaften, die mehr verdienen als Bundeskanzler und andere Minister beiderlei Geschlechts, und hier bei uns knickern sie herum."

In der Woche vor den großen Ferien veranstaltete Kathrins Schulklasse eine Dreistunden-Dampferfahrt auf dem Strom, der zur Nordsee führt und nur aus drei Buchstaben besteht.

„Ich mach nur mit“, forderte Kathrin, „wenn Peter mitfahren darf.“
„Und wenn er seekrank wird?“
„Dass Tiere seekrank werden, davon haben Leute wie Kolumbus und Cook nichts berichtet“, sagte Franz, um seiner Schwester zu helfen.

Großes Hallo, als Kathrin und Peter aus Carlas Auto stiegen, welche sie zum Hafen gebracht hatte. Ehe die beiden begleitenden Lehrkräfte dahintergekommen waren, befand sich Peter an Bord und begann, das neue Umfeld zu erkunden. Minutenlang stand er dann vorn am Bug, um das unter ihm verschwindende Wasser zu beobachten. Dann ging er nach hinten, natürlich immer in Begleitung von Kathrin, und schaute dort dem Wasser nach, das sich von ihm entfernte. Danach ging Kathrin mit ihm zum Steuerhaus, wo Kapitän Jan Schlotterbeck erst zornig werden wollte, „weil Tiere hier nichts zu suchen haben“, aber Peter setzte seinen unwiderstehlichen Blick auf und sprang auf die Konsole, wo,- man höre, lese und staune! -, Mischlingshund Kikero, 2, seinen Vormittagsschlaf schlief. Peter fackelte nicht lange, legte sich zu ihm, - schwarz neben schwarz! -, und begründete damit eine Freundschaft, welche alle Zeiten bis zum beiderseitigen Ende, - welches wir dann aber nicht mitteilen werden -, unbeschadet und in ewiger Zuneigung überstand.

Das muss erklärt werden: Jan wollte Kikero schon lange loswerden, weil seine ziemlich rabiate Ehefrau ihn, den Hund, nicht mehr zu Hause sehen wollte, - („weck mit dem fiesen Köter! – einer von uns muss weck!“), und weil er sie, seine Ehefrau, nicht „weckmachen“ konnte, musste Kikero die Schiffstouren mitmachen.

Kathrin setzte nun ihren ganzen Scharm ein, um den Kapitän für sich zu gewinnen:
„Sie wissen doch sicherlich alles, was mit Wasser zusammenhängt, nicht wahr, Herr Kommandant?“

„Ja, so ziemlich alles. Was willste denn wissen?“
„Meine Lehrerin da unten kann mir nicht erklären, was der Unterschied zwischen Fluss und Strom ist.“
„Das wissen fast alle Landratten nicht.“
„Was ist eine Landratte?“
„So eine wie du, mein Kind, die nicht an der Küste eines Meeres großgeworden ist. Also: Ein Strom wie dieser, auf dem wir uns momentan befinden, fließt direkt weiter ins Meer. Aber ein Fluss kann beides sein: Er fließt in einen anderen Fluss, zum Beispiel der Main in den Rhein. Also: Strom ist ein spezieller Ausdruck, Fluss ein allgemeiner. Kapiert – capito?“
Kathrin nickte und streichelte Kikero und Peter.
„Diese beiden“, sagte Kapitän Jan freundlich zu Kathrin, „werden wir nicht mehr auseinanderbringen. Nimm den Hund mit, wenn du von Bord gehst. Ich schenke ihn dir!“
Als hätte sowohl Peter als auch Kikero, (vom Altrömer Cicero), dieses Angebot gehört und verstanden, erhoben sie sich und folgten, ohne Abschied vom Kapitän, Kathrin aufs Ausflugsdeck.

Dort, war doch ganz klar, fesselten sie alle Ausflügler-Augen auf sich, so dass die meisten Sehenswürdigkeiten ungesehen an den Ausflüglern vorbeizogen. Als Kathrin sich zu einem älteren Ehepaar setzte, das sie unentwegt angestarrt hatte, sprang Peter ihr auf den Schoß, während Kikero sich auf ihre Füße legte.
„Du hast ein Herz für Tiere, nicht wahr?“, fragte der Mann.
„Ja“, antwortete Kathrin, „sie laufen mir nach wie die Ratten dem Rattenfänger von Hameln.“
„Hast du viele Tiere zu Hause?“, fragte die Frau.
„Massenhaft.“
Kathrin zählte sie auf, die Hirsche, das Federvieh, andere Katzen, die Schwalben und ihren Goldhamster.
„Haben Sie auch Tiere?“, fragte sie dann.

„Ja, einen sterilisierten Kater wie deinen hier. Er ist zwanzig Jahre alt, ein echter Senior wie wir, und wir können ihn in unserer Etagenwohnung nicht mehr halten.“
Aha, dachte Kathrin, da weht der Wind her!
„Und in ein Tierheim soll er nicht“, ergänzte der Mann betrübt.
Kurz und gut: Obwohl Kathrin noch nicht geschäftsfähig war, machte sie ein Geschäft mit den Eheleuten:
„Ich“, sagte sie, „und meine Eltern werden Ihren Kater in Pension aufnehmen, dann ist unser Peter“, dieser horchte auf und hob den Kopf, „nicht mehr allein beim Spielen und es kostet nur 100 Euro im Monat für Sie.“
Das wurde bei der Ankunft im Hafen, wo Kathrin von Tante Cilly abgeholt wurde, abgemacht, per Händedruck besiegelt und für ein halbes Jahr im voraus bezahlt. Kikero hielt sich dicht an Peters Fersen und nahm mit ihm auf dem Rücksitz Platz, als gehörte er seit Jahren zur Familie.

Seit Pollux Abgang gab es keinen vierläufigen Hofwächter mehr auf Lohburg, aber jetzt war einer da. Und was für einer! Ohne seine Hausgenossen näher zu begrüßen stürmte Kikero zur Hundehütte, warf Maunzi hinaus, bemäkelte das Fehlen des Futternapfes und eräugte spontan das kleine Damwildrudel. Nichts wie hin? Nein, er betrat die Weide ohne jede böse Absicht, obwohl der Spießer ihm zum Schein seine beiden Spieße zeigte, und begab sich zur Tränke, wo soeben eines der Kälber Wasser trank. Kikero steckte seine Schnauze mit in den Napf und während das Kalb richtig, wie wir Menschen durch Einsaugen trank, musste er das Wasser mit der Zunge aufschlabbern. Dann ging er in die Hütte und ward bis zur Dunkelheit nicht mehr gesehen.

Kathrin hatte Kikero ein wenig gefüttert, indem sie zwei Frankfurter drittelte und sie gerecht mit ihm und Peter aufaß. Was war das schon, wo Kikero doch gewohnt war, von Kapitän Jan Schlotterbeck mittags mit fünf derartigen Würstchen versorgt zu werden. Also zog es Kikero ins Haus, wo alle ihn begrüßten und er alle begrüßte und zum Abendessen eingeladen wurde. Noch wusste niemand, welche Qualitäten als Hofwächter in ihm schlummerten, aber man gestand ihm eine Eingewöhnungszeit zu, eine Einarbeitungsszeit sozusagen, wie jedem neuen Mitarbeiter. Augustus beobachtete, wie Kikero nach dem Abendessen zwar auf die Hundehütte zuschritt, aber nicht in sie hinein, sondern stattdessen sich zur Wildhütte begab und dort wohl die Nacht zu verbringen gedachte.

Kurzentschlossen lud Augustus die Hundehütte auf eine Schubkarre und karrte sie zur Wildhütte, natürlich abends immer von Peter begleitet, und stellte sie an die Hüttenwand gelehnt auf. Und siehe da: Kikero bezog sie schnurstracks, rollte sich aber nicht zum Schlaf zusammen und beobachtete seinerseits das Damwild, das sich zum Nachtäsen über die Weide verstreut hatte.

„Gute Nacht“, sagte Augustus zu Kikero, der dankbar seine Hand leckte.

„Gute Nacht“, sagte Augustus zu Peter, der Miau antwortete und seine Pfoten leckte.

Eine gute Nacht wurde es allerdings den Wünschen entgegen nicht! Wie üblich war das Hoftor von Augustus wie immer geschlossen worden, doch wer ein ordentlicher und erfinderischer Einbrecher oder Einsteiger ist, der lässt sich von einer einmal geplanten bösen Tat nicht abhalten. Zumal Alois der Knacker, schon 52, sich von seiner Geliebten hat sagen lassen müssen, „in der Kühltruhe ist kein Fetzen Fleisch mehr!“ Früher, in seinen kriminellen Sturm- und Drangjahren, hat er mal gewildert, aber nachdem ihm eine Jägerkugel knapp am Kopf vorbeigezischt war, hatte er diese Beschäftigung aufgegeben. Aber nur insoweit, dass er nicht mehr in Forst und Wald agierte,

sondern scheinbar friedlich im eigenen PKW mit seiner hungrigen Geliebten über Land fuhr.
„Da schau her“, sagte sie, „und fahr langsam, damit wir beobachten können.“
Sie beobachteten dann insgesamt fünf Stücke (ein Jägerausdrck) Damwild, dabei zwei allerliebste, „als Braten gewiss besonders zarte Kälbchen, mit denen du leicht fertigwerden kannst“.
Er war auch dieser Meinung, genau einen Tag, bevor Augustus die Hundehütte neben die Wildhütte gestellt hatte.

Wie tief schlafen Tiere? Wir wissen es nicht, bei Wildtieren kommt Tiefschlaf sowieso nicht vor, wenn sie keine Winterschläfer sind. Aber bei Haustieren? Sie haben alle inzwischen die Entspannung erlernt, welche eine Vorstufe des Schlafes ist. Nehmen wir als aktuelles Beispiel unsere beiden Protagonisten, (Hauptfigur einer Handlung), welche noch immer, trotz Hunderte von tausend Jahren Evolution, halbwilde oder halbdomestizierte Individuen sind: Peter und Kikero – in ihrem Leben hier auf Lohburg sind sie weniger domestiziert als ihre Kollegen in geheizten Stadtwohnungen und unter überquellender Vorsorge ihrer Herrchen und Frauchen.

Das zeigte sich sofort. Es war 2 Uhr, jene Nachtzeit, die von losen Gesellen wie Alois die Hauptarbeitszeit darstellt. Er hat seinen PKW zehn Minuten Wegs abgestellt und sich nach Apatschenart bis an den Zaun der Weide angeschlichen. Die Luft war rein wie samt und Seide, das Damwild war kein echtes Wild mehr und kannte die Menschheit nur von ihrer entgegenkommenden Seite. Die beiden Kälber lagen nach Damwildart die ersten Tage und Nächte abseits ihrer Mütter. Alois kam näher. Da bemerkte Kikero, dass sein Partner Peter das Schnurren abgestellt und den Kopf angehoben hatte. Kikero erhob sich und steckte seinen dunklen Kopf zum Eingang hinaus. Was er sah und witterte erinnerte ihn an ferne Zeiten, als er eine kleine Kate mit Schafen zu bewachen und er einen Schlag an seinen Kopf bekommen hatte. Dieser Schlag ermöglichte es den damaligen Tätern, mit Beute zu entkommen.

Wie von der Sehne getrieben schnellte Kikero auf Alois zu, heulte einmal kurz wütend auf und sprang dem Überraschten mitten ins Gesicht. Kikeros Gebiss klappte über der Nase Alois' zusammen, riss aber keinen Fetzen heraus, weil Kikero in seinem kühnen Sprung an ihm vorbeisegelte und dabei sein Maul wieder öffnete. Wie ein Dreispringer landete er auf der Erde und wandte sich sofort wieder seinem Gegner zu, in dem er sich in Alois' Schritt, wie man so schön sagt, verbiss und jetzt nicht loslassen wollte. Nur Alois' überaus derbe Manchesterhose verhinderte, dass er zum Eunuchen befördert wurde. Das ganze Theater fand mit musikalischer Untermalung statt: Geheul in D-Dur, Gekreisch in C-Moll und Gejammer und Gezeter Allegro con brio, alles musiziert und dargeboten durch Alois' aufgerissenen Mund.

„Ich hab gar nicht gewusst", sagte er später, „dass ich so musikalisch bin."

Auf diese monströse nächtliche Geräuschkulisse reagierte man in Lohburg unterschiedlich. Jungvater Augustus gab seinem Stammhalter nicht wie geplant das Nachtfläschchen, gab ihn also an Cosima zurück und begab sich zur Haustür. Kaum war sie einen Spalt geöffnet, rauschte Peter wie ein Sturmwind ins Haus, schrie Miau und Mio, was wohl Zeter und Mordio heißen sollte, und verkroch unter der nächsten Couch. Im Schein der Taschenlampe sah Augustus, wie Kikero und Alois sich am Boden wälzten, als wären sie ineinander verbissen oder verliebt. Inzwischen kamen Karl und Franz, mit Spazierstöcken bewaffnet heran und beleuchteten die Szenerie mit ihren Lampen. Augustus hatte Kikero am Halsband gepackt und hielt ihn eisern fest, sonst hätte er wohl dem guten Alois den Garaus gemacht.

Der normale Verlauf wäre nun gewesen: Ab zum Arzt mit Alois, ab zur Polizei mit Alois, ab allen Lohburgern aus den Augen mit Alois – nichts davon geschah! Denn nachdem man den Delinquenten ins Haus zu Tante Cilly gebracht hatte, konnte sie endlich einmal ihre Kenntnisse als ehemalige MTA zur Anwendung bringen und Alois verarzten. Dabei tauchte auch Peter wieder auf, der zum ersten Mal in seinem Leben sich vor Angst in die Hose gemacht hätte – wenn er eine getragen hätte. Jetzt beäugte er Alois wie einen alten Kameraden und darum stieg nun in allen Personen Lohburgs, die ihren Schlaf unterbrochen hatten, der Verdacht auf, Alois sei gar nicht der Typ schwerer Junge, den er wohl gern herauskehrte, sondern jemand, dem man helfen sollte. Hat nicht Peter in seinem kurzen Leben oft genug bewiesen, wie treffsicher seine Menschenkenntnis funktionierte!

Also: Nicht ab zur Polizei mit Alois! Auch nicht aus den Augen mit ihm! Nur weil Peter mit im Spiel war machen wir nun ein paar Angaben über Alois Knackers Leben und Dasein der nächsten Jahre auf Lohburg. Nach seiner Verarztung durch Tante Cilly nahm Karl ihn ordentlich ins Verhör, besser als jeder Kripomann das gemacht hätte, und es kam dabei heraus, dass Alois nur deswegen vom rechten Weg gewichen war, „weil meine Geliebte, verdammt sei sie, selbst auf unrechten wandelte". Auf Zureden Karls versicherte er, ein „Spitzenhandwerker" zu sein und sicherte sich damit seine Existenz als „Chefhandwerker und Kalfaktor", (Arbeiter für alles), auf Haus Lohburg. Weil Peter sich bei dieser Vernehmung an Alois heranmachte als kenne er ihn seit Jahrzehnten, kam dieser Handschlag-Vertrag zustande.

Alois marschierte zunächst zu seinem abgestellten PKW, fuhr nach Hause, das nicht sein, sondern seiner Geliebten Zuhause war, fand dort außer „seiner Kündigung" nichts vor, packte seine Habseligkeiten zusammen und verließ diesen ihm jetzt sehr ungastlichen Ort auf Nimmerwiedersehen. Noch in derselben Nacht tauchte er in Lohburg auf, herzlich von Peter begrüßt und vorläufig in ein zur Zeit unbesetztes Wohn- und Schlaftimmer verwiesen. Wir fassen nun zusammen: Karl und Peter, - er darf ja nie unerwähnt bleiben! -, hatten einen guten Griff getan, denn Alois Knacker mauerte, zimmerte, nagelte und schuf ihnen und der ganzen Familie in Halbjahresfrist den angestrebten Hofladen im Gebäude der großen Scheune. Mit allem Drum und Dran, versteht sich. Er, dieser Laden, wurde ein Magnet für alle jene Bevölkerungsteile, die sich in ausufernden Supermärkten vereinsamt fühlten, während des Einkaufs gern ein Schwätzchen mit Peter hielten und Eier, Obst und Gemüse essen wollten, welches erst gestern gelegt, gepflückt und geerntet wurde. Doch nun zurück in die Gegenwart!

Peter „staunte Bauklötze", als er zum ersten Mal in seinem Leben ein Baby sah und hörte. Er hockte aufrecht auf der Lehne des Sessels und beobachtete andächtig, wie Cosima ihr und Augustus' vierwöchiges Baby Alexandra stillte – das ihn, - wie konnte es anders sein -, mit weit geöffneten und wohl auch schon bewundernden Augen betrachtete. Wir teilen hier schon mit, dass diese beiderseitige Bewunderung und spätere Hochachtung fast zwei Jahrzehten anhielt und durch nichts zu erschüttern blieb. Aus dieser Zeit stammt eine Reihe von Fotografien, welche Franz, Augustus selbst und Alois aufnahmen und in einem Album namens „Alexandra & Peter" sowie in einer gleichnamigen CD „für alle Zeiten" konservierten. Hier einige Bildtitel mit abgekürzten Vornamen: P bewacht den Kinderwagen von A, A beobachtet P beim Mäusequälen, P mit A am Frühstückstisch, A mit P in der Badewanne, P mit A bei der Einschulung As, P reitet auf A und A reitet auf P – und so weiter und so fort!
„Lebendiges Spielzeug", sagten Cosima, Augustus und Alois dreieinig, „ist immer noch das beste!"

In diesem Jahr mauserte sich Peter allmählich zu der Persönlichkeit, die er ab dem nächsten Jahr ganz auffällig werden sollte: Noch ein halbes Kilo stärker, zehn Zentimeter länger, sein wunderschöner, von allen Betrachtern als „eindrucksvoll“ klassifizierter Kopf strahlte Wissen, Können und eine solche Souveränität aus, dass konkurrierende Artgenossen das Konkurrieren und mittelstarke Hunde ihren Mut vergaßen. Kikero, dessen Einsatz gegen Alois man durchaus anerkannte, gedachte seine Freundschaft zu Peter in eine Kommanditur auszubauen, kam damit aber schlecht an: Ein paar Watschen (Ohrfeigen) belehrten ihn, aber weil er nun insgesamt unleidlich und gegen Fremde giftig wurde, kam er doch an eine Laufleine und musste sich an eine neue geräumige Hundehütte gewöhnen:

„Freundschaft ist, wenn man nichts sagen muss
und der andere trotzdem weiß, was man denkt.“

Eines Tages war die Leine wohl durchgescheuert oder sonstwie defekt, Kikero jedenfalls verließ Lohburg, ohne dass ihm eine Träne nachgeweint wurde.

Anders war das mit Miniкläffer „Maxi“, der auf einem Spaziergang seiner Familie seine Selbständigkeit vor den Menschen behaupten wollte und einem Hasen nachjagte, der die Straße kreuzte. Damit geriet er Peter in den Weg, der einen seinen Dorfgänge machen wollte. Maxi war halb so groß wie er, was er aber nicht wissen konnte, und bisher waren alle Katzen vor ihm geflüchtet wie aufgescheuchte Hühner. Peter flüchtete auch, aber mehr der Form halber, so wie ein Bundesligatorhüter sich ungern von einem Bezirksligastürmer einen Elfmeter ins Netz setzen lässt. Auf einen Baum nämlich, der voller brauner Boskops hing und dami ein malerisches Motiv für einen Maler bot – wenn Maxi unten nicht störend seine Hundebocksprünge gemacht hätte.

Weil er ein schlaues Bürschchen war und offenbar Erfahrung mit Katzen hatte, tat er sich zum Schlaf nieder und hoffte, seine Beute möge zur Erde herabsteigen. Sobald Peters Krallen in der Rinde kratzten, zuckten Maxis Augenlider und verrieten seine Gedanken. Direkt unter Peter tauchte nun wie hingeschoben der gesprenkelte Rücken des Damspießers auf, der sich bis zum Herbst des Jahres als Knieper (vier bis sechs Spieße im Geweih) gemausert und sich unter den Apfelbaum herangeäst hatte. Schwuppdiewupp: Peter sprang ihm auf den Rücken, ein Manöver, das der Junghirsch durchaus gewöhnt war, ihn aber jetzt zu Tode erschreckte. Er stieg hoch, (machte sozusagen ein Männchen), wie US-Mustangs beim Ródeo, und als er mit allen Vieren wieder aufs Gras kam und hinten ausschlug, traf ein Hinterlauf den armen Maxi mittschiffs und dieser biss nun ins Gras – ein wenig heldenhafter Tod für einen Möchtegernhelden, zumal gegen Abend ein Fuchs seine Entsorgung vornahm. Peter war unterdes abgesprungen, empfahl sich bei der Damhirschfamilie und trollte gemächlich aber weiterhin wachsam ins Dorf.

Was niemand, der Peter bisher kennengelernte, für möglich hielt, geschah anschließend: Peter spielte mit Schulkindern und -halbstarken Hand- und Fußball! Denn als er das Tor zum Schulhof passieren wollte, rollte ein mittelgroßer Übungsball heran und wäre über die Straße vielleicht einem Passanten an die Füße geknallt, wenn Peter ihm nicht mit seiner Rechten den Rückwärstweg gewiesen hätte – da ging er, sage und schreibe!, direkt ins Tor. Jubel und Trubel! Heiterkeit! Ein Schüler der gerade sein Ei ausgepellt hat, kullerte es Peter zu, der sofort merkte, dass dort ein anderer Ball angewackelt kam, es mit beiden Pfoten in Empfang nahm und augenblicklich zu verspeisen begann.

Die meisten der hier anwesenden Kinder, Jugendlichen und Erwachsenen (Lehrpersonal) haben noch nie eine schwarze Katze ein gekochtes Ei essen gesehen, wenigstens nicht so manierlich wie Peter es nun tat, und allgemeine Ergriffenheit ergriff die Zuschauer. Da rauschte der

Ball wieder heran. Peter ließ ihn an sich vorbei über die Straße laufen, bis er vom Bürgersteig zurück auf ihn zuprallte –schwupps, bekam er einen neuen Stoßantrieb von seiner Rechten und flog einer Lehrerin vor den Bauch.
„Wie gut, dass Sie nicht schwanger sind!“, rief ein Schüler aus dem Hintergrund.
Gelächter! Peter fing unterdessen mit beiden „Händen“ ein Stück Mettwurst aus der Luft, aß es jedoch nicht und musste nun hinter dem Ball herlaufen, der ihn passiert hatte.
„Donnerwetter!“, rief ein Schüler, „der ist ja ein richtiger Sprinter.“
Das Pausenende wurde eingeklingelt. Peter schloss sich jetzt den Schülern an und ging zwischen ihnen in die Drei A, wo, wie seltsam, Biologie auf dem Plan stand. Peter nahm auf einem der vorderen Tische Platz und hörte dem Lehrer zu:
„Wo diese Katze nun einmal hier ist: Wer von euch kennt Sinnsprüche über Katzen?“
Fünf Schülerinnen meldeten sich, allesamt, wie sie aussagten, Katzenfans und Halterinnen, sie zögen jedes Jahr einen Satz Katzenkinder groß und besäßen viele Bücher über Katzen:

„Die Katze lauert stumm und still,
wenn sie Mäuse fangen will. –

(Sorbisches Sprichwort.)

„Nachts sind alle Katzen grau.“ (Ovid)

„Hätten die Katzen Flügel, wären die Spatzen ausgestorben.“

(unbekannt)

„Wer mit Katzen spielt, darf Kratzen nicht scheuen.“

(aus Ägypten)

„Statt die Katze zu verjagen, stell den Teller weg."

(aus Japan)
Der Lehrer war ganz begeistert und setzte zu einem weitausholenden Referat über Katzen im Altertum an, aber Peter wurde unaufmerksam, sprang vom Tisch und vor der Tür auf die Klinke, welche prompt nachgab und sich ein-, beziehungsweise ausladend öffnete. Unter enttäuschten „Ahs" und „Ohs" verließ Peter den Raum, die Schule und befand sich dann schon auf dem Heimweg. Erst auf Umwegen über Kathrin erfuhren die Lohburger von diesem Abenteuer.

Die Türklinken! Jetzt, weil es einmal geklappt hatte, versuchte Peter den Sprungtrick noch einmal. Im vorigen Jahr war er noch zu leicht gewesen, jetzt war sein Gewicht höher, seine Sprungkraft gewichtiger – aber: Man hatte vorgesorgt und alle alten Türklinken „von damals" ausgewechselt. Niemand im Haus wollte, dass Peter unangemeldet im Zimmer auftauchte. So lernte Peter sich anzumelden, indem er das Anklopfen beobachtete und wenn er innen nichts hörte, kein „herein" oder sonst ein Geräusch, zog er ab.

Ganz neue Bekanntschaften

Noch vor dem Herbst wurde der Hofladen fertig und eingeweiht. Er war das hauptsächlich das Werk Friedas und Alois', welche sich bei dieser Arbeit so nahe kamen, dass eine Hochzeit in unmittelbare Möglichkeit geriet. Die Familie, von Senior Großvater bis Juniorin Kathrin, hatte nichts dagegen, das Paar hier sesshaft zu machen. Und wenn man Peter dabei beobachtete, wie er ihm, diesem Paar zur Hand ging, so war auch dessen Zustimmung gewiss. Es wurde ein schmucker Laden in der alten Fachwerkscheune, so richtig heimelig und traut, modern und antik zugleich, so dass damit zu rechnen war, alle Arten und Generationen von Kundschaft würden sich hier wohlfühlen.

In der Tierhaltung hatte man sich ein wenig eingeschränkt, einige Luxusarten wie Pfauen, Perlhühner und Pekingenten mussten Arten des Gebrauchs und der wirtschaftlichen Nützlichkeiten weichen. Sogar Kathrins Kaninchen wurden Hobbyzüchtern in der Nachbarschaft übergeben, so brauchte sie nicht mitzuerleben, wenn sie massakriert und in der Kühltheke angeboten wurden. Eier erzeugte man selbst genug, denn Hühnerfreihaltung war relativ einfach. Franz, jetzt ein richtiger Tierfotograf geworden, sorgte dafür, dass im Laden Portraits Peters an den Wänden hingen, als käufliche Postkarten auslagen und auch in Fotobüchern zu kaufen waren.

Denn eines war klargeworden: Peters zahlreiche Pirschgänge und Wanderungen ins Dorf und durch die neu entstandenen Siedlungen der Städter waren nicht ohne Folgen geblieben: Bei den sichtbaren Katzen und auch bei einer Amateur-Katzenausstellung auf dem Dorfplatz überwog die Farbe Schwarz dermaßen, dass an Peters Vaterschaften nicht gezweifelt werden konnte. Und darum war es logisch, dass diese Katzenbesitzer auch Abbildungen von Peter haben wollten: Sie hingen dann in Wohn- und Kinderzimmern, wurden in den Schulklassen getauscht und in Brieftaschen mitgetragen. Eine ganz neue Klientel lernte Peter mit der Kundschaft kennen, die seit der Ladeneröffnung herkamen – durchweg Liebhaber von Tieren in jeder Form und Verfassung: er selbst natürlich, aber hauptsächlich als Schnitzel, Koteletts, Wurst, Sülze frisch und eingemacht. Wenn er wie ein Empfangschef an der Tür hockte, oft auf einer hölzernen Tonne von früher, durfte er er nette Worte und viele Streicheleinheiten über sich ergehen lassen. Auch Pfötchengeben brachten ihm Leute, vornehmlich Hundebesitzer, nebenher bei, machten Fotos und fragten an, ob sie mal ihre Kätzin vorbeibringen dürften. Durften sie. Weil Cosima und Augustus, die ja nebenan wohnten, auch hier einkauften oder aushalfen, stand ihr Baby Augusta im offenen Kinderwagen oft vor der Tür, und dann ließ Peter es sich nicht nehmen, als Wächter auf dem Kissen zu thronen – schon dieser Anblick war jeden Besuch Lohburgs wert. Wenn Peter mit der Pfote nach den Brummern und Mücken schlug, quiekte Augusta vor Vergnügen, schwieg aber verwundert, wenn er eine der im Herbst häufig fliegenden Vierflecklibellen (*Libelluja quadrifolia*) aus der Luft fing und aufaß; so deckte Peter unbewusst seinen Mineralienhaushalt. Dabei zuckte sein schwarzer Schwanz vor Aufregung hin und her, was Augusta wiederum zu lauten Begeisterungsstürmen hinriss. Aber während die jüngste Lohburgerin gesund und unbesorgt heranwuchs, von Peter gehegt, begann der älteste sich zu verabschieden.

Mit der Ankunft Augustas hatte sich die Einwohnerschaft Lohburgs erhöht, mit der Krankheit Großvater Klemens' drohte sie sich zu vermindern.
„Geiht de Dübel all ums Hus, Dockter?", fragte er seinen Hausarzt.
„Einen Teufel gibt es nicht", antwortete der Doktor, „und wenn, würde unser Peter hier ihn das Fürchten lehren."
Peter lag auf Großvaters nackten knöcherigen blassen Füßen, die schon kalt zu werden begannen., und leckte sie manchmal wegen ihres Schweißgeschmacks sorgsam ab.
„Das kitzelte früher immer so, dass ich zur Freude Peters immerzu lachen musste", scherzte Großvater, „gibt's nichts mehr zu lachen, Dockter?"
„Wenig, aber freuen Sie sich, dass Sie keine Schmerzen mehr haben."
„Peter war auch dabei, als meine Clementine starb."
Das war Großvater Klemens' letzte Bemerkung auf Erden! Er war auch der Letzte, welcher auf Lohburgs Privatfriedhof beigesetzt wurde. Frische Gräber zogen Peter an, es war wohl der Duft von Leben und Vergänglichkeit, vielleicht auch der Mausgeruch, der ihn veranlasste, auf Grä-

bern Totenwache zu halten. Franz machte Aufnahmen für die Ewigkeit...

Doch was auch geschah: Nichts sollte die nächste fällige Hochzeit verhindern! Da traf es sich gut, dass die Großelternwohnung nun freigeworden war. Sie wurde modernisiert und auf Vordermann gebracht, wobei Peter die letzten sich hartnäckig haltenden Mäusefamilien ausrotten musste und zusammen mit der Familie dort Richtfest feierte. Karl und Carla zeigten sich großzügig und richteten Alois und Frieda eine Hochzeit aus, „die sich gewaschen hatte", aber einem anderen Ehepaar voll und ganz missfiel und das sich am Samstag-Stammtisch ziemlich offen und skandalös darüber äußerte:
„Da hat auf Haus Lohburg", mäkelte Pastorin Friederike Horstmöller dem Pastor Friedrich Horstmöller vor, „schon einmal eine Hochzeit ohne uns stattgefunden und jetzt soll wieder eine ohne uns stattfinden."
„Daran ist nur der olle Bismarck schuld", anwortete er, „der die verdammichte Zivilehe erfunden hat."
„Dafür sollte man ihn aus dem Amt jagen", schlug sie vor.
„Statt in ihren Schlafzimmern dort", wusste er hinzuzufügen, „Kruzifixe aufzuhängen, hängen Bilder von schwarzen Katern an den Wänden."
„Und der Sohn Franz", glaubte sie zu wissen, „will sich nicht konfimieren lassen, weil er keine Zeit habe und ein Katzenstammbuch führen müsse."
„Im Mittelalter", nörgelte er weiter, „wussten die Menschen Bescheid, dass in Katern Teufel und in Kätzinnen Hexen stecken."
Diese bilaterale Diskussion fand, wie angedeutet, vor offenen Ohren statt, welche den zuständigen Gehirnen signalisierten, dass Meldungen dazu da sind, weitergetragen zu werden.

Augustus nahm es auf sich, Kathrin aufzuklären, obwohl sie längst wusste, in welcher Weise Lebewesen von A wie Affe bis Z wie Zebra ihre Art erhalten, doch er

wollte auf anderes hinaus. Wie fast immer hörte auch Peter zu:
„Noch bis tief ins 19. Jahrhundert hinein konnten nur Geistliche eine Ehe schließen..."
„Warum heißt es ‚Ehe schließen', Onkel Augustus?"
„Wohl, weil sich zwei Menschen zusammenschließen. – Aber weiter: Dann nahm sich die weltliche Macht die Macht heraus, dass nur ihre Macht eine Ehe, jetzt Ziviltrauung genannt, die Ehe schließen kann. Eine kirchliche Trauung kann angeschlossen werden, hat aber keine juristische Bedeutung. Früher wurde die geplante Ehe amtlich durch öffentlichen Aushang bekanntgemacht und das Paar musste zwei Trauzeugen beibringen. Dieser Firlefanz..."
„Was ist Firlefanz, Onkel Augustus?"
„...ein Wort für albernes Gehabe, was du manchmal mit Peter anstellst, und bedeutet auch ‚unnötige Dinge', die du manchmal mit Peter machst.
Aber weiter: Heute benötigt man für eine amtliche Trauung, wie die korrekte Bezeichnung heißt, nur drei Personen: eine vom Amt und das Paar. Capito?"
„Immer Männchen und Weibchen, Onkel Agustus?"
„Das ist ein Begriff aus dem Tierreich, Kathrin, so könntest du als Weibchen niemals Peter als Männchen heiraten. Bei uns Menschen können zwei Personen gleich welchen Geschlechts heiraten."
Kathrin, inzwischen bald 10, verkniff sich die auf der Zunge liegende Frage, wer dann wie Kinder kriegt. Ach, dachte sie, bei Tieren wie Peter, - sie knuffte ihn freundschaftlich -, ist alles viel einfacher...

Die Herzen des Ehepaares Horstmöller schlugen höher, als sie Karls und Carlas Einladung zu einer „Hochzeit auf Haus Lohburg" erhielten. Bekanntlich entlasten Pastorenehepaare und katholische Pfarrer auf dem Land ihre Haushaltsetats dadurch, dass sie sich auf Hochzeiten durch die

Teilnahme an zwei Mahlzeiten, nämlich meistens Nachmittagskuchen-und später das Abendessen, ordentlich und auf Vorrat vollmampfen. Inzwischen haben sich einige Standesämter dazu aufraffen können, für Trauungen gegen Fahrtkostenerstattung „ins Haus“ zu kommen, allerdings nur auswärts der Dörfer und Kleinstädte und nur in private und nicht vermietete Einfamilienhäuser und ländliche Betriebe. Auf Lohburgs Diele war alles vorbereitet, Blumen aus eigenem Garten schmückten den amtlichen Tisch, im Hintergrund standen Getränke bereit und, als Hauptsache, Peter war anwesend.
„Nur wenn Peter Trauzeuge ist, mach ich mit“, hatte Frieda verlauten lassen und auch Alois hatte in den letzten Monaten und Wochen ein kameradschaftliches Verhältnis zu Peter aufgebaut.

Der Standesbeamte machte zwar ein unamtliches Gesicht, als Peter auf den Tisch sprang und sich vorm Brautpaar in Positur setzte, aber ein Blickwechsel zwischen amtlichen Augen und Peters brachte sofort für beide Partner die nötige Entspannung und Friedensbereitschaft.
„Gott gab die Katzen“, flüsterte Augustus seiner Cosima zu, „von Trauungen hat er nichts gesagt.“
Franz machte Fotos und freute sich, kein Schwarzweiß-Brautpaar vor sich zu haben, denn das Kontrastproblem ist noch immer ungelöst.
„Ein schwarzer Bräutigam“, hatte er gewarnt, „eine weiße Braut und ein schwarzer Kater dazu – das kann man nur in einem Atelier ordentlich fotografieren.“
Wie immer benahm sich Peter auch hier vorbildlich und spielte nicht mit den weißen Rosen des Blumenstraußes, auch zuckte sein Schwanz kaum, als Frieda ihn kurz loslassen musste, um die Unterschrift zu leisten. Dann war Alois an der Reihe, ihrem Beispiel zu folgen, dann streichelte der Beamte Peters Kopf und erklärte das Paar zu „Mann und Frau“.

„Sie sagen noch immer“, maulte Tante Cilly vor sich hin, „’Mann und Frau’ und nie ‚Frau und Mann’“.

Dann fand das große Festessen auf der Diele statt. Man hielt die übliche Sitzfolge ein: Am Kopfende saß das Brautpaar, in deren Mitte Peter auf Wunsch Friedas Platz nehmen durfte, und weil die Brautelternpaare fehlten, schlossen sich links und rechts der Längsseiten die Teilnehmer nach Lust und Laune an, wobei die Lohburger den Horstmöllers den Vortritt ließen. Lobreden wurden nicht angestimmt, auch nicht das Lied „Bis hierher hat uns Gott gebracht“, nur Karl als Hausherr hieß alle und „jedermann willkommen“! Er schloss, weil ja nicht gebetet wurde, ein kurzes eigenes Zitat zur Einführung an:
„Vor zweitausend Jahren hörte der Mensch auf, Katzen als Götter anzubeten. Leider hat man damals versäumt, die Katzen darüber zu informieren.“
Karger Beifall. Bemerkenswert für uns und alle Teilnehmer war Peters Benehmen: Er aß als einziger ohne Messer, Gabel und Löffel, sozusagen von der Hand (Pfote) in den Mund (Mäulchen), aber in einer Manier, dass selbst der Papst in Rom ihn akzeptiert hätte. Wir kennen bereits die Mittelkralle seiner Rechten. Sie fungierte nun als einzinkige Gabel, wenn er die von der Braut zurechtgeschnittenen Teile der Salzkartoffel in den Mund führte. Er aß sie schier, ohne Salz und Soße, und etwaige kleine Krümel leckte er sorg- und sittsam vom Teller.

Gemüse wie Karotten, Erbsen, Kohlrabi und Rotkraut interessierte ihn nicht. Erbsen wären für ihn nur Spielzeug gewesen, wusste Frieda aus Erfahrung, besonders Kullererbsen, die man famos per Pfotenschlag vom Teller dem Tischnachbarn zufetzen konnte. Zu trinken gab Frieda ihm ein paar Löffel lauwarm gewordener Hühnersuppe auf der Untertasse, und als Peter sie wegschlabberte, erstarrten alle Kau-, Ess- und Trinkbewegungen und Happen wurden vorm Mund angehalten: Alle Anwesenden bewunderten Peters rosarote Zunge, welche im Zeitraffertempo das köstliche Nass aufschlabberte. Peter war mit seinem etwas sparsamen Menue natürlich eher fertig als die „verfressene Bande“ rings um ihn her, aber er wartete brav ab, was es sonst noch geben würde und war derweil mit Friedas und Alois Händen zufrieden, die seinen Kopf streichelten. Als Dessert nahm er einen Suppenlöffel Vanillepudding zu sich, den Tante Cilly dem Fest beigesteuert hatte, und auf ihren Zuruf „schmeckts dir, Peterle?“ antwortete er zart miauend. Dann verließ er die Gesellschaft und begab sich in die Hundehütte, um zu ruhen und der durch verschiedene Alkoholika lauter und lebhafter werdenden Gesellschaft zuzuhören.

Wir haben, aber absichtlich, dem Pastorenehepaar Horstmöller bisher die Aufmerksamkeit versagt. Wenn diese, die Aufmerksamkeit auf eine Persönlichkeit im Rang Peters gerichtet ist, wird alles andere, und wäre ein Kaiser vorhanden, zur Nebensache. Herr Pastor bemerkte mit Verwunderung das Gehabe der Frau Pastor: Wenn sie früher, er und sie, an bäuer- oder sonstwie ländlichen Ess- und Trinkorgien teilnahmen, waren ihre Blicke nur aufs Ess- und Trinkbare gerichtet und ihre Kauwerkzeuge waren ununterbrochen im Einsatz. Dieses Ehepaar war bereits in dem Lebensstatus angekommen, wo der Nachwuchs außer Haus gewandert und im Haus Ruhe eingekehrt ist – mit anderen Worten ausgedrückt: Nichts konnte sie mehr aus dem Sessel reißen!

„Wenn unsere Kinder“, flüsterte sie ihm ins Ohr, „sich auch so bei Tischen benommen hätten wie dieser Kater, hätten sie uns viel Ärger und Wortgefechte erspart.“

„Ich sehe“, sagte Franz höflich zur Pastorin, „dass Sie unseren Peter sehr bewundern.“

„Gut gesehen, junger Mann.“

„Er hat schon viele Nachkommen“, fügte Franz hinzu, „überall rundum kann man schwarze Katzen bewundern, die sich wie ihr Vater mustergültig benehmen und ihren Haltern viel Freude bereiten. Soll ich Ihnen eine Katze besorgen?“
Das war das Stichwort. Fortan, den ganzen Besuchstag lang, vergaßen die Horstmöllers ihre Hauptfrage ans Brautpaar, die so lauten sollte:
„Für welches Datum dürfen wir Ihre kirchliche Trauung buchen?“
Ein altes Sprichwort, hier aktuell, klingt so:
„Wer nicht gefragt wird braucht auch nicht zu antworten.“
Franz besorgte Frau Horstmöller einen schwarzen Kater, der seinem Vater aufs Haar glich und auch alle seine sonstigen guten Eigenschaften geerbt zu haben schien. Danach besuchte sie Haus Lohburg häufiger, als ihrem Mann, der ja amtlich ihr Chef war, lieb sein konnte, so dass, während sie im Hofladen einkaufte, Vater und Sohn auf dem Hof fangen spielen konnten, dass alles sonstige Getier die Flucht ergriff. Bei diesen Spielen waren die beiden Kater für Laien nur an der Größe zu unterscheiden, aber die Lohburger merkten den Unterschied auch so.

Wie in Peters Kopf die Gehirnzellen fürs Suchen und Finden aussahen und wo sie dort steckten, wussten auch die Lohburger nicht. Tatsache war, dass Peter das Pfarrhaus im Dorf so sicher finden konnte, wie er jeden Birlibi-Nachfolger auf Lohburg aufstöbern würde. Und war das Haus leer, wie sonntags zur Kirchenzeit meist, so ging er halt zur Kirche, zwängte sich durch den Türspalt und marschierte auf leisen Sohlen zur Kanzeltreppe, stieg empor und schwang sich in einem eleganten Satz auf die Balustrade genau auf des Pfarrers aufgeschlagenes Heilige Buch. Alle unten Anwesenden, ob hoch- oder laschgläubig, hielten den Atem an und wussten wohl, dass der selige Dr. Martinus Luther hier das passende Wort gefunden haben würde. Pastor Horstmöller stand dem Reformator in nichts nach und zitierte aus Der erste Brief des Petrus 4,9:

„Seid gastfrei zueinander, ohne euch zu beklagen.“

Dann klappte er die Bibel zu, streichelte Peter über den Kopf und verkündete das jetzt zu singende Lied Nummer 188, Strophe 2. Ein Wink an den Organisten und die Leute glaubten, Peter müsste das Gehörexplodieren, aber er rückte nur näher an den Pastor heran:

„Wie bist du mir so zart gewogen,
und wie verlangt dein Herz nach mir!
Durch Liebe sanft und tief gezogen,
neigt sich mein alles auch zu dir.
Du traute Liebe, gutes Wesen,
du hast mich und ich dich erlesen.“

Finale grande: Der Organist zog noch Variationen nach, während Pastor Horstmöller Peter auf den Arm nahm, die Kanzel verließ, aus der Kirche schritt und Peter draußen absetzte.

„Geh nach Hause, Peter, und grüß alle Lohburger schön von mir!“

Peter miaute verbindlich und setzte sich in Trab. Als die Lohburger noch gleichen Tags von diesem klerikalen Aberteuer erfuhren, tat es ihnen doch leid, keine regelmäßigen Kirchgänger zu sein...

„Wenn auch die Jahre enteilen...“

Es ist unmöglich, hier ein Tagebuch über Peter zu führen, auch unmöglich, ein Wochenbuch, noch unmöglicher ein Monatsbuch und schier unmöglich ein Jahresbuch zu erstellen! Denn, wie Herr von Goethe für alle Zeiten festgelegt hat, „ist alles Vergängliche nur ein Gleichnis“ – was immer er auch damit sagen wollte! Auch für Haustiere laufen Tage und Zeiten dahin und daher, auf einem Biotop wie Lohburg kann Langeweile kaum aufkommen, doch die Zeiten der zweibeinigen Bewohner ändern sich und laufen davon. Aus Kindern werden Jugendliche, aus diesen Erwachsene. Mit 5-, 8- und 15-jährigen Kindern und Jugendlichen sind wir angefangen zu erzählen, bald hieß die Reihenfolge 8-, 11- und 18-jährig und nicht lange mehr, da müssen wir noch einmal 3, 4, 5 oder 6 Jahre dazurechnen.

Doch nehmen wir uns erst einmal das Jahr her, in dem Kathrin, Paul und Franz 7, 10 und 17 geworden sind und Peter nun im dritten Jahr stand. Die Leitung Lohburgs glitt langsam in die acht arbeitsamen Hände von Augustus, Cosima, Alois und Frieda hinüber, nette Personen allesamt, die nachts auch nicht faul waren und sich intensiv und fleißig bevölkerungspolitisch betätigt haben. Da tauchte der Vorschlag auf, dass alle echten Lohburger, nämlich Tante Cilly, Karl, Carla, Franz, Paul, Kathrin und Peter einmal Urlaub machen sollten.

„Wohin mit sieben Persönlichkeiten auf einmal?"

„Auf einen Ferienhof!"

„Auf einen Bauernhof!"

„Wo's was zu erleben gibt!"

„Wo sich Peter nicht langweilen muss!"

„Wo Mutter und Tante Cilly nicht jeden Tag Mittagessen kochen müssen!"

Die letzten zwei Zurufe fanden die meiste Zustimmung und die Suche im Internet konnte beginnen.

Als der geliehene Achtsitzer auf dem Hof parkte, schien Peter bereits zu ahnen, was dies bedeutete. Er inspizierte ihn von oben bis unten, hinten und vorne und innen und außen. Vor allem der Sitz hinten interessierte ihn sehr, er hockte dort am Vorabend der Reise stundenlang und freute sich wohl besonders am Ausblick rückwärts – dort sollte er auch während der Fahrt seinen Platz haben.

„Und wenn die Polizei das sieht?", gab Kathrin zu bedenken.

„Du musst halt aufpassen", antwortete Paul, „wenn du von hinten einen Polizeiwagen ankommen siehst, nimmst du Peter auf den Schoß."
An die Möglichkeit, dass die Polizei auch in Zivil unterwegs sein könnte, dachte hier niemand. Am Sonntagmorgen früh gegen 6 Uhr ging es los. Peter sah alle Mitfahrenden noch einmal zur Toilette gehen, machte selbst sein Geschäftchen, - „das merke ich mir in mein Tagebuch", sagte Franz -, und stieg als erster ein. Dann folgte Kathrin, bis alle an Bord waren und Karl als erster Fahrer sich hinters Lenkrad klemmte. Allgemeines Abschiedswinken an Augustus, Augusta, Cosima, Alois, Frieda und die noch ganz neue Friederike, sogar Peter hob seine Rechte wie zum Abschied, kratzte sich aber nur hinterm Ohr.

Alle Stunde eine Pause. Ein von den meisten Ferienreisenden nicht eingehaltener guter Vorsatz. Aber es ging hier ja um das jüngste Mitglied, und das war Peter. Er sollte auf keinen Fall gezwungen werden, seine Notdurft ins Auto zu machen. So entstanden bis zur Autobahnabfahrt Riegel am Schwarzwald inklusive Nachtanken sechs Ruhe- und Rastpausen, die es in sich hatten: Denn Peter war der Star alle heute reisenden Lebewesen und Franz hatte Mühe, sein verbrieftes „Alleinrecht an Fotos" durchzusetzen. Was alle Lohburger nicht wussten, sozusagen verschlafen hatten, war die Tatsache, dass Peter wie alle Stars dieser Erde durch Fotografien ein Star geworden war; Fotos, welche Franz selbst unters Volk gebracht und jene, die er dem britischen Bildagenten Adam Roots überlassen hatte; (der ein Verwandter des im 20. Jahrhundert berühmten Tierfilmers Alan Roots war). Wir werden auf Adam Roots noch zurückkommen!

Auf den Rastplätzen ließ man Peter zuerst aussteigen, denn er konnte so meisterhaft zwischen Beinen herumwuseln, dass er nirgendwo aneckte. Ehe die anderen ausgestiegen und an einem Tisch Platz genommen hatten, war er mit seinem kleinen oder großen Geschäft schon fertig. Dann sprang er auf den Tisch und schaute gelassen zu, was ausgepackt wurde. Ihm genügte meist eine Untertasse 1,5-prozentige Magermilch und dazu ein paar Brocken Trockenfutter, ohne das heute kein Tierhalter mehr auskommt. Wenn Kathrin ihren großen Strohhut aufsetzte, nahm Peter diesen als Sitzplatz an.

„Das ist ein richtiges Starverhalten“, sagte Franz, „das tut er nur, wenn Zuschauer da sind.“

Und sie waren da! Ein altzer VW-Bully von anno tobak hielt nebenan, eine Familie stieg aus, nahm am Nachbartisch Platz und zwei Kinder von 8 und 10 entdeckten sofort Peter. Das zog auch die Neugier der anderen an, und die von uns schon öfter zitierten „Ahs“ und „Ohs“ der Bewunderung Peters klangen über den Rastplatz. Peter jedoch schien durch die Neuankömmlinge hindurchzublicken, auf jeden Fall starrten seine Augen gebannt auf das fremde Auto. Franz folgte den Blicken und entdeckte eine getigerte Katze, die nicht mit ausgestiegen war, aber Peter natürlich bereits beobachtete.

„Achtung“, sagte Franz verhalten, „gleich geht es los.“ Und zu den Neuankömmlingen sagte er: „Lassen Sie Ihre Mieze doch auch rauskommen und austreten.“

„Unsere Minka“, antwortete ein Mann, „ist zu schüchtern, wenn sie fremde Leute und unbekannte Katzen sieht. Jedem Kater, der sich ihr zu nähern versucht, bekommt Tatzenschläge an die Löffel.“

Peter vernahm diese Warnung wohl, er achtete stets auf den Tonfall, blieb aber erst noch ein paar Minuten hocken, ehe er den Tisch verließ und wie beiläufig, so dass niemand auf ihn achtete, „hintenrum“ zum anderen Wagen schlich und einstieg.

Mitten in Gespräche von Tisch zu Tisch und Mensch zu Mensch, bei denen es über Katzen ging, erschütterte

Minkas Todesschrei aus dem Inneren des Autos den ganzen Parkplatz. Von A wie Autofahrer über N wie Nickerchenmacher zu Z wie Zuhörer – sie alle hielten den Atem an und auch Trinkflaschen am Mund fest, sprangen auf, gingen in Deckung und fummeln am Smartphone herum, die Polizei zu rufen. Derweil Peter gelassen in den inzwischen heimischen Achtsitzer stieg und hinten seinen Sitzplatz bezog.

„Ihr Kater hat unsere Minka ermordet!", schallte es vorwurfsvoll.

Franz erhob sich und schaute nach. Er kam im Gefolge Minkas zurück, welche so komisch ging, dass das grüne Gras des Platzes ihr Hinterteil und alle was dazugehört, wie ein Waschlappen abrieb.

„Unser Peter hat", bog Franz den Vorwurf ab, „Ihre Minka nur ein wenig vergewaltigt, wie das ja in heutigen PKWs öfter vorkommen soll. Hier ist meine Anschrift", er gab seine Visitenkarte ab, „und schreiben Sie mir, wann und wie Minka niedergekommen ist. Ich führe nämlich ein Stammbuch über Peters Nachkommenschaft."

Da verwandelten sich Wehgesichter in Frohgesichter und die Sonne brach auch noch durch die Wolken...

Die Polizei kam nicht, ehe man aber die Autobahn verließ, auf dem letzten Parkplatz, war sie zur Stelle.

„Personenkontrolle."

Oh weh, war Peter eine Person? Mehr als das natürlich! Denn als der Oberwachtmeister sich ins Auto beugte und Peter lose auf dem Rücksitz hockend sah, verfinsterte sich seine sonst frohe süddeutsche Miene zur Amtlichkeit:

„Mitfahrende Tiere gehören in einen Käfig!"

„Der in einen Käfig?", sagte Karl fest, „niemals! Schauen Sie ihn doch einmal richtig an, Herr Polizeioberrat."

Das tat dieser sogleich. Peter erwiderte den Blick und sagte einmal „miau" und einmal „mio" und ließ dabei seine Zungenspitze hervortreten.

„Unser Peter“, sagten Paul und Kathrin unisono, „ist ein besserer Mitfahrer als wir beide, sagt unser Vater immer, und der muss es wissen, Herr Kommissar.“
Ob nun Kommissar oder nicht: Der amtliche Blick löste sich in einen badischen Zivilblick auf und Peter durfte „gute Wünsche zur Weiterfahrt“ einstecken.

In Riegel vorm Kaiserstuhl verließ man die Autobahn und fuhr durch das schöne Mittelgebirge auf Vogtsburg zu, das der Samtgemeinde, in der Oberrotweil liegt, bei der früheren Ortzusammenlegung den Namen gab. Weinhänge und Obstplantagen überall, neben einer fleißigen Landbevölkerung sah man auch viele Katzen auf Straßen und Höfen.
„Na“, ließ Tante Cilly verlauten, „da wird unsere Peter ziemlich viel zu tun haben.“
„Ja“, fügte Franz hinzu, „da können die einheimischen Katzen einmal ordentlich aufgenordet werden.“

Familie Sebastian Bitzenhofer, Besitzer eines Aussiedlerhofes in Oberrotweil, und aus Vater Sebastian, Mutter Georgina, Erbe Innozenz und dessen An- und Eingeheiratete Gisela bestehend, wollte den Lebensunterhalt nicht mehr nur noch durch den Weinbau bestreiten, sondern auch am Boom des Tourismus teilhaben.
„Familien müssen her, keine Singles!“
Und sie sahen jede der neuen Fernsehsendungen namens „Du bist nichts ohne Katzen!“, welche der BBC unter Adam Roots verbreitete. Selbst besaßen sie Kater „Archibald“ als Hofmarschall, der über die zwei Kurtisanen „Julia“ und Isolde“ herrschte und diese in Sachen Evolution und Arterhaltung nicht zur Ruhe kommen ließ.

Die Lohburger benahmen sich höflich und ließen Peter zuerst aus dem Wagen steigen. Dieser sprang auf eine Bank und sah zu, wie Nord- und Süddeutsche sich begrüßten: Umarmungen, angedeutete Küsschen, „Grüß-Gott-miteinand“, „Schlückchen-Wein-gefällig?“, und „sWetterwird-gutsein“. Peter hatte für solche Späße nichts übrig, denn er musste Kollege Archibald im Auge behalten, der seine Haare wie ein hinterindisches Stachelschwein (*Hystrix grey*) seine Stacheln aufrichtete und einen echten Stellungskrieg riskierte. Im Hintergrund warteten bereits Julia und Isolde, ob die neuen Gäste die gewohnten Leckereien springen lassen würden.

Stattdessen sprang Peter: Mit einem Riesensatz von der Bank mitten in Archibalds Gesicht, so dass dieser auf den Rücken fiel und statt der gewohnten Ohrfeigen den Hintern vollgeprügelt bekam.

„Bei Katzen“, stellte Paul befriedigt fest, „geht’s wie bei Boxern zu: Wer zuerst zuschlägt hat gewonnen.“

„Das ist nicht die feine Art“, sagte Tante Cilly, „sich hier einzuführen.“

„Aber der fremde Kater hat angefangen“, korrigierte Carla.

Peter jagte schon den Archibald über Hof und Garten und gab nicht eher Ruhe, bis dieser zwischen den Reihen der Weinstöcke unsichtbar geworden war. Julia und Insolde verdrückten sich auf den Boden der anschließenden Scheune.

Damit waren hier die Fronten auf drei Wochen geklärt. Alle vier Katzen verstanden sich ausgezeichnet, Archibald konnte sich erholen und Julia und Isolde waren bei der Abreise schwanger und würden in die Oberrotweiler Katzenwelt frische Farbe und neues Blut einbringen. Natürlich machte Peter auch mit den anderen Katzendamen des Dorfes Bekanntschaft. Die Erfolge seiner Unternehmungen teilte die Familie Bitzenhofer Monate später zur Lohburg mit. Unternehmungen? Klar, die Familie unternahm einige, sie war ja deswegen hergekommen, Ausflüge auf den Feldberg auf den Schauinsland, nach Freiburg, Kolmar, in die Vogesen und bis Straßburg, zu Weinfesten und zur ersten Weinernte. Peter fing einige der hübschen und großen grünen Smaragdeidechsen, die hier vorkommen, und legte sie brav vor der Tür ab und wurde dann natürlich belehrt, dass man sie nicht töten durfte. Diese Eidechsen waren wohl die einzigen ihrer Art, welche, einmal eingefangen, wieder in die Freiheit entlassen wurden. Die ebenfalls von ihm eingefangenen und auch unter Naturschutz stehenden Gottesabeterinnen aß er freilich an Ort und Stelle auf, denn er hatte ein Faible für Chitin, das so herrlich in den Zähnen knirschte.

Unternehmungen? Klar, aber zum ersten Mal fanden alle Familienausflüge ohne Peter statt! Zum einen, weil es einfach nicht anging, ihn in Freiburg herumzuführen und mit aufs Münster zu nehmen; zum zweiten, weil er sich bei Bitzenhofers „sauwohl" fühlte und gar nicht mitwollte; zum dritten, weil er selbst auf Streifzügen und unerreichbar war; zum vierten, weil man es zum ersten Mal als störend empfand, stets und immer auf ihn aufzupassen – nur Tante Cilly und Kathrin gaben dies offen zu. Damit stand die Familie am Beginn einer Entwicklung, - wir greifen vor! -, die zur Trennung von Peter führen sollte...

Doch zurück zu Peter, der in unserer Berichterstattung nach wie vor an erster Stelle stand. Die erste Stelle im Oberrotweiler Katzenrevier hatte er sich nach drei Nächten schon erobert. Diese Nächte! Die Bewohner des Weinortes waren gewohnt, dass besonders in der Ranzzeit nächtliche Konzerte stattfanden, gegen welche die örtliche Blasmusik sich wie Vogelgezwitscher und Mäusegepiepse anhörte. Erbittert und in hohen Fis- und Durtönen versuchten die dörflichen Kater, von schneeweißen, pechschwarzen bis buntgewürfelten, den Fremdling von den ranzwütigen Katzendamen fernzuhalten. Sie waren so unfair, Peter sofort nach dem Aufstieg von hinten zu attackieren, so dass er einen Interruptus machen musste, um den Angreifer so durchzuprügeln, dass er wie frisch vom Frisör gekommen aussah. Katzenwolle wehte im sanften Durchzug in den Gassen hin und her. Doch auch von seiner sanften Seite lernten die Kaiserstühler unseren Peter kennen. Wir zählen diese Seiten hier auf:

Erstens: Ein nettes Touristenehepaar namens Hildegard und Hellmuth saß andächtig in der St. Michaeliskirche zu Niederrotweil in einer Bankreihe und merkte nicht, dass Kathrin und Peter die Kirche betraten. Peter schritt leichtfüßig und natürlich für Seniorenohren unhörbar nach rechts und stieg über die Treppe zur prachtvollen Kanzel empor. Dort setzte er sich so hin, dass alle ihn sehen konnten und er alles beobachten konnte – ein Bild des Friedens, das alle Religionsstifter, erlebten sie es, zu friedvollen Mitmenschen mutieren lassen würde. Doch der Pastor hatte Peters Einzug bemerkt und stapfte nun heran. Dadurch wurden die beiden Touristen aufmerksam und folgten dem unreligiösen Blick des Pastors zur Kanzel. Harte Worte fielen hart in den Raum:

„Ist das deine Katze, Mädchen?“

„Ja, das ist mein Peter der Große, Herr Kaplan.“

„Auch so ein Ketzer der! Du bist sicher katholisch, oder?“

„Nein, evangelisch, und mein Peter auch.“

„Mein Peter – wenn ich das schon höre! Sofort raus mit dem bösen schwarzen Tier!“

Da meldete sich die Touristin Hildegard zu Wort und sagte:

„Herr Pastor, böse Tiere gibt es nicht, wohl böse Menschen, nicht wahr? Und unser Herr Jesus Christus hätte sowohl das Mädchen als auch die Katze auf den Arm genommen und sie beide feierlich gesegnet, oder etwa nicht!“

Der stramme Geistliche murmelte etwas von „Heiden, Ketzern und Ungläubigen“ und verließ die Kirche. Kathrin rief Peter von der heiligen Kanzel herunter, der an Hildegard und Hellmuth vorbeiging und ein paar Streicheleinheiten und das Versprechen mitnahm, „wir werden diesen Vorfall der Zeitung berichten“ und dann Kathrin nach draußen folgte. Für ihn war diese Angelegenheit beendet. Nicht so für Kathrin und ihre Familie. Sie berichtete wörtlich und bekam den Rat, „sich mit schwarzbekittelten Geistlichen nicht anzulegen“. Damit schien auch für sie diese Angelegenheit beendet.

Weit gefehlt und schwer geirrt! Wenn auch seit altersher das badische Land ein katholisches ist, so gefiel es der Bevölkerung ebenfalls seit alterher, ihrer Geistlichkeit auf Mund und Finger zu schauen. Die lokale Ausgabe der Badischen Zeitung griff die Angaben von Hildegard und Hellmuth auf und machte folgende Überschrift daraus: **„Geistlicher lässt frommen schwarzen Kater aus der Kirche werfen!“** Dann folgte der Bericht aus den Augen der beiden Augenzeugen. Weil keine Fotos vorlagen, hatte ein flotter Zeichner flott eine Zeichnung gefertigt, die einigermaßen den Tatsachen entsprach. In Ober- und Niederrotweil erkannte natürlich ein jeder sofort, um welchen schwarzen Kater es sich handeln musste, und es landeten bei den Lohburgern sowohl anerkennende als auch kritisierende Kommentare.

Zweitens: Peter war auf den Nachbarhof fünfhundert Meter weiter entfernt vom Dorf geschlendert und hatte dort eine sechsköpfige Katzenfamilie kennengelernt, die unter der Aufsicht von einigen Kindern munter spielte und miteinander schäkerte. Peter wollte nur zuschauen, aber plötzlich warfen sich drei oder vier Junge auf ihn und im Nu wälzte sich ein bunter Katzenknäuel auf der Erde. Peter blieb gar nichts anderes übrig als mitzumachen und man sah ihm an, dass er Freude daran bekam. Passanten blieben stehen, einer konnte seinen angeleinten Rauhaardackel nicht halten, dieser stürmte kläffend los und hätte eins der Jungen stramm durchgeschüttelt, hätte Peter ihm nicht eine klatschende Backpfeife verpasst, so dass er sofort zu seinem Herrchen zurückkehrte. Die Jungkatzen drängten sich jetzt um Peter und wollten beschmust und abgeschleckt werden. Peter als fürsorglicher Vater – eine ganz neue Variante seines Lebens...

Drittens: Katzen sind neugierig, das hat sie seit Tausenden Jahren am Leben erhalten! Doch kaum richtig mit den Füßchen herumtapsen und schon einen Obstbaum ersteigen wollen? Jeder Katzenfan kennt die mögliche Situation: Eine Katze hat einen Baum erklettert, ist zögerlich immer höher gestiegen und fängt dann grässlich an zu miauen. Schnell wird dann eine tierfreundliche Feuerwehr alarmiert, deren Männer genau wissen, dass diese Katze schauspielert und spätestens in der Dunkelheit von selbst den Baum verlässt. Doch Passanten, meist weibliche, steigern sich in Rettungshysterie und verlangen „sofortigen Einsatz“. Kaum ist ein Feuerwehrkamerad per Leiter bis zur Katze vorgedrungen, so faucht diese ihn an und steigt gemächlich und in eigener Machtvollkommheit vom Baum und verdrückt sich heim. Peter also entdeckt eine Jungkatze, die in ihrer Angst höher statt tiefer geklettert ist und nun auf einem quer abzweigenden Ast nicht ein noch aus weiß - doch Peter weiß es. Ruckzuck, zwei Sätze am Stamm empor, zwei Schritte weiter zur Jungkatze, die sofort zu mit dem Wimmern aufhört und sich regungslos von Peter im Genick fassen lässt. Er trägt sie nach unten zur Katzenmutter und das Familienglück ist wiederhergetellt.

Viertens: „Katzenwärme gegen Rheuma.“ Dieses alte so genannte Hausmittel ist volkstümlich bekannt. Aber auch Katzenwärme gegen Halsschmerzen? Großmutter Marie Bitzenhofer, die im alten Haus mitten im Dorf wohnte, wurde von Kathrin und Peter besucht, weil „ich unbedingt diesen sagenhafter Kater sehen möchte“, aber sie konnte kaum sprechen – „mein Hals, mein Hals, er kratzt wie tausend Katzen auf einmal“. Kathrin brachte sie auf der Couch so zum Liegen, dass der Hals vorne als Fläche frei- und bloßlag. Dort hinauf beorderte sie Peter mit lieben Worten und sanftem Schub, so dass er sofort begriff und es sich bequem machte – dies war ja sowieso einer seiner liebsten Stellungen auf einem Menschen.

„Eine Stunde mindestens still liegenbleiben, Großmutter Marie, solange wie's Peter aushält."

Es wurden volle zwei Stunden, weil beide wohlig und gemütlich einschliefen. In der Zeit räumte Kathrin ein wenig auf, machte sauber, bediente die Spülmaschine und entdeckte etwas, das sie sogleich an Bruder Paul erinnerte: Mäuseküttel in Küchenschränken und sogar ein frisches Mäusenest in einem Pantoffel. Sie brachte es zwar nicht übers Herz, die Insassen zu ermorden, sondern setzte das Nest nebst Mutter, die nicht floh, im Garten aus, aber war doch entschlossen, Paul zu informieren und zur Mäusetat schreiten zu lassen. Der sollte morgen hier aufräumen. Jetzt machte Kathrin einen frischen Tee mit Kandis, briet zwei Spiegeleier und servierte diese Großmutter und Peter, nachdem diese aufgewacht waren. Beide mit einem herzhaften Gähnen, wobei Peters Gebiss durchaus mit Großmutters konkurrieren konnte. Die Halsschmerzen waren wie weggeblasen und Kathrin schlug vor:

„Wenn Sie nicht jedesmal eine Katze zur Verfügung haben oder der Doktor sie nicht verschreiben mag, dann machen Sie sich einen feuchten Umschlag, wickeln ihn sich um den Hals, noch ein Handtuch drüber und wieder zwei Stunden stillliegen und den Hals sich erwärmen lassen. Ist das okay?"

„Ist okay, Mädchen und alles Gute für dich und Peter!"

Nur einen Tag Dorfgequatsche – und die Geschichte war rundum.

Paul hatte schon zu Hause angefangen, mit Mausefallen zu experimentieren, seitdem er sich einen Waran (*Varanus niloticus*) angeschafft hatte. Dieser aß Mäuse so gern wie andere Leute Lübecker Marzipan. Auch tote, wenn Paul mit ihnen solange vor seiner Schnauze herumfummelte, dass er sie für lebendig halten musste. Er ließ sich von Bitzenhofers Schlagfallen, Speck und Käse geben, sagte zu Peter „komm mit, Peterle“ und begab sich zur Großmutter. Peter kannte die Fallen von zu Hause her und wusste, dass sie ihn schlagen konnten. Zehn Fallen stellte Paul fängisch, und zwar so, dass Großmutter sie nicht finden und aslösen konnte, und verließ mit Peter das alte Haus.

„Is sone richtige olle Mäusebudike und wär was für dich, Peterle.“

In drei Nächten fingen er und Peter insgesamt vierzig Mäuse, von denen Peter nicht eine verzehrte, und sie machten Großmutters Haus für eine Weile mäusefrei. Die erschlagenen Mäuse spendierten sie der Oberrotweiler Katzenwelt als bequeme Leckerbissen.

Als bereits an Abschied gedacht werden musste, kam der Familie der Gedanke, ob man Peter hierließe, wo er ein ausgemachter Herrscher der Katzenwelt wäre und er seine Gene tausendfach mehr verbreiten könnte als in Lohburg. Die Für- und Widerdiskussion entschied, dass man ihn in Absprache mit den Bitzenhofers selbst entscheiden lassen wolle: Käme er zur Abreisestunde nicht zur Familie zurück, „fahren wir ohne ihn heim“. Dafür sprach, dass Peter sich bei seiner Gastfamilie bereits so eingelebt hatte, das eine liebe „häusliche“ Angewohnheit hier fortgesetzt wurde: nämlich das Salzkartoffelnessen. Punkt 12 Uhr war Peter schon am dritten Tag in der Küche erschienen und hatte zu maunzen angefangen, als niemand auf ihn reagierte: erst verhalten-höflich, dann unhöflich-laut, schließlich kategorisch-fordernd. Die Köchin, welche tatsächlich soeben Salzkartoffeln fürs gemeinsame Essen der Gastgeber und Gäste kochte, rief Tante Cilly zu Hilfe. Diese, als ein

Rezept gegen Langeweile, half schon mal in der Küche aus.
„Ach ja, himmelherrgottsakrament! – Peters Salzkartoffeln!“
Und sie machte vor, wie sie gereicht werden mussten. Bitzenhofers staunten und räumten ein, sie, diese Kartoffeln, nicht so gesittet zu verspeisen wie Peter.

Fünftens: Doch ehe der Abschied unbarmherzig näher rückte, verewigte Peter seinen schon jetzt offenbaren Ruhm um ein Beträchtliches und sorgte für einen neuen Bericht in der Badischen. Und er bescheinigte der hiesigen Hundewelt, dass er zwar Spaß verstehe, aber nicht mit sich spaßen ließ. Opfer an Leib und Seele wurde dabei der Deutsche Schäferhund „Attila von Ihringen“, 9, Edelzuchttier und Katzenfeind seit seiner Geburt. Er wurde nach dem hiesigen „Attilafelsen“, ein gutes Weinbaugebiet, getauft und ins Zuchtbuch eingetragen. Seine Kinder erzielten überall Geld- und Spitzenpreise. Bisher war sein Mut bei Meinungsverschiedenheiten mit anderen Tieren ungebrochen gewesen – weil niemand sich ihm entgegenzustellen versuchte! Peter schnürte wieder einmal durch Oberrotweil, wo er bereits viele Örtlichkeiten kannte, wo Menschen wohnten, die ihm wohlgesonnen waren: die Metzgerei, die Bäckerei, ein Café, ein Kneipenwirtschaft. Das Wandern und Strolchen durch den Ort war gefährlich, wenn man die gewöhnliche Durchfahrtstraße nutzte, die so eng war, dass an einigen Stellen von einem Bürgersteig keine Rede sein konnte. Peter achtete immer darauf, einen Fluchtweg offenzuhalten: eine Mauer zum Beispiel, eine enge Gasse, die zu einem Hof führte und natürlich Bäume nahe des Weges und in wenigen Sprüngen erreichbar.

Attila war eigentlich ein braver Kerl, der auf Herrchens Zuruf auch dann hörte, wenn er in ein paar Fluchten eine Katze packen konnte. Aber er war launisch und wurde verdorben, weil er als Hofwachhund immer dann an die

Kette gelegt wurde, wenn die gesamte Mannschaft außerhalb des Hofes arbeiten musste. Peter lief jetzt an der Kirche vorbei, um in die Weinlage Kirchberg zu kommen, wo in dieser Jahreszeit immer nette Leute arbeiteten, welche ihn am Frühstück und an der Vesperzeit teilnehmen ließen. Plötzlich ein Hecheln und Füßekratzen hinter ihm! Attila nahte und würde ihn, Peter, in zehn Sekunden am Wickel haben! Die Natursteinmauer rechts! Wo die Eidechsen gerne Unterschlupf fanden. Sie war hoch genug, dass Attila sie auch mit seiner höchsten Sprungkraft nicht erreichen konnte. Dennoch versuchte er es. Und knickte bei der Landung für den Bruchteil einer Sekunde mit der Vorderhand ein und wurde dadurch unaufmerksam. Peter tat nun das, was Menschen für sich als „die Gelegenheit nutzen“ oder „Nägel mit Köpfen machen“ bezeichnen: Er sprang und landete Attila mitten auf dem Rücken, krallte sich mit den Hinterläufen in Fell und Haut und bearbeitete mit den Vorderläufen seinen Kopf und Nacken. Attila war durchaus kein Reittier, wenn auch schon ein paarmal Kleinstkinder auf ihm geritten waren. Nun aber hatte er den Teufel im Nacken!

Fußgänger verharrten abrupt, Radfahrer stoppten ihre Untersätze, Motorradfahrer kuppelten aus, Autofahrer ebenfalls, ein Omnibusfahrer legte einen außerfahrplanmäßigen Halt ein und Fensterläden öffneten sich – als Attila und Peter scheinbar vereint durchs Dorf „rauschten“, - so ein Augenzeuge! -, und Attila jene Schreie ausstieß, die auf dem Höhepunkt der Völkerwanderung durch Europa geklungen haben mussten. Attila rannte ziellos, das war klar, aber als er unbewusst die Richtung zu Bitzenhofers einschlug, sprang Peter in einem hohen Bogen ab und verschwand aus den Augen der Zuschauer. Zu Hause merkte ihm niemand an, welch Abenteuer er überstanden hatte, denn er kuschelte sich in Kathrins Etagenbett und schlief bis zum Abendessen.

In der übernächsten Ausgabe der Badischen stand unter der Überschrift **„Norddeutscher Kater besiegt süddeutschen Rasse-Schäferhund!“** zu lesen:
„Der bekannte und preisgekrönte Deutsche Schäferhund ‚Attila von Ihringen’ hat sich mit dem uns bereits bekannten norddeutschen Kater ‚Peter der Große’ angelegt und ist von ihm derart verprügelt worden, dass er vorläufig an keiner Hundeschau mehr teilnehmen und allen Katzen, die er früher auf Trab brachte, aus dem Weg gehen wird. So findet jeder einmal seinen Meister...“
Auch hier wieder Lob und Anerkennung von weit und breit, so dass Karl und Clara froh waren, dass ein nervenaufreibender Urlaub demnächst zu Ende sein würde. Vorher erschien noch die Vorsitzende des Freiburger Katzenklubs „Scharfe Kralle“, wünschte Peter zu sehen, zu sprechen und zu herzen, verlieh ihm die Klubmitgliedschaft und verehrte ihm einen großen Leinensack Fertigfutter namens „Miezis Leibspeise“.
„Das essen alle unsere Katzen gern“, sagte die Vorsitzende und sie wollte Peter am liebsten für sich behalten.

Noch war nicht entschieden: Peter mitnehmen, Peter hierlassen? Am Vortag der Abreise waren abends die ersten Koffer gepackt und unter Aufsicht Peters ins Auto verfrachtet worden. Nachbarn, Freunde und Katzenfans verabschiedeten sich von „unserem Peter den Großen, der bald wiederkommen möge“, einige Tränen flossen und ein paar Liebesgaben „für ihn“ wurden in den Wagen gelegt.
„Ich kann ihn nicht hergeben“, sagte Kathrin.
„Er gehört zu uns“, sagte Paul.
„Was ist Lohburg ohne ihn?“, fragte Franz.
„Wer soll mein Rheuma lindern?“, fragte Tante Cilly, „wenn alle Doctores nicht helfen können!“
„Ich werde ihn vermissen“, sagte Clara, „wenn er mir im Atelier nicht mehr zuschauen wird.“

„Und wer soll auf meinem Schreibtisch hocken?“, fragte Karl, „wenn ich meine Entwürfe machen muss!“
„Ihn hierzulassen“, begann Kathrin erneut, „können wir Augustus und Cosima nicht antun.“
„Und was sollen wir Frieda und Alois sagen“, fragte Paul zuletzt, „wenn wir ihn nicht mitbringen?“
„Wir werden für Peter sorgen“, verriet Frau Bitzenhofer, „als wäre er unser eigen Kind.“
„Unser Hof ist ein Katzenbiotop ersten Grades“, erklärte Herr Bitzenhofer, „ihm wird nichts mangeln.“
Niemand der Lohburger wollte wissen, wie und wo Peter diese letzte Nacht hier verbrachte – es blieb sein Geheimnis. Als aber morgens um 6 Uhr Karl das Auto vorfuhr und die Türen öffnete, huschte ein schwarzer Schatten heran, verschwand wie der Blitz im Auto und nahm auf dem Rücksitz Platz: Peter der Große! Er hatte seine Wahl getroffen. Im übrigen ist hier etwas nachträglich mitzuteilen, dass Peter auf Reisen durchaus den allgemein üblichen Katzenkäfig akzeptierte und ihn auch zu Schläfchen bezog, aber nie durfte der Käfig geschlossen werden.
Die Rückfahrt verlief ohne besondere Ereignisse – wenn man davon absah, dass der Verkehrspolizist, der sie schon auf der Hinfahrt zu kontrollieren gedachte, auch jetzt wieder seine Kelle schwang und sie aus der Wagenkolonne zog. Sein Dienstgesicht klärte sich zu einem Wiedersehensantlitz auf, als er Peter hinten bemerkte. Zu aller seiner Freude benutzte Peter den Halt zum Aussteigen und umschwänzelte die Polizeistiefel dreimal als Zeichen echten Wiedererkennens.
„Ich habe meiner Frau von diesem herrlichen Kater erzählt“, berichtete er, „und sie wünscht sich nun eines seiner Kinder, wenn es ganz rabenschwarz sei.“
„Peter hat in Oberrotweil bei den Bitzenhofers“, fiel Franz rasch ein, „zwei Kätzinnen bedient. Hier ist die Telefon-

nummer des Weingutes. Rufen Sie dort an, in cirka zwei Monaten wird's dort Junge geben."
Wieder hinterließ Peter nichts als Freude!

„...bleibt die Erinnerung doch!"

Ein Fotostar wird geboren. Drei Wochen gehen an einem Ort wie Lohburg spurlos vorüber. Aber Jahre tun dies nicht! Weil Peter ein Reisender geworden war, lernte er auch die Wiedersehensfreude ausgiebig kennen. Der Betrieb war während der Abwesenheit der Familie dank Augustus und Cosima und Alois und Frieda so gut gelaufen, dass Karl und Carla bereits zum ersten Mal daran dachten, ihn abzugeben; nicht jetzt und sofort, auch im nächsten Jahr noch nicht und dann würde man sehen, wie's weiterging.

Noch im laufenden Jahr wurde Peter ein Fotostar. Franz hatte aus Gründen des Gelderwerbs damit angefangen, Peter mehr und mehr und immer raffinierter abzulichten, so dass Interessenten der Medien im In- und Ausland seine Fotos gegen gute bis mittlere Honorare abnahmen. Weil auch Alois und Frieda sich wie Augustus und Cosima ein Eigenheim hingestellt hatten, waren die Zimmer der Großeltern freigeworden und wurden von Franz mit Beschlag belegt: Ein Fotoatelier entstand. Als wüsste Peter Bescheid, dass alles nur für ihn gemacht würde, war er bei der Einrichtung mit von der Partie und übte schon einmal, ehe die technischen Einrichtungen installiert waren, nahe und weite Sprünge von Hocker zu Hocker, über Tische und Bänke und senkrecht in die Luft zur Lampe hin.

Zur gleichen Zeit machte Kathrin ihren ersten Reitkurs bei einem Pferdewirt des Dorfes. Wenn sie mit dem Fahhrad losfuhr, stand Peter meist Peter bereit, hüpfte in den Lenkradkorb und fuhr mit. Pferde waren für ihn kein Problem, er mochte ihre Wärme und Neugier und freute sich, wenn sie ihn mit den Nüstern anbliesen. Außerdem gab es in der mit Stroh und Sägemehl ausgelegten Reithalle Mäuse, welche der Inhaber nicht mit Fallen töten, sondern auf natürliche Art und Weise aus der Welt schaffen lassen wollte. Ratten und Mäuse, das weiß jeder Kenner der Situation, mögen Katzen nicht und ziehen sich oft freiwillig woandershin zurück.

Hier lernte Peter reiten. Als Kathrin ihre Runden ritt sprang er einmal unverhofft auf und brauchte sich gar nicht an ihrem Rücken oder Bauch festzuklammern, um nicht herunterzufallen – es war sein offenbar guter Gleichgewichtssinn, der ihn alle Bewegungen des Pferderückens austarieren ließ. Und es schien ihm Spaß zu machen. Kathrin testete ihn und glitt vom Pferd, Peter blieb oben und hatte gar keine Mühe, sich dort zu halten. Erst als dem Pferd halt geboten worden war und es anhielt, sprang Peter in den Sand und ging nach vorn, um sich vom Pferd beschnuppern zu lassen und es selbst zu beschnuppern. In der nächsten Reitstunde war Franz dabei und machte Fotos, die Peter bei allen möglichen Situationen zeigten wie allein reiten, auf Kathrins Schultern hocken, von einem Pferderücken auf den anderen springen und ein Pferd im Lauf zu unterqueren. Das sah höchst gefährlich aus, aber die gutmütigen Reitpferde schienen sich zu bemühen, Peter nicht zu verletzen.

Auch mit den Reitlehrerinnen und Reitlehrern stand Peter bald „auf du“ und wurde hier in allen Varianten verwöhnt. Bei einer Runde sprang er urplötzlich vom Pferd und landete im Genick eines Untertanen Birlibis, der sich in die Halle verirrt hatte und nun sterben musste. Man sieht also, dass Peter stets pflichtbewusst war und seinen Beruf als Ratten- und Mäusejäger ernst nahm.

Franz konnte ein paar Wochen später viele der Fotos „an den Mann bringen“, nämlich an eine englische Zeitschrift, wodurch der bereits erwähnte Adam Roots auf ihn aufmerksam wurde. Damit begann der Anfang des Abschieds Peters von Lohburg – was jetzt schon verraten sein soll!

Peter der Lebenskünstler. Was uns „Technikmenschen" bereits Alltag und Gewohnheit geworden ist, kann für „Neugier-Katzen" wie Peter ein richtiges Erlebnis darstellen. Zum Beispiel Karls Computeranlage. Weil Karl keine Lautsprecher angeschlossen hatte, konnte sich Peter auf alles „Bewegliche" konzentrieren: den Bildschirm und den Drucker. Und er lernte tatsächlich, wenn auch nicht ganz absichtlich, dass, wenn er eine Taste drückte, sich auf dem Bildschirm etwas bewegte. Interessanter war der Drucker, wenn er seine Blätter ausspuckte und so angenehm in den Ohren klingend surrte und schnurrte. Groß war seine Enttäuschung und wurde in Murren ausgedrückt, wenn die Apparatur ausgeschaltet war und sich nicht bewegte.

Als Reinigungsgehilfin Hannelore, genannt Hanni, 65 und zur Rente Hinzuverdienende, einmal eine der Toilettetüren offengelassen hatte, war flugs Peter zur Stelle und begann diesen eigenartigen und für seine Nase nicht schlecht riechenden Raum zu untersuchen. Eine große weiße Schüssel mit Wasser darin, daneben eine Papierrolle, mit der man prima spielen konnte, und jetzt Hanni selbst, die unter seinen Füßen das Wasser rauschen ließ.
„Wir könnten Peter beibringen", schlug Hanni Carla vor, „seine Geschäfte in diesen Lokus zu machen. Das habe ich bei anderen Leuten schon einmal hingekriegt."
Und das klappte dank Peters Auffassungsgabe: Als Peter eine Stunde später Anzeichen „zum Müssen" zeigte, trug Hanni ihm die Sandschale gut sichtbar vor ihm her und stellte sie bei geöffnetem Deckel auf die Klobrille. Peter hüpfte hoch, machte wie üblich und wurde dann von Carla und Hanni über alle Maßen belohnt und bemuttert. Damit war der Bann gebrochen und wenn Peter innerhalb des

Hauses musste und nicht nach draußen wollte, lief er zur Tür der Toilette und maulte vernehmlich und fordernd.

Peter stellte in diesen Tagen den berüchtigten und gesuchten Katzenklauer „Ede-Langfinger", der Katzen klaute und schnellstens per PKW nach Holland oder Belgien verfrachtete. Frieda hatte Peter auf sein Drängen mit ins Dorf genommen, weil er so gern vorn im Lenkradkorb mitgenommen werden wollte. Während sie in den Läden einkaufte, bewachte er die inzwischen eingekaufte und im Gepäckträger verstaute Ware. Jedermann kannte ihn und fand nette Worte oder einen Leckerbissen in der Hosen- oder Jackentasche. Ede sah äußerlich gar nicht wie ein Langfinger aus, eher wie ein mittlerer Bankdirektor und benutzte auch dessen Vokabular:

„Na, Kleiner, auch ein wenig einkaufen und die Wirtschaft ankurbeln?" Ede besaß wieselflinke Wächteraugen und beobachtete mit einem die Umgebung, mit dem anderen versuchte er seinen Gesprächspartner einzulullen. „Einlullen"? Diesen Begriff kannte Peter nicht , aber er sah, dass Ede die Rechte in die Tasche steckte und etwas herausholen wollte. Seine Linke kraulte schwarzes Fell, aber der Besitzer desselben stieß ein warnendes Fauchen aus. Ede hatte schon mehr als hundert Katzen ohne jede Biss- und Kratzwunde geklaut, er war Gegenwehr gar nicht gewohnt.

Als er einen mit Äther getränkten Wattebausch in der Hand hielt und Peter ins Gesicht drücken wollte, fuhren ihm Sekundenbruchteile vorher zwei mit exklusiv scharfen Krallen besetzte Pfoten an die Ohren, wurden zurückgezogen und furchten, sich am Kinn treffend, je vier blutige Linien, - eben von den Ohren bis zum Kinn -, in seine Haut. Diese Heldentat Peters wurde von jenem seiner Schreie begleitet, die er in höchster Wut und totaler Angst auszustoßen pflegte. Ede presste beide Hände ins Gesicht und hätte normalerweise noch schriller geschrien als Peter, wenn er sich nicht selbst narkotisiert hätte.

In dieser heiklen Situation traten drei Personen hinzu: Frieda mit ihren Einkäufen, Dorfpolizeimeister Heinrich Fahrenholz mit der Hand an der Waffe und Rentner und Augenzeuge Fitten Vetter mit der Schwurhand in der Hosentasche. So wurde im Handumdrehen geklärt, was hier vorgefallen war und Peter wurde der Hauptgewinner: Durch die Belohnung, „die auf den Kopf dieses langgesuchten Verbrechers ausgesetzt ist, mein lieber Peterle“; (Originalton des Polizeimeisters!).

Peter wurde kurzzeitig Vater von acht Kindern, und das innerhalb einer Stunde. Das kam so. Entenmama „Anas“, welche mit allen Tieren des Hofes auf Du stand, soll heißen mit jedem Lebewesen eng befreundet war, hatte ihre acht Eier in die vakante Hundehütte gelegt und jetzt rückte die Stunde des Schlüpfens der Küken heran. Weil Peter die Wärme, welche das Federvieh umgibt, mehr liebte als die moderne Heizungswärme, gesellte er sich zu ihr und sie schliefen eine Stunde miteinander, bis das Schlüpfen begann. Da watschelte die Ente zum Baden und Entenschnottessen zum nahen Teich hinaus und, pflichtvergessen wie sie war, kam sie erst nach einer Stunde zurück. Peter lag halb aufgerichtet quer im Eingang und versperrte ihr den Einstieg. Innen piepsten bereits einige feine Stimmchen ihre ersten Lieder in die Welt, welche wohl hießen „Mama hier bin ich“ oder „Moin allerseits“. Anas wusste ihre Brut gut bewacht und auch versorgt, denn sie konnte beobachten, wie Peter die feuchtnassen Küken ableckte und diese sich an sein warmes Fell drückten.

Dieser Vorgang für alle acht Küken dauerte eine Stunde, dann waren alle trocken und als Nestflüchter bereit, die Hütte zu verlassen und in die Welt zu marschieren. Peter machte Platz, als sie nach draußen drängten. Augustus und

Cosima, die den Vorgang beobachteten, wareh nun der Meinung, dass die Entenmama mit ihrem Nachwuchs schleunigst zum Teich wandern würde, wo die ganze Bagage ja auch hingehörte. Weit gefehlt! Alle Küken folgten Peter, der über den Hof zur Diele und in die Küche gehen wollte. Es war wirklich entzückend anzuschauen, wie diese Entenküken im Gänsemarsch Peter folgten, denn es war ja 12 Uhr geworden und Peter pflegte beim Empfang von Friedas Kartoffeln pünktlicher zu sein als ein Uhrmacher.

So war dann das Bild: Peter angelte sich vom Küchentisch seine heiße Salzkartoffel herunter, die, als sie auf den Fliesen lag, von den Küken wie ein Wirbelwind verschnabuliert wurde. Also spendierte Frieda eine neue, schon abgekühlte. Die konnte Peter unten aber nur zur Hälfte aufessen, weil er ja ein bedächtiger Esser war und die anfallenden Kartoffelkrümel von den Küken sofort verputzt wurden. Die drei Zuschauer Augustus, Cosima und Frieda wurden fast schon satt vom Zuschauen, wussten aber, dass Peters Rolle als Erpel, (männliche Ente), nicht von langer Dauer sein konnte. Draußen wartete Anas, die nicht mit ins Haus kommen mochte. Kurz entschlossen packte Augustus die Entenküken in eine Kiste und brachte sie in die Hundehütte zurück, wo sie geboren worden waren, stellet ein Brett vor den Eingang und schnappte sich die Entenmama, um auch sie zu den Küken zu sperren.

„Wolln doch maol kieken“, sagte er, „ob wa dat nich hinkriegen!“

Er kriegte es hin: Nach einer Stunde ließ er die ganze Bande frei und Anas wanderte mit ihr zum Teich, wo die Küken munter paddelten und Peter total vergaßen.

Peter, Kunst und Kultur. Man stelle sich diese Situation vor: Paul fleezte sich langgestreckt auf dem Sofa, auf seiner Brust hockte, nicht lag Peter und hatte keinen Nerv für den Jungen übrig, den er sonst abgöttisch liebte und sogar verehrte. Seine Aufmerksamkeit galt, was deutlich an Augen und Ohren abzusehen war, einem anderen Menschen – der freilich schon seit dem 28. Juli 1750 tot war: Johann Sebastian Bach! Wissenschaftler haben herausgefunden und teilen mit...

„...dass Katzen überaus empfindliche Ohren haben und sensibel auf Lärm jeder Art reagieren. Schließlich zählt das Katzengehör unter den Säugetieren zu einem der besten: Mit einer Hörkapazität von 70.000 Hz nehmen sie selbst sehr leise Geräusche intensiv und laut wahr, während wir Menschen mit 20.000 Hz auskommen müssen...“

Ja, das musste stimmen, denn Paul hatte beobachtet, wie Peter eines Tages im Garten eine Maus noch aus zwanzig Metern Entfernung piepsen und rascheln hörte. Da hatte doch jemand behauptet:

„Musik wirkt beruhigend auf Katzen!“

Das klingt so ähnlich wie:

„Wo man singt, da lass dich ruhig nieder –
böse Menschen haben keinen Lieder.“

Kehren wir zu Paul und Peter zurück! Und zu B.A.C.H. Sein berühmtes Air aus BWV 1068 schwebte wie auf seidenen Flügeln durch den Raum und ließ, - so jedenfalls glaubte Paul zu bemerken -, Peter den Atem anhalten. Denn seine Entspannung ließ augenblicklich nach, als die Gavotte I folgte. Als Paul dies beim Kaffeetisch erwähnte, hatte Bruder Franz die Idee des Tages:

„Lasst uns diese Sache Dr. Nepomuk mitteilen. Der soll dann mit seinem Gerät herkommen und während der Musik Peters EKG machen.“

Das geschah. Und so hing Peter am nächsten Sonntag zum zweiten Mal in seinem Leben an einem EKG-Gerät. Den lieben Dr. med. vet. Nepomuk hatte sein Gehirn als „lieben Menschen” gespeichert, und darum ließ er ihn gelassen an seinem Körper manipulieren. Um Peter nicht zu beeinflussen, mussten alle Zuhörer außer Dr. Nepomuk

und Paul den Raum verlassen, als der Versuch in der Mitte des ersten Satzes, Ouvertüre, begann. Eine halbe Minute vor Ende dieses Satzes ließ der Doktor das Gerät starten, dann folgte die übliche Pause zwischen den Sätzen und das Air begann – es zwang auch die beiden menschlichen Zuhörer in seinen Bann. Es sei nur nebenher bemerkt, dass Franz die für ihn notwendigen Fotos machte und er sich dann auch das Ergebnis aushändigen ließ. Es war über alle Maßen aussagestark und den Erwartungen entsprechend:
„Das völlig ausgleichende Auf und Ab der Nadel zeigt eine Herzfrequenz an, die uns Menschen bereits kao machen würde. Für Hochfrequenzler wie Peter entsteht damit eine Entspannung, die bei Haustieren selten, bei freilebenden Tieren nie eintreten würde."
Im Lauf der nächsten Wochen, je nach Freizeit und aufkeimendem Interesse, führten Franz und Paul mit anderen „langsamen" Stücken der klassischen Musik, - Werke von Wagner, (Isoldes Liebestod), Schuberts und Mahlers Adagios und Beethovens Pastorale -, Peter zu Gemüt und verdienten sich dessen Freude und spontanes Entgegenkommen. Entgegenkommen? Ja, das ist wörtlich zu nehmen! Denn wen Peter in sein zwar kleines aber großzügiges Herz geschlossen hatte, dem lief er entgegen wo auch immer: Im Wald und auf der Heide, auf dem Dachboden und im Keller, in der Toilette und im Bad, aus dem Auto heraus oder ins Auto hinein.

Zur Kultur gehört bekanntlich auch das Lesen. Traf Peter eine Leseratte, war sie nun männlich oder weiblich, 8 oder 80, dann näherte er sich ihr und rekognoszierte schnurrend und den Schwanz erhoben, wo er aufspringen könnte. Seine gewohnten Ruheplätze waren dann die Schultern, die Oberschenkel oder die Füße, soweit sie nicht in Stiefeln steckten. Bei Bilderbüchern favorisierte er die Schultern, weil er dann die Bilder betrachten und mit umblättern konnte. Texte liebte er, weil die Leseratte dann öfter einschlief und hübsch still im Sessel saß.

Zur Kultur gehört bekanntlich auch das Reden. Es gab im Wohnzimmer den runden Tisch, fast so komfortabel wie der berühmte im Schloss Cäcilienhof. Einen festen Platz, wie ein Moderator im Fernsehen, besetzte Peter höchstpersönlich. Er sprach zwar selten mit, aber sein hübscher Kopf drehte sich immer dem Sprecher zu, der manchmal unter seinen forschenden Blicken verlegen wurde.

„Sind wir sicher?“, fragte Karl einmal den Tierdoktor, „dass Peter uns nicht versteht?“

„Sicher ist nur *morte est“,* antwortete der Doktor, „aber sonst nichts.“

Wenn soviel heiß debattiert worden war, dass die Weingläser ergriffen wurden, steckte auch Peter das Mäulchen in seinen Porzellannapf und schlabberte mit.

Das Katzentreffen auf Lohburg

Soviel sei vorab verraten: Es trafen sich nicht nur Katzen! Es hatte ein Geheimtreffen zwischen Karl und Clara einerseits und Augustus und Cosima andererseits gegeben, worauf ausgehandelt wurde, dass letztere irgendwann in den nächsten Jahren Lohburg übernehmen und die alten Lohburger wegziehen würden. Augustus hatte ein Konzept vorgelegt, dass Lohburg ein Zucht- und Zufluchtsort für Haustiere A für Albinokaninchen über K wie Katzen und H wie Hunde bis Z wie Zobel werden solle.

„Mit einer Katzenveranstaltung“, sagte Augustus, „ein Teil nur von über achtmillionen dieser Vierbeiner in der Bundesrepublik können wir schon im voraus ins positive Gerede kommen.“

Ja, geredet wurde viel auf Lohburg, denn selbst mundfaule Bundesbürger werden geschwätzig, wenn das Thema auf ihre Katzen fällt. Allgemein war sich natürlich jeder selbst der nächste, aber real sehende Teilnehmer konnten nicht umhin, Peter ihre Aufwartung zu machen, auch wenn sie ihren Liebling auf den Armen trugen. Auf einem Meeting in der hergerichteten Scheune hatten Halter beiderlei Geschlechts die Möglichkeit, über die Abenteuer ihrer oder fremder Katzen zu referieren. Die Exgattin eines Katzenfeindes, der rechtzetig gestorben war, berichtete in Kurzform „meine Vita seit seinem von allen Katzen begrüßten Hinscheiden“:
„Ich hätte nie gedacht, dass meine Minna sich noch einmal bekriegen würde, seitdem der Tierarzt ihr noch ein Leben „von höchstens einem Jahr“ bescheinigt hatte. Doch kaum wusste sie durch ihre wachen Augen
und ihre feine Nase, dass **er** nicht mehr zum Haushalt gehörte, da wurde sie rossig wie die geilste Kuh nebenan und ließ sich von einem Kater wie diesem hier vergewaltigen, dass die ganze Straße mitternachts erwachte und den Beginn des Harmagedon befürchtete. Und zwei Monate später warf Minna in meinem Bett sechs Junge, so dass ich nicht mehr allein war in meinem großen Haus. Minna lebt heute noch und der verdammigte Tierarzt auch.“

„Mein Kater Flocki“, erzählte eine Halterin, die Flocki hier an der Leine führte, „hat einen Klotick entwickelt. Unsere neue Spülung besitzt eine Taste, die nur leicht gedrückt zu werden braucht und mit der eine zärtliche Katzenpfote gut fertigwerden kann. Erst nach einer scheinbar überhöhten Wasserrechnung kamen wir dahinter, dass Flocki nachts die Spülung betätigte und das auch bei ausgeschaltetem Deckenlicht. Wir machten ein Klebeband auf die Taste, steckten einen kleinen Holzkeil dazwischen, legten einen Ziegelstein auf – Flocki ruhte nicht eher, bis er alles beseitigt hatte und an den Schalter herankam. Schimpfen wollten wir mit Flocki nicht und gar drohen überhaupt nicht, auch nicht die Tür abschließen. Ein Besuch Tante Lottis, die sich mokierte „wofür habt ihr einen Klodeckel, wenn ihr ihn nicht benutzt", brachte des Rätsels Lösung: Flocki interessierte sich nicht mehr fürs Klo, wenn der Deckel auflag."

„Er wollte immer nur", erklärte Tante Lotti, „das Wasser mit Kraft fließen sehen."

Jetzt meldete sich Charlie Auf der Heide zu Wort, über den Nachbarn kolportierten, „er isst die Götterspeise mit Messer und Gabel" und der seinen fetten Kater Pummel, 3, mitgebracht hatte und über ihn aussagte, er sein ein richtiger Vojeur geworden:

„In Wirklichkeit hörte auch er das Wasserrauschen im Bad zum Verlieben gern, so dass er jeden Morgen und jeden Abend zum Badezimmer unserer Schönheitskönigin Helen, genannt die schöne Helena pirschte, sich auf die Fensterbank schwang und ihr bei offenem Fenster beim Duschen zuschaute – das war ein richtiges Liebesspiel zwischen Nackedei und Katze."

Als wäre ein Ventil geöffnet worden, hatten auch noch weitere Katzenfreunde, die ja traut beisammensaßen, zum Thema „Wasser und Katze" zu berichten. Julia aus Lengerich:

„Wir waren damals stolz, jene neuen Armaturen in der Küche bekommen zu haben, wo man mit einem kurzen Hebeldruck den Wasserhahn öffnen und schließen kann. Das Öffnen war für unseren Kater Heribert leicht, das Schließen hat er nie begriffen. So spielte er in unserer Abwesenheit das Wasserboxen, indem er seine kräftigen Pfoten abwechselnd in den Strahl stieß oder sie durch den oft starken Strahl hindurchstieß, dass es in der Küche spritzte wie im Autowaschsalon. War er selbst nass wie ein Pudel im Gewitterschauer geworden, dann trollte er sich nach draußen in Wind und Sonne und das Wasser lief weiter ungehindert und teuer zugleich. Krach gab's im Haus, aber niemand bekannte sich schuldig, den Wasserhahn nicht geschlossen zu haben. Bis ich eines Nachts bei unruhigem Schlaf das Wasser plätschern hörte und beim Nachforschen Heribert erwischte. So musste der Handwerker kommen und die alten Schraubverschlüsse wieder dranmontieren. Aber Heriberts Enttäuschung hättet ihr sehen müssen, Leute: Er sprach drei Tage nicht mit uns und verweigerte auch sein Essen..."

„Mein Sohn", schloss sich Gertrud Vennekamp aus Hilter den Erzählenden an, „war als Student nie in einer so genannten schlagenden Verbindung und hat doch seinen Schmiss bekommen. Er verstand nichts von Katzen und näherte sich unserer vor sich hinträumenden Burri mit Hand und Gesicht und bekam von der erschrockenen Katze eine grobe Backpfeife an die linke Backe, dass ein fünf Zentimeter langer entstand, der sofort genäht werden musste."

„Ich beobachtete einmal beim einem Spaziergang im Stadtpark", wusste Harry Dinkel aus Bad Iburg zu berichten, „eine getigerte Katze, welche in einem stillgelegten Kanalrohr hockte und nur den brummigen Kopf hervorschauen ließ. Sie beguckte die Passanten auf den Parkbänken und wartete ab, bis sie gegangen waren, um nach Fressbarem Ausschau zu halten. Ja, sie war ein Stadtstreicher. Ich beschloss, sie aus ihrem Elend zu befreien und zu meiner Wohnungkatze zu machen. Mein geringster Versuch, sie einzufangen, gar zu berühren und mit netten Worten einzulullen, wurde abgeschlagen. Na warte, dachte ich. Sie in eine Falle zu locken hielt ich für unmöglich, nachdem ich solche vergeblichen Versuche im Fernsehen mitverfolgt hatte. Aber mit Futter anlocken, ja das musste gehen. Nach drei Tagen aß sie alles, - ich nannte sie inzwischen Bulli -, das ich ihr vorlegte und verwandte damit die Methode, sie immer näher an mich und die Parkbank anzulocken. Es klappte. Als sie einmal aß und mir dabei den Rücken zukehrte, warf ich ihr einen Sack über und hatte sie eingewickelt, ehe sie begriff und ganz fürchterlich zu schreien begann. Leute kamen und ich musste erklären, kein Katzenjäger zu sein."

Harry machte eine Pause und beschäftigte sich mit Peter, der seinem Redeschwall aufmerksam zugehört hatte. Peter stieß immer wieder seinen Kopf in Harrys hohle Hand. In dieser Pause kamen auch Kinder heran und Paul ordnete an, „dass jeder von euch ihn nur einmal streicheln darf, sonst wird er verwöhnt und übermütig". Harry kramte seine Wegzehrung, (meist ein Butterbrot), aus der Tasche und verzehrte sie gemeinsam mit Peter. Dann fuhr er fort zu erzählen:

„Die ganze lange Zeit, die ich zum Auto ging und heimfuhr bis zum Eintritt in meine Wohnung wimmerte Bulli vor sich hin und fauchte, wenn ich sie beruhigend ansprach. Was mochte sie denken? Welche furchtbaren Abenteuer mochte sie hinter sich haben?"

Wir lassen den Rest der Geschichte von Franz erzählen, der mitgehört hatte und sich kürzer fassen konnte:

„Harry dachte sich nichts dabei, Bulli nach einer Weile, in der ihr Atem ruhiger ging, freizulassen - er hätte sich etwas denken sollen! Um es kurz zu machen: Bulli schoss wie eine Rakete aus dem Sack und machte einen Riesensprung auf die hellste Stelle vor sich hin, und das war das Fenster, ein geschlossenes freilich, und ihr Kopf bumste vors Glas wie ein Fußball auf einen Torhüter. Eine Minute starrte Bulli vor sich hin, dann startete sie zu einem Amoklauf, wie ihn die Katzenwelt noch nie gesehen hatte

– nämlich über alle Regale, Anrichten, Konsolen und andere Stellflächen hinweg, die alle mit Vasen, Nippes, Kappes und Tinnef besetzt waren. Dabei pinkelte und küttelte sie unausgesetzt. Schließlich sah sie das geöffnete Oberlicht, erklomm den benachbarten Schrank und sprang von da direkt in die Öffnung hinein – *morte est* – denn die Wohnung befand sich im vierten Stock des Hauses! Niemand sah ihren Aufprall und weil Harry keine Lust zu ihrer Entsorgung hatte, blieb er fein oben hocken; seine Leidenschaft für Katzen war abgekühlt."

Trotz all solcher Geschichten: Peter war und blieb die Hauptperson des Tages! Viele Besitzer und Besitzerinnen von Kätzinnen trafen mit Franz, der zeitweise Peter auf der Schulter mittrug, Abkommen über spätere Paarungen und sagten auch zu, ihre Katzen hier in Pension zu geben, wenn die Vorrichtungen hierzu geschaffen seien und sie selbst den nächsten Urlaub antreten würden.

Dieser Tag auf Lohburg endete mit einem Vorfall, der tatsächlich täglich tausendmal auf der Erde vorkommen mag: mit dem Aussetzen von zwei Jungkatzen in der Toreinfahrt. Niemand hatte in dem Trubel der Veranstaltung darauf geachtet, dass irgendein Mensch einen blauen Müllsack an der Ziegelsteinmauer abgelegt hatte, in dem alles stecken konnte: Abfall, Essensreste und so weiter. Die Entdeckung dieses Sackes war das Verdienst Peters, den nicht seine Neugier getrieben hatte, dort nachzuschauen, sondern sein feines Gehör. Und wenn Peter aufhorchte und schnurstracks lostrabte, war an diesem Tag Kathrin nicht fern, denn sie hegte Verdacht:

„Was ist?", fragte sie rethorisch, „wenn jemand unseren Peter klaut?"

So ging sie ihm jetzt nach und hörte dann selbst das feine Piepsen und Wimmern. Sie lief ins Haus und prallte mit ihrer Mutter zusammen, die aufgeregt rief:

„Da hat jemand angerufen und geraten, doch mal ans Tor zu gehen und nachzuschauen."
Augustus wurde gerufen, eilte hin, hob den Sack auf und ließ aus ihm zwei Katzen purzeln. Sie waren dreifach bunt gefärbt, höchstens drei Wochen alt und so verzeckt, verlaust und verfloht, dass er sie kaum anfassen mochte und sich Handschuhe auslieh.
„Kriegen wir die durch?", fragte Kathrin.
Peter wollte sie ablecken, aber Augustus verwehrte es ihm:
„Wir wissen nicht, ob sie krank sind oder ansteckend."

Und Augustus bekam wieder einmal eine seiner genialen Ideen. Er rief mit lauter Stimme über den Hof, dass er eine praktische Vorführung in Katzenpflege veranstalten wolle, ließ sich einen Tisch und Stuhl bringen und erklärte erst einmal der Versammlung, was vorgefallen war. Das brachte die meisten Leute so in Harnisch, dass sie herankamen und fast um die besten Plätze rangelten. Augustus hatte inzwischen bei Kathrin zwei Babyflaschen mit Milch angefordert und bekam sie jetzt geliefert. Die zwei Katzenkinder tranken wie Bergleute nach der Schicht und legten sich dann wohlig auf den Rücken, damit „Papa Augustus" ihre Bäuchlein massieren konnte. Bei dieser Gelegenheit zog er ihnen die Zecken aus der Haut und zerquetschte sie zwischen seinen Fingernägeln. Dann kämmte er den Kätzchen die Flöhe und Läuse aus und legte sie auf eine weiche Decke auf den Tisch. Dort übernahm Peter ihre weitere Betreuung, indem er seinen Körper um sie legte und sie wärmte.

Da kam der schon erwähnte Harry herbei und bot an, „Max und Moritz, wie ich sie bereits getauft habe, zur Pflege und Aufzucht zu übernehmen:
„Hier sind hundert Piepen für dich, Kathrin", sagte er, „für deine baldige Aufzuchtstation für Katzen."

Kathrin bedankte sich mit dem schottischen Sprichwort, das sie noch gestern im Bett lesend sich gemerkt hatte:

„Kein Himmel wird himmlisch sein,
wenn nicht meine Katzen dort sind,
um mich zu begrüßen.“

Zum Beginn des Ausklangs eines für alle ereignisreichen Tages sang der Dorfkinderchor zwei Lieder, und zwar, um nicht zu einseitig zu sein, je eines für Katzen und Hunde:

„A – B – C, die Katze lief im Schnee...“
„Ein Hund kam in die Küche...“

Dann begann der Katzenkorso, bei dem sowohl die Katzen als auch ihre Herrchen oder Frauchen preiswürdig waren. Es war eine lustige Reihe hochgestellter Schwänze, arroganter Siams und protestierender Altkater, deren Schluss die bescheidene Kathrin mit Peter bildete. Die Abstimmung ergab: Erster Preis, die Goldene Katze, an Peter; zweiter Preis, die Silberne Katze, an Kathrin; der dritte Preis, eine Bronzene Katze, an Harry. Dann wurde noch bis 22 Uhr gegrillt und gemeinsam saßen beisammen und aßen miteinander Zwei- und Vierbeiner in gelöster und freundlicher Atmosphäre...

Ein Flug über den Großen Teich

Jetzt müssen wir einen Namen erwähnen, der hier schon gefallen ist: Adam Roots. Wir verraten, dass er schicksalsschwer für Haus Lohburg werden sollte. Franz, der am großen Tag wie verrückt fotografiert, einen ganzsetigen Artikel in der Lokalzeitung untergebracht und auch in der wichtigsten Naturzeitschrift platziert hatte, hatte schon E-Mail-Kontakt mit Roots aufgenommen, um diesen namhaften Tierfotografen zu kontaktieren und auf sich aufmerksam zu machen. Das Hin- und Herschicken von Fotos war ja inzwischen Klacksache geworden.

Und so geschah es, dass US-Multimillionär, - vielleicht war dieser Begriff noch zu niedrig gegriffen -, Hesekiel Goldman, 45, und Katzenfan ungeheuren Ausmaßes, Fotos von Peter dem Großen aus Germany auf seinem Schreibtisch liegen hatte. Aus der vergangenen Old-Germany-Zeit seiner Vorfahren hatte er einige Kraftausdrücke übernommen. Diese warf er entweder seinen Untergebenen an die Köpfe oder stieß sie als Höchstmaß seines Entzückens aus: „Dunnerlittken", „Da kann man sich drin wälzen", „Das schlägt dem Pinkelpott den Boden aus" und „Es klabastert mich um!"

Nun mag mancher fragen, was einen amerikanischen Millionär noch entzücken kann. Nun, es war Peter, unser Peter! An ihn erging nun, via Franz, eine E-Mail, die es in sich hatte und die seitdem „für alle Ewigkeiten, mögen diese mehr als hunderttausend Jahre dauern", im Goldrahmen gefasst an der Wand hängt. Sie beorderte Peter und Franz auf das Goldmansche Grundstück in Florida „zwecks Begattung meiner ein Dutzend Katzendamen, die ich zu diesem Zweck auserlesen habe. Sie sind alle hochadelig und können ihre Stammbäume bis auf Kolumbus nachweisen. Zweite E-Mail mit weiteren Angaben folgt..." Den deutschen Text hat Adam Roots an Ort und Stelle aufgesetzt, weil Hesekiel, (He-se-ki-el gesprochen), deutsch kaum schreiben konnte. Die nächste Mail teilte dann mit, „dass ich am 1. Oktober auf dem FMO eintreffen und mit einem Mietwagen ankommen werde. Schon am 2. geht es dann vom FMO wieder los direkt nach Miami. Grüße Adam!"

Man schaute sich wie ratlos an auf Lohburg, war aber nicht ratlos. Im Prinzip war man einverstanden, wenn in Sachen Finanzielles alles so geregelt würde, dass keine eigenen Aufwendungen nötig seien. Franz, der sein Abitur schon hinter sich hatte und ein Studium in MS beginnen

wollte, konnte sich freimachen, „ich verlange aber für jeden Tag dieses Einsatzes 100 Kröten“. Oh, wie bescheiden dieser junge Mann doch war!
„Dürfen Katzen denn einfach so mitfliegen?“, fragte Kathrin bestürzt.
„So einfach nicht“, antwortete Franz, „sie müssen in einem Käfig im Gepäckraum mitfliegen.“
„Das macht unser Peter nicht mit“, schrie Kathrin und wollte fort, ihn, Peter in Sicherheit zu bringen.
„Das können wir ihm auch nicht zumuten“, warf Augustus ein, „aber es soll Ausnahmen geben, Kleintiere mit an Bord nehmen zu können.“
„Das gefällt mir alles nicht“, sagte Karl.
„Ist mir auch nicht geheuer“, stimmte Carla zu, „und darum schlage ich vor, dass wir nur mitmachen, wenn Peter mit in die Kabine gehen kann und das möglichst Erster Klasse.“
„Das bezahlen die niemals“, sagte Cosima.
„Sind doch Millionäre“, sagte Franz abschätzig, „und geben am Tag mehr Geld aus als wir alle im Jahr an Lokuspapier verbrauchen!“
Welch eine Diskussion! Welch ein Ton! Welch Irrtümer an disem Tag! Peter hatte schon die Ohren voll und verdrückte sich in die Hundehütte. Und die Vorbereitungen mussten schon anlaufen. Pass, Ausweis für Peter, Dollars, Reiseversicherung, Untersuchung Peters bei Dr. Nepomuk, der volle Gesundheit und Zeugungsfähigkeit bescheinigte.

Adam Roots erwies sich als ein Mann, den sowohl Mensch als auch Tier lieben mussten! Warum Mitmenschen ihn gern hatten, war nicht einfach zu erklären, wohl aber Peters augenblickliche Sympathien für ihn: Er roch nach Tier! Woher der Wind auch wehen mochte, Peter wusste über Adams Lebenslauf schon Bescheid, ehe dieser die erste Tasse Kaffee intus hatte. Der Tischgesellschaft musste Adam erklären, dass sein Leben sich zwischen dem Leben von Affen, Bibern, Cobras, Dromedaren und allen anderen Alphabeth-Tieren bis Z wie Zebra abspielte, aber Peters Nase im Verein mit seinem Gehirn hatte längst registriert, dass auch Katzen, Hunde, Ratten und Mäuse ihre Hände, Pfoten, Tatzen und Krallen in Adams Leben stecken hatten. Als Adam aus dem Auto gestiegen war und sich vorzustellen begann, stieg Peter ins Auto ein und beschnüffelte es so gründlich, dass er sogar eine Geldbörse fand, welche der vorherige Ausleiher wohl verloren hatte. Aber dieser BMW war ja ein Leihwagen, Adam hatte noch nicht genug Stunden in ihm verbracht, dass er seinen Körpergeruch im Inneren verewigt hatte. So kümmerte sich Peter jetzt um ihn.

Weil Adam nicht von zu Hause herkam, wo er in tierischen und alten Arbeitsklamotten seine Tage verbrachte, sondern aus dem vornehmen Haushalt von Millionär Mr. Goldman und neu eingekleidet, so duftete er nun weniger tierisch als sonst. Doch Peter erfuhr genug. Leider konnte er weder sprechen noch schreiben, sonst hätte er gesagt oder zu Papier gebracht:

„Dieser Mann ist in Ordnung!“

„Unter dem könnte ich leben!“

„Der duftet so richtig lecker animalisch.“

Hätte Peter also die neben und über ihm geführte Diskussion verstehen können, so hätte er folgendes, für seine fernere Zukunft Bedeutendes erfahren:

„Erstens: Peter wird von Mister Goldman angeheuert, um seine zur Zeit sehr umfangreiche Katzendamen-Gesellschaft eine nach der anderen zu bespringen und bekommt als Honorar für jeden Beisprung 1.000 $.

Zweitens: Peter bekommt später für jedes Jungkätzchen, das die ersten zehn Tage überlebt, 1.000 $.

Drittens: Mr. Franz als Peters Mentor erhält neben freiem Aufenthalt auf meinem ziemlich bescheidenen Grundstück täglich 1.000 $ Spesen ausgezahlt.
Viertens: Der Hinflug ist sowohl für Mr. Franz als auch für Peter völlig kostenlos und findet in meinem Privatjet vom FMO bis Miami statt.
Fünftens: Der Rückflig findet sowohl für Mr. Franz als auch für Peter mit meinem Privatjet statt und ist für beide von Miami bis zum FMO kostenlos.
Sechstens: Mr. Franz' Vater und Mutter erhalten für den Ausfall ihres Sohnes, solange er unterwegs ist, täglich je 1.000 $ ausbezahlt.
Siebtens und Letztens: Peter erhält für seinen Ausfall als Mäusejäger Lohburgs täglich 1.000 $ ausbezahlt."

(Nachbemerkung zu diesem Vertrag: Frühere Autoren, die noch mit Federkielen oder auch Füllfederhaltern ihre Einfälle aufs Papier kratzen mussten, hätten hier zu kratzen aufgehört, tief Luft geholt und entweder einen Infarkt erlitten oder Begeisterungsstürme ausgestoßen – jedenfalls hätten sie einen Tag lang nichts mehr geschrieben. Wir sind nicht so veranlagt!)

Trotzdem herrschte hier jetzt zwar nicht Totenstille, aber doch atemlose Stille mit offenen Mündern, schlackernden Ohren, basedowschen Augen und lahmgelegten Denkapparaten.
„Miau-mio!", unterbrach Peter dieses ihm unverständliche Verhalten.
Dann gab es Applaus, Beifall, Ovationen im Stehen und Sitzen wie noch niemals auf Lohburg. Peter flüchtete in seiner Überraschung auf Adams Schoß, der sich wie ein richtiger Glücksbringer sah und nun kundtat, sich für die Nacht ein Hotel zu suchen. Das kam natürlich nicht in Frage, denn Gastfreundschaft war schon früher eine der

tragenden Säulen Lohburgs und war es auch heute noch. Weil Adam und Franz für die nächste Zeit eine Gemeinschaft zu bilden hatten, sollten sie schon jetzt gemeinsam unterkommen: In Franz' Zimmer ein Bett aufzustellen, war das Werk von Minuten und Peter entschloss sich, der Dritte im Bund zu sein.

In dieser Konstellation ging es am übernächsten Tag los. Hier ist nicht Platz und Zeit, die Reise minutiös oder stündlich aufzuzeigen. Peter benahm sich wie ein gewiefter Amerikatourist, was nicht schwierig war, denn kontrollen auf dem FMO gab es nicht, der Jet stand bereit und brauste nach Einstig und Beladung los. Bemerkenswert war, dass Peter auf seinem Fensterplatz, solange er nicht aß oder schlief, wie versteinert durchs Bullauge schaute und die Landschaften unten, die Wolken in gleicher Höhe, dieselben unter sich und den tiefblauen Himmel über sich fasziniert betrachtete, ja studierte. Es gab eine richtige überaus attraktive Stewardes an Bord, welche die Crew, die Passagiere und sich selbst bekochte, frisch bekochte! Und die am liebsten nichts anderes getan hätte außer Peter zu bemuttern und mit ihm in einem der komfortablen Sessel zu schlafen.

Es gab „Deutsche Tomatensuppe" mit Minifleischklößchen, italienische Nudeln und Zwiebeln darin, für Peter separat ungewürzt. Dann Zürcher Geschnetzeltes für Peter mit extra kleingeschnetzelten Fleichstücken, dazu seine geliebten Salzkartoffeln, für die er die junge Dame mit einem freundlichen Sonderblick bedachte. Als Dessert wurde französischer Karamell-Pudding mit steifer Vanillesoße serviert. Nun darf man sich nicht vorstellen, dass Peter ein mächtiger Esser sei und Portionen vermampft, wie sie üblicherweise aufgetischt werden. Weil er nie hatte hungern oder darben müssen und immer alles pünktlich serviert bekam, war er ein verwöhnter Gourmet und anspruchsvoller Gourmand geworden, aber im Gegensatz zu diesen mit stets einwandfreien Manieren.

Seine guten Manieren behielt Peter auch bei, als er nach der Landung in Miami noch vor dem livrierten Chauffeur, Franz und Adam den klotzigen Wagen bestieg und neben dem Fahrer Platz nahm. Der zuckte zwar pikiert zusammen, war aber dienstbar genug, die amerikanische Höflichkeit und Gastfreundschaft auch Tieren gegenüber nicht zu verweigern. Prompt hatte ein Straßensheriff Peter entdeckt, als er sein Motorrad herumwarf, überholt und an die Seite winkte.

„Sein Gesicht sah aus“, berichtete Franz später, „als hätte er einen Gangster erwischt, auf den hunderttausend Dollar ausgesetzt waren.“

Franz sprach zwar schon von der Schule er ganz moderat englisch, aber jetzt schaltete sich Adam ein, als der Sheriff unhöflich die rechte Tür aufriss:

„Sir, this is Peter the Great, a famous tomcat from Germany.”

Peter hatte inzwischen sein herrliches Haupt gegen die rechte Hand des Polizisten geschoben, laut und vernehmlich doch sehr zärtlich sein „Miau-mio“ gesagt und seinen Blick, - um Old Shatterhand zu zitieren -, in die Augen seines Gegenüber versenkt. Und bei diesem Blick und weil der Sheriff wusste, wessen Wagen er da angehalten hatte, schmolz er dahin, streichelte Peter über den Kopf, schloss vorsichtig die Wagentür und hielt den Verkehr an, um diesen Straßenkreuzer älteren Fabrikats einzuweisen.

„A german good tomcat this“, sagte der Fahrer, während seine Linke das Lenkrad bediente und seine Rechte Peter hinterm Kopf kraulte. „Naja“, dachte Franz insgeheim, „wenn hier alle so nett sind...“

Waren sie!

Im Katzenharem von Miami

Wenn wir in den folgenden Schilderungen statt „Kater Peter“ „junger Mann Peter“ und statt „flotte Kätzinnen“ „hübsche junge Damen“ schreiben würden, käme es im Prinzip auf dasselbe hinaus: Denn es geschah in Peters Hiersein genau das unterm Katzenvolk von Miami, das auch in den benachbarten, hauptsächlich von Menschen bevölkerten Villen und reichen Niederlassungen rund um diese Stadt passierte: erotische Techtelmechtel, Verliebungen, Verführungen, sexuelle Veranstaltungen, Familienplanungen und Enttäuschungen. Oft gaben erregend gutaussehende Stars (nicht Stare!) und Filmschauspieler ein Debüt und zogen die weiblichen Blicke auf sich wie ein attraktiver bloßer Popo die floridanischen Bremsen und Moskitos zum Stechen und Blutsaugen einlädt.

Mr. Hesekiel Goldman, gestern 46 geworden, erwies sich als ein Mann von Welt und Format, Katzenliebhaber allererster Güte und frisch und unkompliziert vermählt mit Roswitha Erdmute von Gaismar, 18, von adeligem Einwanderer-Geschlecht Hessens stammend und so katzenversessen wie er, Hesekiel. Um aber nicht immerwährend von Katzen umtütelt, angeschnurrt und umschmust zu werden, hatte sich das Ehepaar Goldman folgendes geleistet: für sich und die Katzen je einen eigenen Park mit Swimmingpool und anderen Vergnügungsstätten, artgerecht und weitläufig angelegt. Im „normalen“ Park tummelten sich also die in den Staaten üblichen Personen von 3 bis 90 beiderlei Geschlechts und so wenig bekleidet wie hier zulässig; Franz hatte nur einen kurzen Besichtigungsgang gemacht und sich dabei von den Damen zwischen 15 und 25 so bevölkerungspolitisch gemustert gefühlt, dass er lieber mit adam in den Katzenpark auswich – „wohin wir ja auch gehören, oder nicht, Adam!“

„Klar“, stimmte Adam zu, „lass dich hier lieber von vierbeinigen Kätzinnen als von zweifüßigen einwickeln.“

Im Katzenpark, der natürlich eingezäunt war, tummelte sich zur Zeit ein Dutzend Katzendamen, auch eine schwarze Kätzin dabei, die erwartungsvoll den großen schwarzen tomcat anstarrten und sich erst einmal zurückhaltend verhielten. Einige von ihnen waren wegen des umfangreichen Freilaufs in diesem Großgehege scheu bis verstockt und fauchten Peter schon auf eine Nähe von vier Metern an. Franz gefiel es gar nicht, dass Peter hier seine US-Tage verbringen sollte, und Adam stimmte ihm zu.
„Sir", schlug er Hesekiel vor, „Peter kann hier unmöglich seine ganze Zeit bei Ihnen wie ein Gefangener verbringen – das macht er nicht mit und er wird sich dann dem ganzen Unternehmen verweigern."
Das wurde eingesehen. So durfte sich Peter erst einmal eingewöhnen und am normalen Familienleben teilhaben. Die vielen nur zu zehn Prozent bekleideten jungen Damen waren ihm ganz ungewohnt, er hatte noch nie soviel nacktes Menschenfleisch gesehen, auch wollte er als „Nordeuropäer" nicht immer in der Sonne herumwuseln, gar im Becken plantschen und Kraulrunden drehen. Wenn er es auch liebte, ein paar Stunden auf weichen Bäuchen und Schößen zu ruhen oder den Wasserspielen der Menschen zuzusehen: Nach einer Weile suchte und fand er Franz und entspannte sich unter seinen Händen und seinem Zuspruch endgültig.

Aber er war ja nicht zum Faulenzen herbeordert worden! Als Peter zum zweiten Mal in den Katzenharem eingelassen wurde, fühlte er sich schon ganz wie frühere Sultane, Scheichs und Emire des Morgenlandes und es sah aus, als wenn die Kätzinnen zu seinem Empfang angetreten wären. Klar, dachten Franz und Adam, dass hier einige sexuell ausgehungerte Kätzinnen es nicht abwarten konnten, endlich bedient zu werden. Denn ihr Hausherr, Mr.

Goldman, hatte sie in dieser Beziehung und in Erwartung Peters ziemlich kurz gehalten.

Wir haben erfahren, dass Peter und Franz honorarmäßig nach der Dauer ihres Aufenthaltes hier bezahlt werden sollten. Adam ging es nicht anders, denn er hatte hier alle Szenen zu fotografieren und zu filmen, in denen Peter den Hauptdarsteller stellte. Man sollte meinen, dass sie darum daran interessiert waren, ihren Aufenthalt hier so lange wie möglich auszudehnen. Adam, mehr Realist als Franz, dachte im Stillen, sagte es aber nicht, dass man „reiche Fritzen“ wie die Goldmans gehörig schröpfen sollte. Kurz gesagt, - und darauf wollten wir hinaus -, es gefiel ihnen hier nicht!

„Reichtum ist nicht alles“, knurrte Adam.

Wir wollen hier nicht im einzelnen schildern, wie Peter seinen Dienst ausführte. Wir wissen ja bereits, dass er sich mit willigen Katzendamen nicht lange beschäftigte und er es nicht ausstehen konnte, dass sie, endlich empfangsbereit, ihn dennoch anfauchten wie die Urwaldlöwen es bei Tarzan (Urwaldmensch) zu tun pflegten. Jeden Tag zweimal, so gegen 11 Uhr und 18 Uhr, tat Peter, der hier spontan „the Great“ angesprochen wurde, seine arterhaltende Pflicht. Mr. Goldman, ein echter US-Pfiffikus, beschaffte aus seiner Reserve noch vier Katzendamen herbei, so dass Peter in acht Tagen sechzehn von ihnen schwängerte; auf Erfolg hofften Mr. und Mrs. Goldman inständig.

Ansonsten verlebte Peter hier das vollständig und intensiv, was in Menschenkreisen als „Erholung pur“ bezeichnet wird.

„Sich erholen nach Strich und Faden, in englisch line and thread“, sagte Mr. Goldman am Pool und hüllte Peter in eine Brasil-Wolke ein, „ist doch das Bestreben aller Menschen.“

Alle Bewohner des Anwesens und die vielen täglichen Gäste kamen aus dem Staunen nicht heraus, wenn sie Pe-

ter, der als vollwertiges Mitglied am Tisch saß, bei seinen Mahlzeiten beobachteten.
„Sind bei dir zu Hause?“, fragte eine vollbusige Achtzehnerin namens Britt, die Franz eindeutige Avancen machte, „alle Katzen so wohlerzogen?“
„Leider nicht“, antwortete Franz, „das kann nur mein Peter.“
Und er berichtete und machte vor, wie Peter zu Hause mit Salzkartoffeln umging.
„Salzkartoffeln?“, fragte Britt, „was ist das?“
Franz schüttelte innerlich den Kopf, er wusste ja, wie läppisch und ungeschickt die kochfaulen Amerikaner mit Kartoffeln umgingen.
„Salt potatoes“, antwortete er, „sind die beste Form der Zubereitung von Kartoffeln. Das Rezept: Man nehme diese, schäle sie, schneide die größeren Exemplare einmal durch und koche sie in Salzwasser gar. Sie müssen schnitt- und bissfest sein und dürfen nicht zu lange kochen. Dann aus dem Kochwasser nehmen, abtropfen lassen und auf dem Teller mit frischer Butter bestreichen – hmhm, darin könnte man sich wälzen!“
Für diesen von ihm geprägten Begriff gibt es keine englische Übersetzung. Mrs. Goldman schaltete sich ein:
„Willst du diese Kartoffeln morgen für uns und Peter kochen?“
Das wollte Franz wohl, wenn man gute festkochende Kartoffeln und deutsche Butter besorgen könne.

So aß man am nächsten Tag in diesem superreichen Haus ein bescheidenes Mahl: Kremige Kartoffelsuppe mit Frankfurter-Einlage, Salzkartoffeln mit zerlassener Butter und als Dessert mit Mineralwasser verdünnten Speisequark, braunem Zucker und kanadischen Brombeeren darin. Und am übernächsten Tag das hier ganz und gar unbekannte Gericht „Kartoffeln mit Stippe“. Also, wie jeder ehemalige Ostpreuße oder ostdeutsch noch angehauchte

Bundesbürger weiß: Pellkartoffeln mit Magerquark, der mit verschiedenen Gewürzen und Schnittlauch, Petersilie, Pfeffer und Salz aufgemöbelt ist.
„Früher", erklärte Franz unter den freundlichen Blicken von Peter und Britt, „war das ein Armeleutefraß, heute gilt er in gehobenen Lokalen als Delikatesse."
„Kann man Pell- und Salzkartoffeln auch fertig kaufen?", fragte Britt.
Das hätte sie nicht fragen dürfen! Denn damit war sie für ihn, bevor er ihr zu unterliegen drohte, „down through – unten durch".

Zurück zu unserer Hauptperson, ein Rang, den Peter auch hier zu behaupten wusste. Sowohl die Salz- als auch die Pellkartoffeln (natürlich gepellt!) aß er in echter Edelgast-Manier, mit einem Lätzchen um, das er sich widerstandslos von Britt hatte umhängen lassen. Das haben wir es wieder: „Ein Bild für die Götter! – A picture for the gods!"

Am Abend im trauten Rieseschlafzimmer wollte Hesekiel seiner Frau Roswitha Erdmute eine Sache schmackhaft machen:
„Ich habe Lust, diesen cleveren jungen Deutschen mit dem noch mehr cleveren tomcat für immer hierzubehalten."
„Tu es nicht", riet sie, „jetzt ist alles eitel Sonnenschein, aber ich traue beiden Deutschen nicht, dass sie hierhin passen. Franz scheint auf unsere entzückenden Mädchen nicht anzusprechen und Peter würde hier ohne ihn und Adam zugrunde gehen."

Vor dem fälligen Heimflug zeigte Mr. Goldman seinen Gästen sein neuestes Hobby, mit dem er seinen Namen „für den ganzen Kontinent unsterblich machen möchte". Weil es sich bei diesem Projekt ebenfalls um Katzen handelte, können wir es nicht unerwähnt lassen. Zumal Peter hier eine neue aber kurzlebige Bekanntschaft schloss. Es

ging in einem kurzen Flug nach Texas, wo Mr. Goldman einige tausend Morgen Prärie besaß. Ein zwei Hektar großes Stück hatte er einzäunen und mit Präriehasen und Katzen besetzen lassen. Franz und Adam erfuhren, dass er hier abwarten und die Möglichkeit schaffen wolle, dass sie sich paaren und vermehren.
„So werde ich eines Tages“, proklamierte er, „der Welt Katzen mit langen Ohren und Hasen mit langen Schwänzen präsentieren können.“
Peter war mit ins Gehege gekommen, wo die erwähnten Tiere ohne Scheu die Menschen erwarteten, betrachteten und um Futter anbettelten. Zwei Häsinnen berochen Peter, er beroch sie und fand sie wert, sie ein wenig zu beschmusen – doch, ganz klar, mehr wollte sich nicht einstellen. Franz und Adam schauten sich an und sagten nichts, erst später, als sie einen Augenblick allein waren, sagte Franz verhalten:
„Der Mann hat einen Stich in der Birne – he has a stab in the pear!“

Als Peter, Franz und Adam als Abschiedsgäste in derselben Maschine gegen Osten flogen, waren Franz und Adam nicht nur eine gehörige Portion vermögender geworden, sondern Franz gab nun auch seine letzte deutsch-englische Aphorisme von sich:

„Abschied ist immer ein Stückchen Tod –
Goodbye is always a bit of death!“

Er flüsterte es auch in Peters aufmerksame Öhrchen, was Peter mit erhöhtem Schnurren quittierte. Das Ehepaar Goldman hatte sich natürlich nicht lumpen lassen, den Vertrag sogar übererfüllt und die Summe in Euro ausgezahlt. Die Restzahlung war ja erst fällig, wenn sich herausstellte, wie oft Peter the Great in Florida Vater geworden war...

Heimkehr, neue Abenteuer und Ausklang

Der Heimflug gestaltete sich wie der Hinflug und alle unsere drei Teilnehmer schienen von einem Gedanken besessen zu sein:
„Nach Hause!“
„Wenn wir jetzt abstürzen“, orakelte Adam Roots, „gehen mehr als 80.000 Piepen verloren.“
Ja, er hatte 20.000 als Vermittlungshonorar bekommen und Franz trug in einem neuen Diplomatenkoffer cirka 60.000 mit sich herum. Er hatte gar nicht mitgezählt und dachte jetzt schon an Peters Honorar, das erst zehnTage nach der Geburt seiner Babys ausgezahlt werden sollte, also spätestens nach etwa 75 Tagen.
„Was willst du mit deinem Geld machen?“, fragte Adam nicht ohne Hintergedanken.
„Erst einmal einen Teil fürs Studium nutzen, damit ich meinen Eltern nicht zu sehr auf der Tasche liege.“
„Ich habe eine Idee für dich“, sagte Adam, „studier doch ein paar Semester in England!“
Peter wechselte in seiner Schlafstellung von Franz auf Adam – was jetzt noch nicht als symbolhaft angesehen wurde; es aber war!
„Das müssen wir zu Hause näher besprechen“, antwortete Franz und schnallte sich an.
Auf dem FMO huschte der amerikanische Privatjet zwischen einigen Mallorca- und Teneriffafliegern zur Landung und Peter huschte, kaum dass die Tür sich gehoben hatte, aufs Flugfeld und drehte ein paar rasante Runden ums Flugzeug, ehe er seine Mitflieger, darunter auch die kesse Stewardes vom Hinflug, unten an der Treppe begrüßte, als wäre er nie mitgeflogen.
„Auf Wiedersehen Peter“, sagte die Stewardes benommen und ließ eine Träne übers Makeup rutschen.

„Goodbye, Mr. Pieter", sagte der Pilot und ließ ein Katzenbrecki aus der Tasche fallen.
Koffer raus, wieder einsteigen, schon drehte der kleine elegante Flieger auf die Startposition zu, während Adam, Franz und Peter vom Fahrer des Mietwagens in diesen geführt wurden.
„Ich glaube", sagte Franz, „Peter war verrückt vor Heimweh und ist jetzt verrückt aufs Heimkommen."

Die vorinformierte Lohburg kribbelte und bibberte vor Erwartung. Man wusste, wem die ganze große Reise und der Geldsegen zu verdanken war, Peter nämlich, und auch spürte man, dass man ihn vermisst und manchen Tag ohne ihn traurig verbracht hatte. Als sich die Heimkehrer heimatlichen Gefilden näherte, wechselte Peter vom Hintersitz auf den rechten vorderen über und stand damit aufrecht lauernd auf Adams Oberschenkeln. Dort, das Hoftor, da standen auch bekannte Figuren wie Augustus, Alois, Tante Cosima, Frieda, Carla und Karl, Paul und Kathrin – da begriff der Fahrer die Situation und öffnete das rechte Fenster. Der Wagen rollte noch, da flitzte Peter wie ein Nachtschatten aus dem Fenster heraus und „überfiel" alle eben genannten Personen in einem Ansturm von überkochender Leidenschaft, rasender Ekstase und unwiderstehlicher Wiedersehensfreude: Jedem gönnte Peter einen Sprung an die Brust, einen Klaps auf den Hintern, (natürlich alles mit eingefahrenen Krallen), und dann das Hin und Herrollen auf den Füßen. Wer sich bückte, gar niederließ, bekam Kopfstöße unters Kinn oder in die hohle Hand.

Dann stand Peter plötzlich still und verhoffte wie überlegend: Da fehlen doch noch zwei! Richtig: Friedas und Cosimas Kinder. Sie begrüßte Peter, als wären es seine Kinder, und sie quiekten auch ähnlich vor Begeisterung. Schließlich nahm er sich Zeit, andere Lohburger zu begrüßen: seine Artgenossen, das Geflügel, die neuen vierbeinigen Mieter auf der Viehweide, zwei Ponys. Jetzt fehlte noch die Inspektion der inneren Räume: Aha, da ist alles beim alten geblieben.

Beim Abendessen war Peter natürlich das Ass der Stunde, obwohl er zur Unterhaltung kaum etwas beitrug. Nachdem genug der Abenteuer erzählt worden und die Familie sich einig über die Summe der zu verteilenden Honorare war, kam Adam endlich der Aufforderung nach, von sich und seinem Zuhause zu berichten. Es stellte sich heraus, dass er Besitzer der „Adam's Farm" im Südwesten Englands war, „dort, wo England am schönsten ist".

„Es ist eine echte alte Tierfarm, auf der ich Tiere halte, die ich selbst fotografiere oder filme und auch an andere Fotografen und Filmer verleihe und ausleihe. Nur einen Star wie Peter den Großen habe ich noch nicht."

Als Peter seinen Namen hörte, sprang er von Katrins Schoß auf Adams.

„Ich werde mir, zusammen mit Peter", sagte Franz, „diese Farm mal anschauen, wenn ich nach England reise."

So musste er jetzt damit herausrücken, dass er ein Studium in England machen wolle.

„Knete habe ich ja genug", fügte er hinzu und klopfte an seine Brust, „und Adam wird mir helfen, einen Platz zu bekommen."

Am nächsten Tag war Franz dabei, seinen Freund zum Flugplatz zu bringen, aber das verzögerte sich etwas, weil Peter ihm, dem Freund nicht von der Seite weichen wollte. So stieg Adam noch einmal aus, ging ins Haus zurück, wobei Petzer ihm folgte, aber von Kathrin mit Beschlag belegt wurde. Diese List gelang und Peter durchschaute sie erst, als das Auto durchs Hoftor davonbrauste. Er war beleidigt bis dorthinaus und beruhigte sich erst wieder, als Franz zurückkam.

Unterwegs hatte er mit Adam alles besprochen, auch, dass Peter mitkommen müsse.
„Auf meiner Farm“, sagte er, „wird Peter noch mehr Peter der Große sein als bei euch in Lohburg. Ich habe mitgehört, dass deine Eltern in Sachen Tiere zurückschrauben möchten, was ich verstehe, was Peter aber nicht verstehen wird.“
„Verstehe ich dich richtig, dass du Peter für immer auf deiner Farm haben möchtest?“
„Wenn es sich machen lässt, ja. Aber lassen wir ihn doch selbst entscheiden.“

Peter schien entschieden zu haben: Drei Tage lang stöberte er miauend durchs Haus, vergaß sogar seine mittägliche Salzkartoffel und magerte zusehends ab. Immer wenn ein Auto auf den Hof fuhr schoss er herbei und untersuchte es nach einer bestimmten Person. In einem Auto wollte er auf gar keinen Fall mer mitfahren und nach knapp einer Woche schien er sich arrangiert zu haben.

In der Woche ließen Karl und Clara „die Katze aus dem Sack“, wie sie sinnigerweise sagten:
„Wir wollen uns aus dem Betrieb ‚Lohburg’ zurückziehen und die Fortführung den beiden Ehepaaren hier überlassen. Sie können dann tun und treiben, was sie wollen, während ich (Karl) meinem Beruf als Architekt intensiver nachgehen werde und sie (Carla) dasselbe mit ihrem Beruf als Künstlerin tun wird.“
Das war im Großen und Ganzen das neue Konzept.
„In wenigen Jahren“, fügte Carla hinzu und meinte ihre Kinder, „seid ihr großgeworden und geht außer Haus, wie Franz das ja schon angeleiert hat, und wer soll dann auf die vielen Tiere aufpassen?“
„Aber Peter muss bei mir bleiben!“, rief Kathrin empört aus.
„Niemand wird ihn dir wegnehmen“, tröstete Carla.

Wenn „früher“ in derartigen Diskussionen der Name Peters fiel, horchte er sofort auf und begab sich schnurrend zum Sprecher. Jetzt lag er nebenan auf einem Stuhl, hörte zu und kommentierte nichts.
„Was ist mit Peter los?“, fragte Paul, der am wenigsten die ganze Chose durchschaute.
„Er hat sich ein wenig von uns abgewandt“, versuchte Franz zu erklären, „und sich verliebt.“
„Daran ist nur dieser Adam Roots schuld!“, zeterte Kathrin weinerlich.
Wir wiederholen uns: Wenn „früher“ in derartigen Diskussionen ein Mitglied zu weinen drohte, horchte Peter sofort auf und begab sich schnurrend zum Betroffenen. Jetzt lag er nebenan auf dem Stuhl, hörte zu und kommentierte nichts. Franz berichtete, dass er Adams Wunsch, Peter in England vor seine Kameras zu bringen, erfüllen möchte und ihn also demnächst mitnehmen würde.
„Und wenn es Peter dort besser gefällt als bei uns?“, fragte Kathrin.
„Lassen wir ihn doch selbst entscheiden“ – und damit basta!

Adam Roots war daheim nicht untätig. Seit Großbritannien aus der EU geschieden ist, war die Sehnsucht nach Ausländern deutlich angestiegen, während Inländer vermehrt in der EU tätig sein und dort lernen wollten.
Schon hatte man in Lohburg Termine zu Franz’ und Peters Abreise gemacht, da geschah folgendes.

Erstens: Ein Taxi fuhr auf den Hof und ein Bote, auf den ersten Blick als Texaner, auf den zweiten als Bankmann zu erkennen und einen in dem Beruf typischen Aktenkoffer in der Hand, stieg aus. Sein Gang verriet, dass er ein Bewunderer des Gary Cooper, doch unbewaffnet und ein Mustangreiter war.

„I am comming“, sagte er und verfiel doch ins Deutsche, „ich komme im Auftrag Mr. Goldman's und soll das hier abgeben. Mein Flugzeug wartet am FMO. Goodbye!“ Sprachs, setzte den Koffer ab, tippte an seinen Texashut und brauste schon vom Hof, als auf diesem noch etliche Mäuler offenstanden. Peter beschnupperte den Koffer und schien angeregt zu sein.

Man trug den Koffer, an dem ein Zettel mit den Codenummern hing, ins Haus. Franz allein wusste auf Anhieb Bescheid und sagte zu seinen Eltern:
„Drin wird das Honorar für Peter sein, das ihm ja für jedes seiner Katzenbabys, das er ihn Miami gezeugt hat, zugesagt ist.“
Gut erraten, junger Mann: Es waren, wie Mr. Goldman freudig mitteilt, siebzig Stück, welche die ersten zehn Lebenstage überstanden haben und putzmunter sind:
„Anbei 70.000 USD, die ich schon in Euro habe umwechseln lassen...“
„Eigentlich“, sagte Kathrin versonnen, „ist es doch merkwürdig, dass manche Leute mit dem Geld um sich werfen können und andere nichts zu essen haben.“
Gut gesagt, junge Dame! Diese bedankte sich bei Peter und schlug vor, das Geld auf alle Familienmitglieder zu verteilen und „gut anzulegen“.

Zweitens: Schon am nächsten Tag fuhr ein weiteres Auto vor, das als Landeskennzeichen die Buchstaben GB führte. Natürlich konnte Peter sie nicht identifizieren, aber dennoch raste, ja galoppierte er von seinem Holzklotz-Ruheplatz heran und sprang dem aussteigenden Fahrer von hinten auf die Schulter, dass dessen Mütze vom Kopf flog und der Kopf selbst derart in Schieflage geriet, als hätte ein Genickbruch stattgefunden.
„Peter, Peterle, Peter der Große!“

Leider kann man auch durch eine Anhäufung von Ausrufungszeichen in der deutschen Sprache Dramatik kaum steigern – deswegen hier nur eines der Zeichen. Peter hatte inzwischen den Ort gewechselt und sprang nun Adam Roots, - klar, der ist es -, von vorn an und klammerte sich an seinem Bauch fest. So ließ er sich streicheln, bereden, beschmusen und auch festhalten, bis Adam jedermann begrüßt hatte und ins Haus gebeten wurde. Dort war eben zu Kaffee und Kuchen aufgetischt worden.

Adam hatte durch seine vielen Hin- und Herreisen gelernt, wie man an deutschen Mittelstandstischen Kaffee trank und Kuchen aß, nämlich manierlich nicht krumm sitzend, mit Kuchengabeln essend und die Kaffee- oder Teelöffel nicht ableckend – aber wer bringt das fertig mit einer kapitalen Katze vorm Bauch! Erst als Adam sich beim exzellenten Bienenstich entspannte und seine linke Hand auf Peters Kopf legte, ging dessen Verkrampfung allmählich in Appetit über und er begann die Bienenstichkreme von Adams Fingern abzuschleckern.

Kathrin spürte instinktiv, dass sie Peter an einen Konkurrenten verloren hatte, Missgunst, Neid, Groll und Vernunft kämpften in ihrem kleinen Kopf miteinander, bis die Vernunft siegte: Es ging hier nicht um sie, sondern einzig um Peter, um sein Wohlergehen und sein Leben, das beendet sein würde, wenn sie selbst das ihrige noch vor sich hatte. Es würde bis dahin und viele Peters geben können.

Adam Roots war gekommen, um Franz und Peter nach England zu holen. Peters Habe war schnell verladen: sein Reisekäfig für alle Fälle, in denen Grenzbeamte und Zöllner stur, uneinsichtig und Peters Scharm nicht erliegen würden. Franz selbst hatte natürlich in den letzten Wochen vorgesorgt und alle nötigen Papiere für sich und Peter beschafft und auch von seinem amerikanischen Honorar das meiste eingesteckt. Mutter Carla machte ihm einen Koffer voller Gegenstände „des täglichen Bedarfs“ fertig: Ess- und Kochgeschirr, „das in England viel zu teuer ist“, Bügeleisen, Staubsauger, Küchengeräte, „die du alle wieder mitbringen und hier verwenden kannst“, etc. und so weiter. Zwei der nun folgenden Ereignisse können und wollen wir nicht beschreiben, um nicht den Argwohn zu erwecken, Stimmungsmacher und Zeilenschinder wie Ernest Hemingway zu sein, (der nach geschriebenen Wörtern bezahlt wurde).

Erstens: Peters und Franz’ Abschied von Lohburg. Er würde die alten Mauern der Burg erweichen und klabastern und Tränenbäche einer Sintflut gleich fließen lassen. (Man bedenke dabei auch Wesentliches: Dass alle Rattenclans und Mäusefamilien erst einmal aufatmen konnten!)

Zweitens: Die Autofahrt mit dem Abwechseln am Steuer, dem Stoß- und Urlaubsverkehr durch den Kanaltunnel, den häufigen Pausen für Peters Wohlergehen, der für Franz ungeübte Linksverkehr, (diese doofen Briten!), aber auch die tierlieben Grenzer und Zöllner, die Peters Papiere gar nicht sehen, lieber mit ihm schmusen wollten.

Adam Roots „Animal’s Farm“ war ein lokales Paradies auf Erden.

„So etwas“, kommentierte Franz, „würde in der BRD nicht mehr zugelassen.“

Es war nämlich ein Paradies für Tiere! Natürlich war für Menschen all das heute Übliche und Normale vorhanden, zum Beispiel fließend Wasser, Wasserklosett, elektrischer Strom, Abwasserkanal, Heizung aussreichend Zimmer für Adam nebst Lebensgefährtin und einige Gäste, sofern diese nicht zu anspruchsvoll waren. Ein Garten schloss sich an, daneben gab es Ställe für allerlei Tiere und eine große Scheune, die als Fotoatelier eingerichtet war. Franz war klar, dass er hier nicht viele Tage und Nächte verbringen würde.

Anders beurteilten natürlich die tierischen Bewohner das Anwesen: Katzen, Hunde, Pferde, Ziegen, Schafe und Rinder allesamt freilaufend, dazu europäische und exotische Wildtiere in geräumigen Anlagen und Gehegen. Das Zentrum des Paradieses war das Wohnhaus aus Königin Victorias Zeiten mit Keller, Dachboden, Menschen- und Tierküche, Wohn- und Schlafzimmer und mit Menschen- und Tierbad.

„Da einen brennenden Sticken (Streichholz)“, dachte Franz, „oder eine nachglühende Kippe liegenlassen, und alles geht in Flammen auf..“

Peter, der die Reise in erstklassiger Konstitution durchgestanden hatte, reckte erst einmal seine steifen Glieder, suchte einen Platz zum Pinkeln, Kacken und Krallenschärfen und stand plötzlich „King Albert“, einem riesigen Molosser (antiker Kriegshund aus Rom) gegenüber, der ihn so anvisierte wie seine Vorfahren die ersten Germanen in Rom begutachtet haben werden. Er beschnüffelte Peters Exkremente, befand sie wohl als in Ordnung und legte seinen mächtigen Korpus aufs Gras. Peter wusste aus Instinkt, dass dies ein Friedensangebot war und legte sich neben ihn, den Kopf zwischen die panterähnlichen Pranken.

Doch bekanntlich nützt alle Friedensliebe nichts, - das ist sowohl in Menschen- als auch Tiergesellschaften so -, wenn es dem bösen Nachbarn nicht gefällt. Dieser Nachbar trat nun auf die Szene: Tomcat „Winston II.“, zwar nicht beglaubigter, aber angemaßter Chef von Animal's Farm. Außen weiß wie die Unschuld, innen finster wie die Hölle bei gelöschtem Feuer. Er blieb bei der in Katzenkreisen üblichen Methode der Verwarnung, indem er seinen voluminösen Katzenbuckel zur Schau stellte, ergrimmt fauchte und abwartete. Peter wartete nicht und fuhr aus der Ruhelage zwischen King Alberts Pfoten heraus einen Angriff gegen den Buckligen Winston, dass dieser glatt umkippte und Peter seinen Bauch darbot – so fetzten schwarze Katzenpfoten durch eine weißen Katzenbauch, dass die Wolle im Wind verflog und Winston ein Geheul ausstieß, dass in dieser wolfsarmen Gegend noch nie gehört worden war. Dabei streckte Winston alle Viere von sich und ließ Peter Peter der Große sein und anerkannte ihn.

Diesen Stellungskampf, denn ein solcher war er, blieb nicht ungesehen und ungehört. Fußvolk sammelte sich und sah zu, darunter Adams Lebensgefährtin Diana, die nun endlich aus dem Haus kam und die beiden Ankömmlinge begrüßte. Franz fand sie „hierher passend, aber nichts für mich", Peter ließ sich von ihr auf den Arm nehmen, was immerhin, aus seiner Sicht, eine Bevorzugung darstellte. Ein Fohlen kam und stupste Franz an die Hosentasche, kannte also bereits die Verstecke der Leckereien. Es wurde enttäuscht, dafür aber durfte es Peter auf dem Rücken tragen und ihn im Betrieb herumführen. Das Umfeld der häuslichen Anlage war voll und ganz aufs Fotografieren und Filmen abgestellt: Natürlich wirkende, aber von menschlicher Hand angelegte Bäche und Rinnsale, Gebüsche, Baue, Höhlen und Sicht- und Sitzplätze, alle leicht mit den neuesten Modellen automatischer Kameras bestückt und bewacht, die Tag und Nacht stehenblieben.

„Klaut die keiner", wollte Franz wissen.

„Hier klaut keiner", antwortete Diana, „denn King Albert und sein kleinerer Gehilfe Riesenspitz Charly the Cläffer stellen und verbellen jeden Fremden und tun ihm nichts, solange er stehenbleibt und sehr schleunigst das Weite sucht."

Adam erklärte die vielen Kameras:

„Früher hockte doch der Fotograf stunden-, tage- und nächtelang hinter seiner Kamera oder ließ die teuren Dinger wie Leicas und Hasselblads unbewacht nachts drau-

ßen stehen und lauern, bis ein Tier in die Fotofalle tappte. Diese Kameras kosteten alle zwischen 3.000 und 10.000 Pfund. Das konnten nur Leute wie ich riskieren, die einsam wohnen und sich von Hunden bewachen lassen. Heute habe ich zehn wasserdichte Digitalkameras mit eingebautem Blitzlicht und automatischer Auslösung aufgestellt: An Bäume montiert, vor Dachs- und Fuchbauen, Tränken, Futterstellen und Wechseln, das sind Tierwege, wo sich wildlebende Tiere wie die genannten aber auch Wildschweine, Reh- und Rotwild gerne einfindet."
Bei diesem Rundgang war Peter dabei und fotografierte sich selbst schon ein paarmal. Oft lief er voraus und wartete auf Franz und Adam, um immer aufs Neue Wiedersehen zu feiern und sich herzen und hochnehmen zu lassen. King Alfred, diesen Gang begleitend, legte dann sein sowieso schon durchfaltetes Gesicht in Zusatzfalten, als schien er zu bedauern, nur von wenigen Riesenmenschen auf den Arm genommen werden zu können.

Zu Hause, nach im Freien gegrillten Abendessen, präsentierte Adam seinem Freund eine Flotte von Drohnen und erklärte, welche neuartigen Bilder er damit schießen und sehr gut verkaufen könne:
„Früher mit teuren Flügen in gemieteten Flugzeugen und nur mit behördlicher Erlaubnis, die nicht jedermann bekam. Heute stehe ich unten, die Drohne steht und fliegt oben über folgenden, höchst gewöhnlichen Motiven und macht Aufnahmen besserer Qualität, als jede Großbildkamera das geschafft hätte: Hier in der nächsten Heimat Schafherden, hundert Rindviecher auf der Weide, galoppierende Pferdetrupps, Rothirsche in Schottland, Seehunde und Robben an der Küste und Vogelkolonien, die sonst niemand betreten darf. Kürzlich filmte ich Storchennester höchst privat. Ich kann dir jetz gar nicht die Möglichkeiten aufzählen, die sich in Afrika für die Drohnen bieten."

Dann sagte man sich „Gute Nacht“ und „Good night“ und Peter entschloss sich, diese Nacht im Schutz Adams und Dianas zu verbringen.

Am nächsten Morgen schlüpfte Peter noch vor dem endgültigen Hellwerden aus deren Betten und tat den ersten Morgenschritt nach draußen. Nicht ohne Grund! Denn sein scharfes Gehör hatte ein Jammern und Schluchzen vernommen, das an- und abschwoll, je nachdem, wo sich der Verursacher oder die Verursacherin aufhielt: Im Haus, im Garten, in der Scheune, in der Garage oder in naher Natur. Winston brachte ihn auf die Spur, denn er hatte das gleiche Ziel. Noch immer in den letzten fünf Jahren war er hier der Hauptbeschäler geblieben und kein noch so attraktiver tomcat war ihm ins Gehege gekommen. Jetzt folgte ihm dieser schwarze Peter, überholte ihn gar und fand die jammernde Kätzin „Grandmam“ in aufgelöstem Zustand vor. Winston blieb eingedenk der gestrigen Prügel zurück und durfte nun den Beobachter spielen: Peter als hier erster german tomcat bei der Arbeit. (Wir werden bald erleben, dass es eine erfolgreiche Arbeit war!)

Ehe Franz nach London musste, sollte er noch Zeuge zu Peters erstem Filmdebut werden. Es ging um eine von Adam benötigte schwierige Szene, wie eine Katze, möglichst eine pechschwarze, über eine seiner Naturbrücken schlich, die er über einen Bach gespannt hatte.
„Was ist daran schwierig?“, fragte Franz als Laie.
„Das Schleichen“, erklärte Adam, „er soll ja nicht drübergehen, sondern sich Anschleichen wie freie Katzen es in freier Wildbahn tun, nicht hinüberschlendern.“
Es wollte und wollte nicht klappen! Peter begriff, was man von ihm wollte und marschierte drei- viermal über den abgeflachten natürlichen Baumstamm – mit hocherhobenem Schwanz, was ja bekanntlich bei Katzen Freundlich-

keit und Spaß bedeutet. Mit Peter deswegen zu schimpfen war ganz unmöglich, denn wer ihn mit harten Worten anpackte, der hatte bei ihm ausgedient. Was tun?
„Heureka!“, rief plötzlich Diana, „ich hab’s.“
Sie lief aufgeregt ins Haus und kam mit Winston unter der Schürze zurück.
„Peter soll ihn jetzt nicht sehen“, erklärte sie und ging aufs andere Ufer des Baches, ließ die Vorbereitungen zur Szene anlaufen und als Peter wie schon eingeübt den Weg zur Brücke einschlug, holte sie Winston unter der Schürze hervor und kniff ihn in den Hintern. Ein Katzenjammer schallte über das Anwesen. Peter ruckte zusammen, duckte sich nieder, (Filmkamera ab!, Bildkamera ausgelöst), erhob sich in Zeitlupe, (wieder beide Apparate in Aktion), und schlich nach Regeln alter Katzenkunst und eine Aura gefährlicher Drohungen um sich verbreitend, (Cameras in action), über die Brücke auf Winston und Diana zu. Als sie ihn losließ, rannte er vor Angst kreischend in den nahen Wald. Peter, als gentleman, verfolgte ihn nicht.

So hatte Franz einen Einblick in die Arbeit von so genannten Wildlife-Fotografen bekommen. Er musste nun nach London und Adam brachte ihn hin. Dort gefiel es ihm von Anfang an nicht und er fasste den Entschluss, nur ein Semester dort zu studieren. Jedes zweite Wochenende holte Adam ihn ab und brachte ihn auch zurück. Dabei stellte Franz fest, was er schon befürchtet hatte: Peter entfremdete sich ihm!
„Das ist ganz natürlich“, gab er zu, „aber wie soll ich meiner Schwester beibringen, dass er gern hierbleiben möchte?“
Adam und Diana glaubten die Lösung dieses Problems zu kennen!

Drei Monate später. Adam und Diana hatten Franz zugesagt, ihm zehn Prozent aller Einnahmen, die sie „mit Peter dem Großen“ machten, ihm zukommen zu lassen. Das war immerhin etwas für die Zukunft und für Kathrin.
„Wir bringen dich nach Germany zurück“, boten sie an.
Da bekrochen Franz seine berüchtigten Magenschmerzen, die jedem großen Abschied voranzugehen pflegten. Peter trieb sich, (Gottseidank), inzwischen als unbestrittener Herr der Animal’s Farm, in der Gegend herum und bekam den Abschied nicht mit. Die Koffer waren gepackt, Peters Käfig sollte ja hierbleiben, aber da kam Diana mit ihm heran und stellte ihn vorsichtig hinten ins Auto.
„Ein Geschenk für dich und deine Familie“, erklärte sie, „denn im Käfig sitzt Mr. Pieter the second.“
Ja, eins von Peters black babies ging mit nach Oldgermany!

So gab es, als man in Lohburg einfuhr, nur Freude pur, keine Trauer bei Kathrin mehr, als sie Peter II. aus dem Käfig und ins Haus traben ließ. Er wurde ein würdiger, fast genau gleicher Nachfolger von Peter dem Großen, vielleicht später ebenso geheißen – aber das ist eine andere Geschichte auf Haus Lohburg.

ENDE

Vom gleichen Autor im gleichen Verlag sind folgende Tierbücher bereits erschienen:

„Ein Mäusekrieg von 1938 bis 1954"
ISBN: 978-3-96103-219-8
„Abenteuer Kriegshunde in den Weltkriegen"
ISBN: 978-3-96103-244-0

Vom gleichen Autor im gleichen Verlag erscheinen in Kürze folgende Tierbücher:

„August der Starke" - Biografie eines Pferdes
„Nelli der Einzige" - Biografie eines Hofhundes